本书得到教育部2021年度人文社会科学研究项目“高校深入开展‘四史’学习教育研究”（21JDSZ3016），中国高等教育学会2022年度高等教育科学研究规划重点课题“新工科背景下能源动力类人才综合素质培养的改革与实践”（22WL0301）的支持。

新时代思想政治教育丛书

思想政治教育视阈下大学生社会性发展研究

巴雪冰 著

天津出版传媒集团
天津人民出版社

图书在版编目(CIP)数据

思想政治教育视阈下大学生社会性发展研究 / 巴雪冰著. -- 天津 : 天津人民出版社, 2022.9
(新时代思想政治教育丛书)
ISBN 978-7-201-18673-3

Ⅰ. ①思… Ⅱ. ①巴… Ⅲ. ①高等学校—思想政治教育—研究—中国 Ⅳ. ①G641

中国版本图书馆 CIP 数据核字(2022)第 143381 号

思想政治教育视阈下大学生社会性发展研究
SIXIANGZHENGZHI JIAOYU SHIYU XIA DAXUESHENG SHEHUIXING FAZHAN YANJIU

出　　版　天津人民出版社
出 版 人　刘　庆
地　　址　天津市和平区西康路35号康岳大厦
邮政编码　300051
邮购电话　(022)23332469
电子信箱　reader@tjrmcbs.com

责任编辑　武建臣
装帧设计　汤　磊

印　　刷　天津新华印务有限公司
经　　销　新华书店
开　　本　710毫米×1000毫米　1/16
印　　张　17
插　　页　2
字　　数　240千字
版次印次　2022年9月第1版　2022年9月第1次印刷
定　　价　86.00元

序

自20世纪50年代我国高等学校建立和实施辅导员制度以来，辅导员队伍作为高校学生思想政治工作的骨干力量，发挥了越来越大的作用，辅导员工作已经成为高校育人工作的重要组成部分，辅导员日益成为大学生人生发展的导航者、学习成才的咨询师和身心成熟的贴心人。事实和经验已经证明，受学生欢迎的高水平辅导员工作，不仅取决于辅导员的工作热情和人格魅力，更依赖于辅导员的理论思维水平和育人科学素养。可以说，学生事务管理能力、思想政治工作经验和思想教育理论素养，是衡量高水平辅导员队伍建设状况的重要依据。令人欣喜的是，近些年来辅导员队伍的思想教育理论研究水平提升较快，其中一个重要标志就是出自辅导员之手的科研成果越来越多，一批具有实际工作经验的辅导员通过攻读学位或承担研究项目等方式，在大学生思想政治教育相关领域取得了较高水平的研究成果，这些研究成果不仅具有重要的理论价值，而且对辅导员实际工作具有重要的指导意义。巴雪冰博士的《思想政治教育视阈下大学生社会性发展研究》一书，就是一部值得肯定的一线辅导员的学术探索成果。

随着世界范围的各种思想文化交流交融交锋更加频繁，国际思想文化领域斗争也更加复杂,面对大学生心理和行为的独立性、多样性和稚嫩性明显增强等现实状况,在关注大学生社会性发展一般规律的同时,认真探索思考当代大学生社会性发展的时代内涵、影响因素和引导对策显得尤为重要。《思想政治教育视阈下大学生社会性发展研究》一书,从酝酿到成稿,作者前后共花费了5年多时间。而作为长期工作在一线的辅导员和院系辅导员队伍的带头人,书中所探讨的如何把握大学生社会性发展特点,如何有效发挥思想政治教育的育人功能,如何深入阐释促进大学生社会性发展与加强和改进大学生思想政治教育的互动关系,如何正确认识大学生社会性发展对于培养大学生的服务意识、奉献精神和人际交往能力的重要意义,以及增强大学生对社会、他人和自我认知能力和水平等,都具有一定参考价值。可以肯定地说,这是一部融入了作者近20年辅导员工作心得与感悟的学术著作。

就具体的篇章结构和主要内容来看,本书以马克思主义关于人的全面发展理论为指导,以思想政治教育理论与人的社会性发展理论作为研究依据,注重理论研究与实证研究相结合,从大学生社会性发展的内涵理论阐释出发,在进一步明确了大学生社会性发展的目标及内容的基础上,提出并论述了大学生社会性发展内容构成的六个维度,进而在构建大学生社会性发展评价体系的基础上,通过对当代大学生的社会性发展现状、影响因素和迟滞原因的评价和分析,将思想政治教育与大学生社会性发展的内容和特点紧密结合起来,提出了在思想政治教育视阈下促进大学生社会性发展的社会、学校、家庭和个人四位一体的教育引导路径。本书对于深入把握大学生发展特点和增强大学生思想政治教育的针对性、实效性,具有重要参考价值。

杨连生

2021年12月20日

(作者系大连理工大学马克思主义学院教授、博士生导师)

目录
CONTENTS

第一章 绪论

“中国的未来属于青年，中华民族的未来也属于青年。青年一代的理想信念、精神状态、综合素质，是一个国家发展活力的重要体现，也是一个国家核心竞争力的重要因素。”[①]近年来，随着改革开放，经济高速发展，社会文化出现变迁，高校实现了跨越式发展。随着我国高校教育教学改革化进程的加深，对于大学生社会性发展问题的关注程度逐渐加大。在此背景下入学的当代大学生，随着生理成熟提前和高学历化所带来的社会参与的延后，社会性发展受到了一定程度的阻碍，这也为大学生的思想政治教育工作带来新的问题。大学生是每个家庭对美好生活的期望，背负着国家社会发展的重托，若大学生的社会性发展不顺利，导致其出现社会认知偏差、社会交往能力差、社会价值观认同障碍、社会融入度差等问题，必然会影响大学生才能的发挥，甚至导致才能的滥用。[②]因此，大学生社会性发展研究重要且紧迫。

① 《习近平在中国政法大学考察》，新华社，2017 年 5 月 3 日。

② 韦耀阳：《团队依恋对大学生社会性发展的影响和启示》，《吉林工商学院学报》，2013 年第 1 期。

第一节 研究背景与研究意义

一、研究背景

马克思说:“人是一切社会关系的总和。”[①]人是社会化的动物,是社会互动的产物,社会性是人的本质属性。人的发展是由以生物属性为主的“动物性的人”,经过个体的不断努力,逐渐成长为以社会性为主的“社会性的人”的过程。弗洛伊德认为,社会性发展是个人学习控制天性的冲动,“把兽性关到笼子里”的过程,每个人必须将社会行为规范、准则内化为自己的行为标准。

(一)社会性发展研究适应社会发展的要求

在当前的教育条件下,我国教育受各种因素的限制和制约,学生以分数定高低,导致学生发展的失调。[②]先天遗传因素、后天环境因素,都对大学生社会性发展产生巨大影响。内外环境的变化对人的技能不断提出新的发展要求,使得大学生身心发展的各个方面呈现出易被分裂、肢解等特点,容易出现偏侧性和单向度的发展趋势。

实际上,目前的学校教育在一定程度上易使学生的个性发展和社会性发展出现扭曲或偏差。学校要么过分要求统一性而忽视学生个体的特点,要么单纯强调学生的个性发展而放弃或弱化学校德育和社会规范约束,或者

---

① 《马克思恩格斯选集》(第一卷),中共中央编译局译,人民出版社,1972 年,第 18 页。

② 王晓艳:《大学生的社会性发展与心理教育》,《内蒙古民族大学学报》,2008 年第 5 期。

割裂了学校与社会的联系而进行封闭式教育，忽视学生的社会化问题仍然比较普遍。①

(二)社会性发展是高等教育培养目标中一个重要的环节

大学教育不仅要培养大学生掌握专业知识技能，更要培养大学生发展健康、和谐、完善的个性特质和良好的心理素质;不仅承担着向学生传授专业知识与技能的使命,更承担着培养学生良好心理素质的重要任务。高等教育能做的不只是发展人们的言语能力,帮助大脑储存信息。实际上,它能帮助我们发展更为复杂的智力和作为一名真正公民所应有的个人的广阔和深入的发展。它能帮助学生对付那些由于生活和社会快速变迁所带来的应该不断做出应变的发展需求。我们将会认识到学生间的主要差异不仅存在于口头能力和学术潜力的差异上,还体现在学习方式、工作能力、自我认识、社会意识和价值观的不同上。

《德意志联邦共和国高等学校总法》规定:“教与学应当使大学生对某一职业领域活动有所准备,并根据所学课程的要求,向学生传授未来工作所需要的专业知识、能力和方法,以使大学生能够胜任将来的科学和艺术工作,并能在一个自由、民主、社会法治的国家中具有负责的态度。”②日本早稻田大学早在 1913 年就提出了“学术自由、学问活用、培养模范公民”的办学思想,目的就在于努力营造尊重个人、符合个性特点发展的环境,倡导个人自律,鼓励为国家和社会积累财富,进一步拓展对世界的影响。美国的教育界学者将学业发展、社会性发展和情感发展视为构成学生全面发展的三个方

---

① 郑淮:《论学生社会性发展的研究范式转变》,《华南师范大学学报(社会科学版)》,2011 年第 5 期。

② 汪宗田、傅安洲、阮一帆:《德国大学思想道德教育及其启示》,《思想教育研究》,2011 年第 4 期。

面，将学生社会性发展的内容与目标分为三个层面：一是正确的自我认知，二是健康良好的人际关系与积极有效的人际互动，三是主流的社会价值观和与自身社会角色相符的较强的社会责任感。美国国家社会学习委员会(the National Council for the Social Studies，NCSS)提出的《社会学习课程指南》将价值观念、知识、能力和社会参与等方面作为社会学习课程的领域，并将课程按照“学科中心、公民中心、问题中心”三大类来实施。[①]著名的哈佛大学在招收全球范围的优秀高中毕业生时，从15个方面对申请者进行“个性评价”，其中就有“领导能力、责任感、自信心、为人的热忱、关心他人、主动性、对挫折的反应和受老师重视的程度”八项，与人的社会性直接相关。可以说，在全球化的社会背景下，智力水平的高低已经不再是衡量人才质量的唯一标准。

(三)社会性发展研究满足大学生自身成长需求

仔细观察当代大学生，社会性发展出现问题的不占少数。在社会认知方面表现出了辩证思维不够成熟、对问题的认识简单片面、以自我为中心；在情感方面表现出对社会的矛盾性，对他人缺乏关心、感恩的情感，对自己表现出低自尊的特点；在行为方面表现出独立性差、生活自理能力不足、社会适应困难、不敢担当、自我控制能力弱等特点；在自我认知方面，不能正确对待自己的问题，不能与自我和谐相处，处于焦躁、自我否定等负面心理状态之中。

分析这种状况的原因，不难发现：父母的过度保护、纵容对大学生社会性发展产生了消极作用；社会媒体的舆论导向、道德滑坡、负性社会事件等也产生了负面的影响；同时，在大学生成长过程中的重要人物或重要的应激事件也起到了一定的作用。但这些影响因素最终都要转化成大学生自身的

① 朱清时：《21世纪高等教育改革与发展：国外部分大学本科教育改革与课程设置》，高等教育出版社，2002年，第519~525页。

个人资源，产生不同的影响。所以，大学阶段是个体心理发展的重要而又具特殊性的阶段，是所谓的“心理断乳期”。这一时期，大学生心理的各个方面仍在持续发展。他们在当前高竞争、高节奏、高风险、高压力的社会环境中，容易受到来自各方面的冲击，产生紧张、焦虑、抑郁、自卑等心理困扰。[①]同时，由于大学校园环境的特殊性和教育任务要求的特殊性，大学生的社会性发展呈现出其特有的、特殊性较为明显的一系列特征。

二、研究意义

科学研究的目标是针对理论和实践中存在的问题展开深入研究，以期获得新的见解或解决策略、对策建议。一项研究的意义可以分为理论意义与现实意义两个方面进行分析。理论意义主要考量研究内容可能做出的理论贡献的大小、对理论体系的哪些方面以及存在何种程度的突破和发展等方面加以考量。现实意义是基于现实需要，反映社会或教育领域中突出性的问题和解决问题的迫切性及其教育实践意义。[②]

（一）研究的理论意义

第一，丰富大学生成长发展的研究成果和理论体系。作为国家人才储备的重要力量，广大青年学生的个人素质不仅影响个人的发展，而且关系着国家民族未来发展的潜力。因此，有关大学生社会性发展的研究已经得到了高度重视。传统观点认为，社会性发展属于心理学、社会学等研究范围，忽视了思想政治教育对大学生社会性发展的影响。本书厘清了国内外社会性发展

① 张二虎：《大学生社会性发展的意义和途径》，《山西高等学校社会科学学报》，2006年第6期。

② 郑淮：《论学生社会性发展的研究范式转变》，《华南师范大学学报（社会科学版）》，2011年第5期。

研究的脉络,掌握了其发展现状及趋势,重视跨学科的借鉴和参考。并努力寻找思想政治教育与社会性发展的契合点,在丰富社会性发展研究内容的同时,丰富大学生成长发展的研究成果和理论体系。

第二,为扩宽思想政治教育途径提供理论依据。传统观点认为,大学生思想政治教育是针对大学生政治、思想、品德等方面问题的教育,忽视了学生的个性和社会性协调发展。本书以新的思路、新的研究视角,对大学生社会性发展进行深入研究,进一步影响并且引导大学生在社会交往过程中通过自身不断努力和外界条件的帮扶作用,适应社会现状,做到与社会同步协调发展。本书的重点不仅仅在于使用学术概念与专业术语等层面,更为重要的是分析概念的内涵和理念等方面,力图达到揭示大学生社会性发展的不同维度及其发展特征的目的,深刻阐述关于培养学生社会性发展的目标、策略等问题。这对思想政治教育的发展具有拾遗补阙的作用,是拓展思想政治教育实现途径的新课题。本书将为深化大学生思想政治教育研究,提高思想政治教育实效性提供理论依据。

(二)研究的现实意义

第一,为增强思想政治教育针对性提供参考。本书的研究对象是在校大学生,主要研究当前形势下大学生社会性发展的现状、现实困境和影响因素。在实证研究过程中,本书将设计符合学生实际情况的调查问卷,使得对大学生社会性发展这一问题的研究有理有据,从而为提高思想政治教育的针对性提供参考。

第二,为推进大学生全面发展的素质教育提供参考。大学阶段是人的社会性发展和身心发展的关键时期,面对社会环境变迁与网络冲击的影响,大学生的社会性发展也迎来了新的机遇与挑战。大学生的社会性发展是与校园环境、教育实践等多种因素紧密相连的复杂过程。在大学教育阶段,促进大学生社会性发展将有助于大学生形成良好的社会适应性。通过对思想政治教育视阈下大学生社会性发展的研究，将会得到大学生社会性发展的基本特征、影响因素，帮助大学生更好地适应时代和社会的要求，使其更好地融入大学、融入社会，成为既有专业知识，又有健康完善的心理素质的有用人才。

第三，为提升思想政治教育实效性提供参考。大学生的社会性发展与校园环境、教育实践紧密联系。研究思想政治教育视阈下大学生社会性发展的问题必然能够指导学生的生活实践，帮助大学生个体有效对抗各种不利因素对其社会性发展产生的困惑和问题。同时，因大学生面临的问题与困惑具有相似性，使得思想政治教育视阈下大学生社会性发展引导方式具有可复制性和可推广性，为提高大学生思想政治教育实效性提供参考。

第二节 文献综述

社会性发展研究包罗万象。有些研究集中在社会性行为和思想的影响因素上，即父母和同伴、学校和媒体、文化影响和先天后天影响的作用。有些研究主要集中在社会性发展的理论探索方面，探寻社会性发展的起源、发展规律、理论依据等。有些研究则重视实证，并将社会性发展的研究成果正确应用于帮助人们健康成长之中，希望通过有效的手段，来满足人们社会性发展的需要。有些研究得出的结论能为政策制定者提出建议，以帮助制定发展政策、福利政策等，他们希望为大多数人提供帮助，同时也为特殊人群的教育干预提供参考信息。所有这些合理的研究目标，都囊括在社会性发展的研究当中。

一、国外研究现状及趋势

美国教育学家杜威在《我的教育信条》中，明确提出："一切教育都是通过个体参与人类的社会意识而进行的。"[①]纵观社会性发展的理论发展脉络可以发现，在社会性发展领域，各种观点从一开始就各执己见，充满了思想交锋。[②]国外关于社会性发展的研究主要围绕理论探索和实证研究两个方面。

（一）社会性发展的理论探索

真正的社会性发展的科学研究源于进化生物学家查尔斯·达尔文（1872）[③]的开创性工作——情绪研究。1872 年，他将自己和他人的孩子作为研究对象，研究发现，情绪是社会性发展的关键要素。心理学家 G.斯坦利·霍尔（1904）[④]使用调查问卷详细记录儿童的行为、感觉和态度，正式拉开了社会性发展研究的大幕。数年后，约翰·B.华生（1913）[⑤]提出，条件反射和学习引起了个体社会性行为和情绪性行为的产生和改变。这表明情绪反应可以习得，也证明了社会性行为能够通过科学的方法进行研究。而同时期的西格蒙德·弗洛伊德（1905，1910）[⑥]则掀起了社会性发展研究方面的革命，颠覆了原

① [美]约翰·杜威：《我的教育信条》，彭正梅译，上海人民出版社，2017 年，第 55 页。

② Clarke-Stewart，Alison，*Social development*，John Wiley & Sons，2011，pp.22-23.

③ Charles Darwin，*The Expression of the Emotions in Animals and Man*，London Macmillan，1872，pp.55-58.

④ Hamilton Cravens，John C. Burnham，Psychology and Evolutionary Naturalism in American Thought，1890-1940，*American Quarterly*，No.23(5)，1972，pp.44-47.

⑤ Lashley K. S.，Watson J. B.，Notes on the development of a young monkey，*Journal of Animal Behavior*，No.3，1913，pp.114-139.

⑥ Kuhn P.，Footnotes in the History of British Psychoanalysis：Observing Ernest Jones Discerning the Works of Sigmund Freud，1905-1908，*Psychoanalysis & History*，No.16(1)，2014，pp.5-54.

来对于发展的认识与理解，提出了精神分析理论，该理论侧重于生物学导向，宣称社会性发展是成人对儿童驱力的方式产生的结果。在弗洛伊德的心理动力理论中，儿童的成长基于生物性本能驱使，并且儿童的早期经历决定成人的行为。

然而以约翰·华生（1913）[①]、伊凡·巴甫洛夫（1936）[②]为代表人物的传统学习理论为社会性发展研究提供了一个截然不同的视角，他们注重环境对行为变化的决定作用，特别是行为环境后果——奖励与惩罚的作用，这种理论将研究重心放在榜样角色上，或者模仿榜样的行为上。传统学习理论主要有：经典条件反射、操作条件反射以及驱力降低理论。

在社会性发展研究中，具有广泛认同的是认知发展视角的研究成果，包括认知学习理论、皮亚杰（1928）[③]的认知发展理论、社会认知领域理论以及维果斯基的社会文化理论。其中最具代表性的是皮亚杰的认知发展理论，皮亚杰提出的“同化、顺应”两种方式，在人的社会性发展过程中发挥了巨大作用。皮亚杰的理论认为儿童会积极寻找新的经验来组建心理结构。他们使用已有知识作为框架合并和同化新信息，通过顺应过程改变原有知识，皮亚杰的相关理论也在后续研究中占据了重要地位，发挥了重要作用。

随着社会性发展研究的不断深入，研究不再局限于对儿童社会性发展的研究，研究对象逐渐开始转向少年甚至成年人。埃里克森（1950、1959）[④]接受弗洛伊德的基本思想，进一步发展了精神分析视角的理论，首次将社会性

① John Broadus Watson, Psychology as the Behaviorist Views It, *Psychological Review*, No.20, 1913, pp.158–177.

② Kesteven L., Ivan Pavlov, *Australian Quarterly*, Oxford University Press, 1936, 8(31), pp.89–91.

③ [瑞士]皮亚杰：《发生认识论原理》，王宪钿等译，商务印书馆，1981 年，第 70 页。

④ Frazier A. M., Insight and Responsibility: Lectures on the Ethical Implications of Psycho–Analytic Insight, by Erik H.Erikson, *Social Service Review*, No.76(2), 1966, p.860.

发展从童年期扩展到成年期。巴尔特斯(Baltes,1970)[①]更是提出了毕生发展观,认为发展是持续一生的、可塑的,社会性发展受到多种相互作用的因素共同影响。由马斯洛(Maslow,1971)[②]等人开创的人本主义研究,提出了马斯洛需求层次理论,关注的是动机——特别是能把人和低等动物区分开的、较高层次的动机。哈维格斯特(Havighurst,1977)[③]明确了发展任务及关键期的概念,提出了大学生社会性发展的几大任务:接受个人和性别角色;与年龄相近的人建立新的关系等。班杜拉(Bandura,1997)[④]的认知社会学习理论关注观察学习,交互决定论和自我效能感的概念是该理论的核心观点。

进入21世纪以后,关于社会性发展的理论研究进入全新的阶段。阿奈特(Arnett,2004)[⑤]的"成年初显期",指的是青春后期向成人期的转变阶段,这一阶段的社会性发展具有独特的特点。西格勒(Siegler,2005)[⑥]指出社会性发展是信息输入、转换、提供答案或输出的过程。莱斯利(Leslie,2006)[⑦]提出的青年社会性发展理论指出,自我意识、社会意识和能力使青年成为承担社会责任的成员。戈尔德(2009)[⑧]更是划分出社会性发展七阶段,并阐明了每

① Baltes P. B., Goulet L. R., CHAPTER 1-Status and Issues of a Life-Span Developmental Psychology, *Life-Span Developmental Psychology*, Elsevier Inc, No.3, 1970, p.21.

② Maslow A. H., *The farther reaches of human nature*, Viking Press, 1971, pp.1-9.

③ N Bernice, H. Robert, *Extending the human life span*, Oxford University Press, 1977, pp.22-39.

④ Bandura A. Self-efficacy, The exercise of control, *Journal of Cognitive Psychotherapy*, No.604(2), 1997, pp.158-166.

⑤ Jeffrey Jensen Arnett, *Emerging adulthood*, Oxford University Press, 2004, pp.88-90.

⑥ Siegler M., Epstein R. A.Organizers' Introduction, *Perspectives in Biology and Medicine*, No.48(1), 2005, pp.67-71.

⑦ Leslie N. K. Lo, *Social Development of Youths and the Efficaey of School and Nonformal Edueation*, Viking Press, 2016, pp.46-50.

⑧ Clawson, Adult Life and Career Stages, *Balancing Your Life Executive Lessons for Work Family & Self*, Balancing Your Life, 2009, pp.11-34.

个阶段的目标及作用。哈维格斯特(2010)①探索社会性成长的原因主要是身体成熟、社会压力及个人愿望三个方面,提出了发展任务与关键期的概念,指出人的发展首先是情绪和社会的发展,其次才是智力的发展。维果斯基(2013)②将发展视为社会互动的产物,提出了最近发展区的概念。这些理论结合了实际情况,尤其是对大学生群体具有重要指导作用。

除此之外,社会性发展的理论研究还有信息加工理论③、系统理论视角的布朗芬布伦纳的生态学理论④以及生物学视角的习性学理论⑤、进化发展理论⑥、人类行为遗传学理论⑦,等等。每一种理论都从不同视角阐述了社会性发展的原因及规律,对社会性发展研究均具有一定的影响,为社会性发展引导提供了经验借鉴。

(二)社会性发展的影响因素研究

除了对社会性发展研究的理论探索以外,国外存在着很多对社会性发展影响因素进行的实证研究。多位学者从不同角度、不同影响因素入手,通过实证研究的方法,探索影响社会性发展的具体因素,为引导社会性发展提供重要途径。

---

① F. Requena, Welfare Systems, Support Networks and Subjective Well-Being Among Retired Persons, *Social Indicators Reaserch*, No.99(3), 2010, pp.511–529.

② Holzman L., Lev Vygotsky Classic Edition: Revolutionary Scientist, *Psychology Pr*, No.3, 2013, pp.12–15.

③ Gary Peterson, James Sampson, Robert Reardon, *Career Development and Services: A Cognitive Approach*, Oxford University Press, 1991, pp.88–90.

④ Bronfenbrenner U., ecology of human development, *Harvard University*, No.9, 1979, p.11.

⑤ Bowlby J., Attachment and Loss, *Journal of Animal Behavior*, No.10, 1973, pp.19–29.

⑥ Jason Grotuss, David F. Bjorklund, Adriana Csinady, Evolutionary Developmental Psychology: Developing Human Nature, *Journal of Psychology*, No.39(3), 2007, pp.439–453.

⑦ Plomin R., Defries J. C., Craig I. W. et. al., Behavioral genetics, *Res Publ Assoc Res Nerv Ment Dis*, No.177(10), 2000, pp.165–180.

针对性别这个影响因素，拉塞尔弗（1984）[①]设计了“贝姆性别角色量表”对大学生进行施测。梅尔佐夫（2011）、梅尔霍恩（2016）[②]提出性别差异的社会性发展是可以改变的。罗西（2016）[③]首次提出了“双性化”这一概念，即某一个体兼有传统上男性和女性各自所具有的人格特质，并且指出双性化是一种适合人类个体的角色模式，提出社会应当对培养双性化人格持积极态度的观点。莫里（2012）等[④]现代研究者认为最好把性别角色的获得看成社会常规的学习。

针对环境这个影响因素，美国著名的人类学家玛格丽特·米德发现不同的社会文化背景决定了人不同的社会性。这一观点和大多数人类学家对人的社会化理解相一致。正如T.胡森[⑤]指出的：“社会化是人类‘接受’周围环境的文化或亚文化价值观、习惯观点的过程。”琼斯（1997）[⑥]等人曾做过“思想实验”，设计了“通用抚养机器”（universal parenting machine，UPM），假设将六个婴儿出生后直接放入通用抚养机器，在生命的前18年里，除了彼此接触外，不与其他人接触，甚至不知道有其他人类存在，用以思考环境对发展的影响。贝根（2003）[⑦]认为，社会性发展是根据个体与环境的相互作用观点来看待发展变化的，社会性发展离不开个体的努力和环境的影响。

---

① Selva，Dusek，Sex role orientation and resolution of Eriksonian crises during the late adolescent years，*Journal of Personality & Social Psychology*，No.47（1），1984，pp.204-212.

② Cvencek D.，Meltzoff A. N.，Green-wald A. G.，Math-gender stereotypes in elementary school children，*Child Development*，No.82（3），pp.766-779.

③ H Mehlhorn，Androgyny，Living Reference Work Entry Encyclopedia of Parasitology，*Journal of Personality & Social Psychology*，No.1，2016，pp.33-38.

④ Conry-Murray C.，Turiel E.，Jimmy's baby doll and Jenny's truck：young children's reasoning about gender norms，*Child Development*，No.83（1），2012，pp.146-158.

⑤ ［瑞典］T.胡森：《国际教育百科全书》，贵州教育出版社，1991年，第311页。

⑥ Jones R. A.，Hendrick C.，Epstein Y.，*Introduction to social psychology*，Sunderland，MA：Sinauer，1979，pp.101-109.

⑦ Zimmerman B. J.，Schunk D. H.，Albert Bandura：The scholar and his contributions to educational psychology，*Life-Span Developmental Psychology*，No.12，2003，pp.91-101.

针对人际关系这个影响因素，乌波尔斯（1997）[①]等人编制教师互动问卷研究师生人际行为，设计了亲密性与影响力两个维度进行调查研究。亲密性维度，即合作性或敌对性。影响力维度，即支配性或服从性，得到八种行为类型，它们是领导、友好帮助、理解、学生自主、犹豫、不满、惩戒、严格八种行为，每种行为通过若干项加以测量。瑟培尔（2012）[②]等人通过开展多样性调查，发现家长与老师沟通的频率和质量对老师与学生之间的关系对社会性发展有一定的影响，并且家长与老师之间的密切联系会促进学生的社会性发展，充分证明了人际关系影响大学生的社会性发展。

针对社会情感这个影响因素，You S.（2015）[③]等人对 14171 名高中生开展调查，结合以往的经验，使用因子分析方法验证了社会情感因素结构，采用结构方程建模测试。西尔（2011）[④]等人在研究中定义社会情感发展（social and emotional development，SED），并发现在认识情感线索、处理情感信息和利用情感知识三个方面可以促进学生社会性情感的发展。

针对自我认知这一影响因素，马克洛斯（2001）[⑤]等人进行了实证研究。研究表明自我认同探索和伴随出现的危机认知能力对社会性发展能够产生影响。达蒙（2006）[⑥]将社会性发展分为认知、知觉和语言以及社会、情绪和人

---

① Wubblels T., Levy J., Brekelmans M., Paying attention to relationships, *Educational Leadership*, No.54(2), 1997, pp.82–86.

② Serpell Z.N., Mashburn A. J., Family–School Connectedness and Children's Early Social Development, *Review of Social Development*, No.21(1), 2012, pp.21–46.

③ You S., Furlong M., Felix E., et. al., Validation of the Social and Emotional Health Surver for Five Sociocultural Groups: Multigroup Invariance and Latent Mean Analyses, *Psychology in the Schools*, No.4, 2015, pp.349–362.

④ Seal C. R., Naumann S. E., Scott A. N., et. al., Social emotional development: a new model of student learning in higher education, *Educational Leadership*, No.10, 2011, pp.38–40.

⑤ Makros J., McCabe M., Relationships between identity and self–representations during adolescencep, *Journal of Youth and Adolescence*, No.30(5), 2001, pp.623–639.

⑥ Eccles J. S., Wigfield A., Schiefele U., *Handbook of Child Psychology*, John Wiley & Sons, 2006, pp.42–29.

格两部分，取得了一定研究进展。费尔德曼（2007）[①]论证了社会性发展包括认知发展与社会性人格发展，自我认知也成为社会性发展研究的重要方面。

针对课堂教学这一影响因素，洛里·西蒙（2006）[②]等人主要针对 142 名参与服务课程的学生建立服务课程影响的评估体系。结果表明，参与社区自我效能以及公民参与度的分数越高，学生的学术学习、个人发展和人际关系发展越有利，也就是说，课堂教学有助于学生课业学习以及其个人社会情感和社会性发展。希勒（2008）[③]等人对课堂上早期情感和行为的关系做了深入研究。迪希（2002）[④]等人研究艺术生的社会性发展，为艺术教育课程与教学的设计者提供实证研究，结果建议要不断深化艺术学习经验和培育学术研究。

除此以外，在国外关于社会性发展的研究中，家庭因素和人格特征也是研究的重点之一。斯科菲尔德（2012）[⑤]等人通过研究父母教养与青少年人格的发展，确信良好的亲子关系会有利于青少年健康人格发展。唐纳伦（2010）[⑥]等人分析了不同人格类型的个体在经历重大生活事件后的创伤程度，人格类型对个体心理与行为的影响。近些年，多位国外学者分别从自我探索、学

---

① Fredman S. J., Hirshfeld Becker D. R., Smoller J. W., et. al., *Childhood Antecedents of Adult Anxiety Disorders*, Anxiety Disorders, 2007, pp.135–161.

② Lori Simons, Beverly Cleary, The Influence of Service Learning on Students' Personal and Social Development, *College Teaching*, No.54(4), 2006, pp.307–319.

③ Bulotsky-Shearer R. J., Dominguez X., Bell E. R., et. al., Relations between Behavior Problems in Classroom Social and Learning Situations and Peer Social Competence in Head Start and Kindergarten, *Journal of Emotional & Behavioral Disorders*, No.63(18), 2008, pp.195–210.

④ Deasy, Richard J., Ed., *Critical Links: Learning in the Arts and Student Academic and Social Development*, Viking Press, 2002, pp.88–92.

⑤ Schofield T. J., Conger R.D., Donnellan M.B., et. al., Parent personality and positive parenting as predictors of positive adolescent personality development over time, *Merrill Palmer Quarterly*, No.58(2), 2012, pp.255–283.

⑥ Donnellan M.B., & Robins R.W., Resilient, overcontrolled, and undercontrolled personality types: Issues and controversies, *Social and Personality Psychology Compass*, No.4(11), 2010, pp.1070–1083.

校氛围、亲子关系、个体性格特征等方面进行了研究。可以说,国外关于社会性发展的研究从未间断,并越来越受重视,关于社会性发展的研究已经形成体系,未来将更集中于特定领域、特定方面的实证研究。并且,研究将不会再使某个因素与其他因素割裂开,更多的是进行相关取向的研究,即揭示众多变量之间的复杂关系。这也说明,社会性发展是一个复杂的过程。

二、国内研究现状及趋势

国内关于“社会性”及“社会性发展”的正式研究直到20世纪80年代后期才开始,如薛素珍著的《儿童社会学》(1985),E.齐格勒等著的《社会化与个性发展》(1988)、P.H.墨森等著的《儿童发展和个性》(1992)等,这些研究成果在一定程度上为儿童社会化与教育提供了科学依据。而对 “毕生发展”或“lifespan”这个词,也是从儿童社会性发展的研究开始后才熟悉起来的。查阅近十多年国内相关核心期刊的研究成果发现,目前,国内关于“社会性”以及“社会性发展”的研究主要集中在 “研究对象”“影响因素”“社会性发展评价”三个方面,其中对“社会性发展影响因素”的研究较为深入。

(一)关于社会性发展的研究对象

社会性发展的研究对象最初是儿童,尤其是在一些流传较广,认可度较高的理论中,都是以儿童作为初始的研究对象。随着“毕生发展观”的诞生及发展,社会性发展的研究对象也从儿童扩展到青少年直至老年,贯穿了人的一生。

国内诸多研究者认为,大学期间是一个人社会性发展的关键期,大学期间的教育对个体社会性发展的影响最有效。邓丽芳、郑日昌[1]等多位学者认为可以将大学生看作即将进入社会进行自我发展的“半社会人”，有效把握大学期间的教育将会对促进大学生社会性发展起到积极作用。康宁[2]在《教育社会学》中明确提出，大学生是一种特殊的社会存在。这一特殊的社会属性致使大学生在一定程度上呈现出“边缘人”的特点。从“边缘人”到“社会人”，大学生必须完成两次“质”的转变：第一次是由中学生向大学生转变，第二次是由大学生向社会角色、社会成员转变。两次转变都是大学生塑造自我社会性的过程。姚信[3]认为，在大学阶段，大学生的人格随着年龄的增长逐步趋于完善，自我意识发展迅速，人生观、价值观逐渐趋于稳固，大学阶段是个体自我概念发展最为迅速的时期。金盛华、李雪[4]认为大学生是即将进入社会发展自我的“半社会人”，大学阶段的理论学习与社会实践是为以后适应现实社会打好基础的过程。王晓艳[5]研究发现，大学生的社会性发展是在原有发展的基础上，通过更为高层次的学习与社会实践相结合。大学生将自己所认知到的事物融为一体，发展为自己的人生观、世界观、价值观等，以此适应社会的发展。在社会的改变中学会调节自己，并在发展的过程中，运用自己已有的知识、技能以及经验解决问题，以期实现更高的目标。

（二）社会性发展的影响因素研究

社会性发展是一个很复杂的过程，影响因素较多，目前尚无完全一致的

① 邓丽芳、郑日昌：《大学生的情感变量与心理健康的探讨》，《中国心理卫生杂志》，2004 年第 1 期。

② 康宁：《教育社会学》，人民教育出版社，2003 年，第 222 页。

③ 姚信：《大学生自我概念发展状况研究》，《中国心理卫生杂志》，2003 年第 1 期。

④ 金盛华、李雪：《大学生职业价值观：手段与目的》，《心理学报》，2005 年第 5 期。

⑤ 王晓艳：《大学生的社会性发展与心理教育》，《内蒙古民族大学学报》，2008 年第 5 期。

看法，普遍认为集中在先天的生物学因素和后天的环境因素的影响[①]，例如人格、家庭教养方式、社会、同伴、学校、社区及公共媒体等。

对于人格特质这个影响因素，胡小兰[②]分析了人格特质对社会性发展的影响，认为个体早期所形成的人格特质上的差异，影响着个体如何感受、解释和应对面临的发展重任，从而影响个体的社会性发展。

对于依恋这个影响因素，韦耀阳[③]从团队依恋的角度出发，发现正向的团队依恋有利于大学生的社会性发展；消极的团队依恋将会阻碍和抑制社会性发展。李同归[④]阐述了社会性发展中的人与人之间关系建立的问题。研究表明大学生的依恋类型对他们的心理健康水平产生影响[⑤]，依恋焦虑与依恋回避越低，心理健康水平越高。

对于品德这个影响因素，俞国良[⑥]认为品德是社会性发展的体现，是社会道德在个体身上的体现，是个性心理中的一种特殊表现。品德的发展是社会性发展的动力和标志：个体社会性发展水平制约品德的发展程度，品德的发展更好地促进了人的社会性发展，品德的发展与社会性发展具有同一性。

对于大学校园这个影响因素，有学者认为，学校在大学生社会性发展过程中起着至关重要的作用。一个比较完整的社团组织，其作用是把社会规范、价值标准、知识技能传授给学生，根据培养目标有计划、有步骤地对学生施加一定的影响，以达到不断促进学生的社会性发展的效果。[⑦]高校作为大学生学习生活的主要场所，在促进学生的社会性发展过程中扮演着十分重要的角色，以高校为背景的大学生社会性发展受到教育教学管理制度、教

① 杨世昌：《人格与社会性发展述评》，《四川精神卫生》，2015 年第 2 期。

② 胡小兰：《人格特质对个体社会性发展的影响》，《科教文汇》（上旬刊），2009 年第 9 期。

③ 韦耀阳：《团队依恋对大学生社会性发展的影响和启示》，《吉林工商学院学报》，2013 年第 1 卷。

④ 李同归：《依恋理论中的几个热点问题概述》，《北京大学学报（自然科学版）》，2006 年第 1 期。

⑤ 李同归、李嘉等：《大学生依恋类型对心理健康的影响》，《中国心理卫生杂志》，2008 年第 10 期。

⑥ 俞国良：《品德与社会性》，《教育科学研究》，2003 年第 5 期。

⑦ 马东卉：《大学生社会性发展指导》，《现代教育科学》，2007 年第 1 期。

师、同辈群体等多方面影响。[①]谢维和等研究认为"学校对个体学生的影响总是以同伴群体的环境为中介的"[②]。刘豪兴[③]认为,处于某一年龄阶段或年龄组、年龄区间的人所组成的集合体可以称之为同辈群体。在教育过程中,作为一种社会化机制,同辈群体的自发性、表意性、流动性特点对大学生的社会性发展具有重要的影响。李松林[④]分别从权利观念、角色意识、人际关系和社会行为四个方面分析了教学交往对社会性发展的影响，丰富的社会性关系、个体的社会认知水平、活动与交往的亲身参与、观察学习与替代强化这都是实现教学交往的必要保障。唐华生[⑤]认为大学文化建设对价值引导规范、情感激励凝聚、精神熏陶感染具有巨大的作用,加强观念文化、精神文化、制度文化、物质文化建设是推进大学生社会性发展的有效途径。王晓燕[⑥]从心理教育角度出发，强调了高校校园环境对于大学生的心理发展尤其是对社会性发展具有十分重要且深远的影响。毛小玲[⑦]等探讨了大学生宿舍人际关系的特点，发现学生宿舍人际关系是研究大学生社会性发展的一个切入点。张瑜等[⑧]编制了大学生宿舍人际相处主观影响因素问卷。宿舍是大学生主要的活动场所,学校在大学生社会性发展引导中发挥重要作用。

崔丽娟等[⑨]研究了网络对青少年社会性发展的影响,发现网络成瘾学生与非成瘾学生在社会交往方面有显著差异,在生活事件、网络使用、社会支

① 连榕:《福州市大学生社会性发展》,《中国特殊教育》,2014 年第 11 期。

② 谢维和:《教育活动的社会学分析:一种教育社会学的研究》,教育科学出版社,2007 年,第 157 页。

③ 刘豪兴等:《人的社会化》,上海人民出版社,1993 年,第 227 页。

④ 李松林:《论教学交往与学生的社会性发展》,《山西师大学报(社会科学版)》,2008 年第 5 期。

⑤ 唐华生:《大学文化建设与学生的社会性发展》,《北华大学学报(社会科学版)》,2004 年第 8 期。

⑥ 王晓艳:《大学生的社会性发展与心理教育》,《内蒙古民族大学学报》,2008 年第 5 期。

⑦ 毛小玲、里宏翰、张建梅:《大学生宿舍人际关系的特点》,《中国心理卫生杂志》,2005 年第 7 期。

⑧ 张瑜、李宏翰:《大学生宿舍人际相处主观影响因素问卷的编制》,《中国心理卫生杂志》,2008 年第 3 期。

⑨ 崔丽娟等:《网络成瘾对青少年的社会性发展影响研究》,《心理科学》,2006 年第 1 期。

持、攻击性、无序感、自我和谐等多方面均存在显著差异。网络沟通的隐匿性、可利用性与沟通内容的可加工性影响了青少年自我展现与自我表露的可控性,从而影响青少年社会性发展。[①]同时,互联网会使个体产生孤独、抑郁的情绪。对互联网依赖显著影响了大学生主观幸福感与社会疏离感。[②]网络已经成为影响大学生社会性发展的主要因素之一。

体育锻炼也是学者们研究的重要因素之一。朱亚云[③]指出体育锻炼由于其活动的主动性、互动性比较强,一直是影响大学生社会性发展的重要因素之一。通过户外拓展,主要是可以磨炼意志品质,场地开阔,以自然环境为主,强调团队合作。陈彪[④]指出构建体育课程的五个板块,将体育教学向课外延伸,促进学生知、情、意、行等全面发展。王清[⑤]研究了大学生的社会性体育参与结果及过程,能对大学生的体育参与加以引导和指导。

大学阶段是大学生步入社会前的重要时期。对于当代大学生,职业认同这个因素也是影响其社会性发展的主要原因之一。罗锡莉等[⑥]提出了与大学生职业成熟度相关的理论构想,并编制了大学生职业成熟度调查问卷。结果表明,大学生职业成熟度与大学生社会性发展具有相关性。同样,张杉杉、郑日昌[⑦]在对大学生择业效能感现状的调查研究中发现,择业效能感的水平存在极为明显的年级差异,同时存在男生普遍高于女生的倾向。

---

① 纪海英:《网络沟通对青少年社会性发展的影响》,《南京师大学报(社会科学版)》,2012 年第 2 期。

② 崔丽娟:《互联网大学生社会性发展的影响》,《心理科学》,2003 年第 1 期。

③ 朱亚云:《户外拓展运动促进大学生社会性发展的研究》,《才智》,2014 年第 34 期。

④ 陈彪:《论大学公共体育自主构建课程模式下学生的社会性发展》,《南京体育学院学报》,2006 年第 7 期。

⑤ 王清:《论大学生社会性发展与体育参与的关系》,《新课程研究(中旬刊)》,2011 年第 5 期。

⑥ 罗锡莉、张进辅:《大学生职业成熟度结构及问卷编制》,《心理学探新》,2008 年第 2 期。

⑦ 张杉杉、郑日昌:《507 名理工科大学生择业效能感现状分析》,《中国心理卫生杂志》,2002 年第 11 期。

对于社会支持这个影响因素,以往很多研究发现,社会支持、主观幸福感与社会性发展之间存在相关性。曹怡等[①]在做了一系列的调查后,论证了社会性发展水平与主观幸福感存在正向相关关系,个体的社会性发展水平越高,则主观幸福感往往越高,具有良好的社会支持的大学生在社会性发展水平上也就越高。严标宾等[②]人也持有相同的观点。程俊卫[③]也做过类似的研究,证明了社会支持越高的大学生在社会性发展水平上也就发展越好,如果大学生拥有良好的归属感与积极的自我价值感,其社会性发展水平也会有所上升。

还有一些研究将大学生的社会性发展聚焦在大学生社会技能上,认为要达到有效的人际互动,个体的社会技能不可或缺。[④]秦启文等(2001)[⑤]认为,社会技能包括自信、报答与强化、非语言交流技能、语言交流技能、同理心、合作、关心他人等。社会技能在功能层面上可分为表达、感受和控制三类,且在言语沟通和非言语沟通两个层面上进行操作。[⑥]孙崇勇[⑦]发现,男大学生在与人交际交往、待人接物方面上的困扰明显高于女大学生,同时其所具有的非言语交流能力明显低于女大学生。马湘桃[⑧]采用 riggio 的社会技能量表对长沙市大学生进行调查研究发现,大学生在情感表达、情感控制、社会表达、社会感受等技能上存在明显的性别差异。还有一些研究通过量表[⑨],

① 曹怡、李伟强、张颖:《大学生社会性发展、社会支持与主观幸福感的关系》,《中国健康心理学杂志》,2015 年第 1 期。

② 严标宾、郑雪、邱林:《社会支持对大学生主观幸福感的影响》,《应用心理学》,2003 年第 4 期。

③ 程俊卫:《大学生主观幸福感与人格特征的关系研究》,《中国健康心理学杂志》,2006 年第 2 期。

④ 周宗奎:《儿童的社会技能》,华中师范大学出版社,2002 年,第 80~87 页。

⑤ 秦启文、黄希庭:《社会技能构成因素及其意义》,《心理学探新》,2001 年第 1 期。

⑥ 黄月胜:《贫困大学生社会技能发展特点及影响因素研究》,湖南师范大学出版社,2007 年,第 36~40 页。

⑦ 孙崇勇:《师范类大学生人际关系行为困扰的调查研究》,《中国特殊教育》,2007 第 10 期。

⑧ 马湘桃:《大学生人际沟通能力调查研究》,湖南科学技术出版社,2005 年,第 90~91 页。

⑨ 刘建榕:《大学生社会性发展迟滞的质性研究》,《当代青年研究》,2014 年第 8 期。

分析大学生在社会性认知、社会性情感、社会行为三方面表现出的发展迟滞情况。

此外,还有多位国内学者对时代背景、文化、性别、归因、校园氛围、性格等因素进行了深入细致的研究,分析了家庭结构等因素对社会性发展的影响,阐述了单亲子女的家庭教育偏失[①]、独生因素对子女社会性发展的影响[②]。

总的来说,国内关于社会性发展进行单一影响因素的分析较多,对大学生社会性发展影响因素的分析主要是从以下几方面入手:家庭原因,包括家庭结构、教养方式、亲子依恋关系等;学校原因,比如校园氛围、教学目标与方式、师生关系等;社会因素,比如时代背景的影响、社会风气的影响、文化传导等;个人原因,比如归因风格、同伴关系、社交技能等。

(三)社会性发展的评价方法研究

不论国内还是国外, 与社会性发展相关的评价方法都存在多样化的特点,诸如量表法、访谈法、社会测量法、行为观察法、投射法等。其中,量表法的使用最为广泛,在实际应用中最多,效果最好,最明确。学者使用的量表大致可分为以下几类:

一是从人格的角度来考察个体的社会性发展状况, 这种类型的量表在实际中应用非常广泛。如艾森克人格问卷(EPQ)、卡特尔16人格问卷(16PF)、中国人人格量表(QZPS)等,这些量表的使用可以帮助使用者直接判断个体的发展情况。

二是综合考察个体的社会性发展状况。陈会昌(1994)制定的《儿童社会性发展量表》开启了我国社会性发展的序幕,该量表主要考察3—9岁儿童

① 韩丽娜:《单亲子女的家庭教育偏失对其社会性发展的影响及对策》,《济宁学院学报》,2010年第5期。

② 刘新超:《独生子女社会性发展及存在问题研究》,《科技资讯》,2007年第5期。

社会性发展的情况。同样，美国的《12—36月龄幼儿情绪社会性评估量表》(Infant and Toddler Social-emotional Assessment，ITSEA)则更为全面和具体地测量儿童的外显行为、内隐行为等，是一套比较完备的评价量表。[1]此外，还有很多量表，比如Squires等编制的《年龄与发育进程问卷：社会—情绪(ASQ：SE)》《埃里克森的心理社会阶段调查》(修订版)[2]等等，这些量表综合性极强，对于整体社会性发展的判断有很大的帮助。

三是可以考察社会行为，如小学儿童社会技能评定量表教师量表、小学生社会技能量表家长评定量表、Achenbach的儿童社会行为量表(CBCL)等。除此之外，还有针对社会性发展的某一领域编制的量表，如田纳西自我概念量表(TSCS)、焦虑自评量表(SAS)、抑郁自评量表等(SDS)，这些量表在心理学中应用广泛。

从研究量表上看，国内外关于社会性发展的评定量表样式较多，其内容往往涉及各个年龄阶段、各个研究领域。总体来说，关于成长期的(尤其是儿童期)社会性发展量表偏多，这也与之前的研究更关注成长期有关，成年阶段的量表少之又少，正处在蓬勃发展期；各量表自成体系，彼此并不交叉也不能替代；并且大部分的维度都是评价社会性发展的某一方面，集中在特定领域或范围内，综合性的评价量表少之又少。

三、国内外研究评述

关于人的社会性发展问题，国内外有关学者均进行了丰富的研究工作。国外学者研究较早，侧重于社会性发展现象的解释。国内学者近些年的相关研究也在逐渐深入，尽管研究成果比较零散，但也形成了一些很有价值的研

① Alice S.Carter，Margaret J.，Briggs-Gowan，Stephanie M.Jones & To.Little，2003.

② Erikson Psychosocial Stage Inventory，MEPSI.Rosenthal，Gurney & Moore，1981.

究成果。但是相关研究更多的是对社会性发展过程进行探索,对社会性发展的教育引导方式没有更多的涉及。

(一)对国外研究的评述

国外的社会性发展研究主要分为基本理论研究和实际应用研究两大部分。在社会性发展之初,更多的是理论研究,形成了大量的、相互传承又不尽相同的多个理论,各个理论之间相互补充,为后续的实用研究奠定了坚实基础。

社会性发展的基本理论有两个主要功能:第一,将分散的、表象的信息组织分析后,变成相互联系的社会性发展解释;第二,它们能够带来可验证的假设并进行预测。尽管没有任何一个理论可以解释社会性发展的所有方面,但过去的一些经典理论,如弗洛伊德的心理动力理论、皮亚杰的认知发展理论、华生的行为主义学习理论,都试图从普遍意义上解释发展问题,同时为后续的研究拓宽了研究视野和研究思路。

如今, 仍然没有任何一种起决定性作用的理论可以用来阐释社会性发展的各个方面。相反,社会性发展可以从不同视角予以解读和研究。弗洛伊德和皮亚杰试图为发展提供全面解释的宏大理论体系如今已经被各种小型现代理论所取代。现代研究更多关注的是发展的特定方面或领域,比如习性学理论在描述情绪表达和交流、儿童社会性群体如何组织方面尤为有效,认知社会学习理论和社会信息加工理论为攻击行为的解释提供了独到有效的视角,系统理论则提供了研究家庭和社会制度对社会性发展影响的框架。所有这些理论视角,都在社会性发展研究中占有一席之地,综合地运用几种理论来考察一个特殊问题,往往能达到事半功倍的效果,也是今后重要的研究方向。

(二)对国内研究的评述

回顾我国社会性发展的研究,研究内容可以分为如下三类:第一,社会性发展影响因素研究。这一类因素往往涉及家庭关系、同伴影响、学校教育、自身遗传等多个方面;第二,社会性发展的专门领域研究。其中比较多的研究集中在亲子关系、同伴关系、道德发展、性别影响、自我发展等方面;第三,交叉领域的研究。将社会性发展与相关研究领域结合,比如观点采择能力、规则的认识等。

大学生社会性发展也存在一定的不足。一是研究内容比较单一,比如社会适应情况、心理健康教育、素质教育等均从单一角度反映大学生的社会性发展状况,不能全面反映大学生社会性发展的状况,没有从总体上把握大学生社会性发展的特点。二是研究的时代特征不明显,有些研究是用早期的观点分析当代大学生社会性发展的新问题,与实际情况不能完全符合。三是研究结论往往偏向消极。关于大学生社会性发展因素的解释以及对于大学生社会性发展中出现的问题多是从消极的心理健康状态、缺失的教育管理或社会不良影响的角度去理解。而个体的社会性发展是一个终生发展的长期过程,是动态的、多因的、非线性的,应更多地从长远发展的观点来看待、分析这样的现象。

从思想政治教育视阈研究大学生社会性发展的相关成果较少，研究还不够深入。关于社会性发展的大多数研究与思想政治教育结合紧密度不高，较少探讨思想政治教育对大学生社会性发展的促进作用。正是在这种情况下，本书特别重视通过对思想政治教育与大学生社会性发展之间存在的内在联系进行分析，探索对促进大学生社会性发展具有积极的教育引导作用的有效途径,为思想政治教育及社会性发展提供参考。

第三节　研究思路与研究内容

一、研究思路

思想政治教育是中国共产党的政治优势和优良传统。党始终坚持以马克思主义为指导,把思想政治教育作为一切工作的生命线予以重视。本书以思想政治教育视角研究大学生社会性发展问题,把大学生社会性发展作为改进和加强大学生思想政治教育的内容并加以阐释。按照“社会性发展理论梳理—大学生社会性发展现状评价—大学生社会性发展影响因素分析—大学生社会性发展迟滞原因—思想政治教育视阈下大学生社会性发展实现途径探索”的总体思路,从思想政治教育角度出发,以问卷调查等多种方式,评价目前大学生社会性发展的现状,对影响大学生社会性发展的客观和主观因素进行研究分析,并积极探讨促进大学生社会性良性发展的教育策略。

第一,梳理社会性发展理论及相关研究发展脉络,界定相关概念。本书将社会性发展的理论基础梳理作为研究的起点,按照时间顺序,对国内外社会性发展理论及相关研究进行了全面的梳理;对国外社会性发展的经典理论、现代理论及实证研究、国内的影响因素分析等进行分析和评述;对社会性、社会性发展、大学生社会性发展、社会化等核心概念进行辨析。掌握当前社会性发展的研究现状,为未来的研究明确方向,为后续研究打下基础。

第二,明确思想政治教育与社会性发展的关系。本书从马克思主义哲学中有关人的本质理论、人的全面发展理论出发,探索马克思主义以及马克思主义中国化在当代大学生社会性发展中应用的可能性。从思想政治教育的本质、内涵、规律等方面,论证思想政治教育与大学生社会性发展之间的逻辑联系。沿着这样一条清晰的脉络,不仅可以清楚地分析大学生社会性发展性与相关领域之间的关系,而且为整个研究指明了方向。

第三,大学生社会性发展评价及影响因素分析。通过对大学生社会性发展现状进行调查,对大学生社会性发展进行评价,力图从根本上突破以往大学生社会性发展研究较为分散的局限,探寻社会性发展影响因素,运用科学合理、行之有效的教育模式将大学生社会性发展的内容与方法整合起来,更有利于普及和推广。

第四, 分析大学生社会性发展迟滞的原因并提出思想政治教育视阈下提升大学生社会性发展水平的有效途径。根据大学生社会性发展现状及影响因素,分析大学生社会性发展迟滞的具体原因,在此基础上,提出思想政治教育视阈下提升大学生社会性发展的引导路径, 为促进大学生社会性发展提供依据。

二、研究内容

本书以思想政治教育为研究视角,以大学生社会性发展为研究对象,主要对思想政治教育视阈下当代大学生社会性发展的本质特征、影响因素、迟滞原因和教育引导路径进行探索。具体内容有以下五个部分:

第一,社会性发展、大学生社会性发展的内涵及其与思想政治教育逻辑关系分析。首先,通过理论分析和概念界定,使社会性发展、大学生社会性发展等概念的内涵得到进一步明确。其次,从思想政治教育视阈出发,把高校大学生的社会性发展置于反映当代社会现实和时代要求的高校文化环境中,论证思想政治教育与大学生社会性发展的契合点,阐释大学生社会性发展与思想政治教育的内在逻辑关系，分析社会性发展的构成要素，深入挖掘分析大学生社会性发展与思想政治教育之间良性互动的理论依据。最后，通过确定大学生社会性发展的各阶段目标，明确思想政治教育视阈下大学生社会性发展的主要内容。

第二，大学生社会性发展调查分析。在对大学生社会性发展进行理论分析的基础上，以在校大学生为主要研究对象，通过设计符合高校大学生实际情况的调查问卷，调查分析大学生社会性发展的基本状况。通过问卷调查、个别访谈、专家访谈等多种途径，分析归纳影响大学生社会性发展的主要因素。通过数据整理和统计分析，构建当代大学生社会性发展的评价指标体系，用以衡量当代大学生社会性发展的真实情况，更好地解释大学生社会发展的动态过程。同时，实证研究结果将作为后期大学生社会性发展影响因素的分析、大学生社会性发展教育引导措施探索的重要依据。

第三，大学生社会性发展的影响因素实证分析。在大学生社会性发展现状及评价的基础上，探究思想政治教育视阈下大学生社会性发展的影响因素。针对当代大学生在社会认知方面表现出辩证思维不够成熟、对问题的认识简单片面、以自我为中心；在情感方面表现出对社会的矛盾性，不懂得对他人表现出关心、感恩的情感；在行为方面表现出独立性差、生活自理能力不足、社会适应困难、自我控制能力弱；在自我认知方面，不能正确对待自己的问题，处于焦躁、自我否定等负面心理状态之中等社会性发展障碍问题，以大学生社会性发展构成要素为线索，横向剖析当代大学生社会性发展，分析大学生社会性发展的影响因素，如个体差异、家庭结构、学校教育、社会环境等方面。同时，以当代大学生的社会性发展过程为线索，纵向剖析大学生社会性发展，围绕社会性发展的需要，分析大学生社会性发展的影响因素及出现困境的主要原因，为加强拓宽思想政治教育的实现途径，更好地教育和培养大学生提供指导。

第四,大学生社会性发展迟滞原因分析。在大学生社会性发展现状评价及影响因素分析的基础上,探究大学生社会性发展的迟滞原因;对大学生社会性发展现状评价中出现的几个维度的迟滞,利用影响因素对大学生社会性发展的影响,分析大学生社会性发展迟滞的原因,为探索促进大学生社会性发展引导路径奠定基础。

第五,思想政治教育视阈下促进大学生社会性发展的教育引导路径探索。在分析当代大学生社会性发展影响因素和迟滞原因的基础上,结合高校思想政治教育的功能和改革趋势,最终对大学生社会性发展教育引导路径提出建议。加强思想政治教育在教育目标、教育方法和教育环境等多个方面对大学生社会性发展的指导作用,探索促进大学生社会性发展的教育引导途径。将研究的主要成果用于指导学生实践,帮助大学生树立正确认知,加强大学生人际关系良性互动,促进大学生社会性发展,并且探索大学生社会性发展途径的可复制性,从而促进大学生社会性发展教育引导路径的实践推广和应用。

第四节　研究方法与技术路线

一、研究方法

研究方法的选择,要以研究内容为依据。本书在马克思主义唯物史观的指导下,坚持辩证唯物主义和历史唯物主义,以思想政治教育视角作为基本出发点,对当代高校大学生的社会性发展进行探析。包含事实研究和价值研究两个方面,因此必须坚持量的研究与质的研究相结合。

(一)文献分析法

文献分析法主要是对各种文献(包括报纸、期刊、书籍、文件、报告等多种资料)进行筛选,并进行梳理,将有用的资料加以分析和利用,以探明研究对象的性质和状况,并从中引出自己观点的分析方法。

在大学生社会性发展研究中,要想提出具有科学性、客观性、逻辑性的研究内容,就必须查阅大量的文献。通过对文献的梳理总结,明晰目前已有的研究方向和研究成果,作为经验加以借鉴。同时,通过文献的梳理,也可以明晰目前的研究不足,为研究的开展奠定基础。

在本书中,文献分析法的主要作用有:一是对查到的有关思想政治教育、社会性发展的文献进行分析研究。二是对搜集来的有关思想政治教育、社会性发展的具体表现进行分析研究。三是对思想政治教育、社会性发展所产生的变化等资料进行分析研究。同时,通过大量的文献研究,系统梳理如思想政治教育理论、大学生社会性发展理论、大学生社会性发展的影响因素,为研究提供了坚实的理论根基。收集当前反映思想政治教育以及大学生社会性发展的资料,从而确定学生社会性发展的内涵、测量指标,积累论证问题的资料和制约因素的分类依据等。

(二)问卷调查法

问卷是指为统计和调查所用的、以设问的方式表述问题的表格。问卷调查法就是研究者用这种控制式的测量对所研究的问题进行度量, 从而面向研究对象搜集到可靠的资料的一种方法。

在大学生社会性发展的研究中,问卷调查法是非常重要的方法。只有通过科学、严谨、客观的调查,才能获得大学生社会性发展的一手资料,才能充分掌握大学生社会性发展的真实状况及重要的影响因素。这能为研究大学生社会性发展迟滞原因以及提出正确的引导路径的探索奠定基础。

在本书中，主要是通过问卷调查了解大学生社会性发展的实际情况及主要影响因素，调查对象是高校大学生和高校教育工作者，希望将大学生社会性特征用一定的指标表示，保证研究结果的信度和效度。问卷由客观选择题和主观题两部分组成，其中客观题占 80%，经过调查要探索影响大学生社会性发展的因素，分析大学生社会性发展的问题、检验研究结果的依据，从而有针对性地提出具有科学性和实效性的教育措施。

（三）访谈法

访谈法亦称调查法，是对一个社区、单位、组织、家庭、个人或实践进行全面、深入了解的调查方法，分为个案访谈和集体访谈，就是通过面对面等方式，得到被调查者关于调查问题的态度。

在大学生社会性发展研究中，访谈法与调查法同样重要。个体访谈和集体访谈在本书中同样重要。通过访谈，可以得到被访谈者对于大学生社会性发展的态度、对大学生社会性发展的评价以及对大学生社会性发展评价指标体系的科学性的评价。

在本书中，访谈对象的划定是根据调查问卷的结果确定的。在访谈法的运用上注重普遍性与特殊性相结合。一是根据问卷调查的结果分析，通过灵活、生动、有效的访谈，力求能够通过个案访谈对大学生社会性发展过程中可能存在的制约因素进行更为细致的观察和了解。二是对于调查中的特殊结果，进行细致的访谈，力求能够得到更为细致、更为周全的资料。

（四）统计分析法

统计分析法指通过对研究对象的规模、速度、范围、程度等数量关系的分析研究，认识和揭示事物间的相互关系、变化规律和发展趋势，借以达到对事物的正确解释和预测的一种研究方法。

在大学生社会性发展研究中，统计分析法主要用于调查问卷的统计和分析上。主要是运用社会统计手段和软件,将调查问卷进行整理和分析,力求分析结果的准确性和客观性，为大学生社会性发展评价和迟滞原因分析提供数据保障,同时为大学生社会性发展引导路径探索提供依据。

在本书中,统计分析法的应用主要体现在:一是对大学生社会性发展评价调查问卷和现状评价进行统计分析,说明调查结果的效度和可信程度,检验大学生社会性发展评价体系的客观性和调查问卷的有效性，进而客观地阐述大学生社会性发展的现状、特点。二是对大学生社会性发展影响因素的调查进行统计分析,验证有关假设是否成立,进而论证大学生社会性发展的具体影响因素。

二、研究技术路线

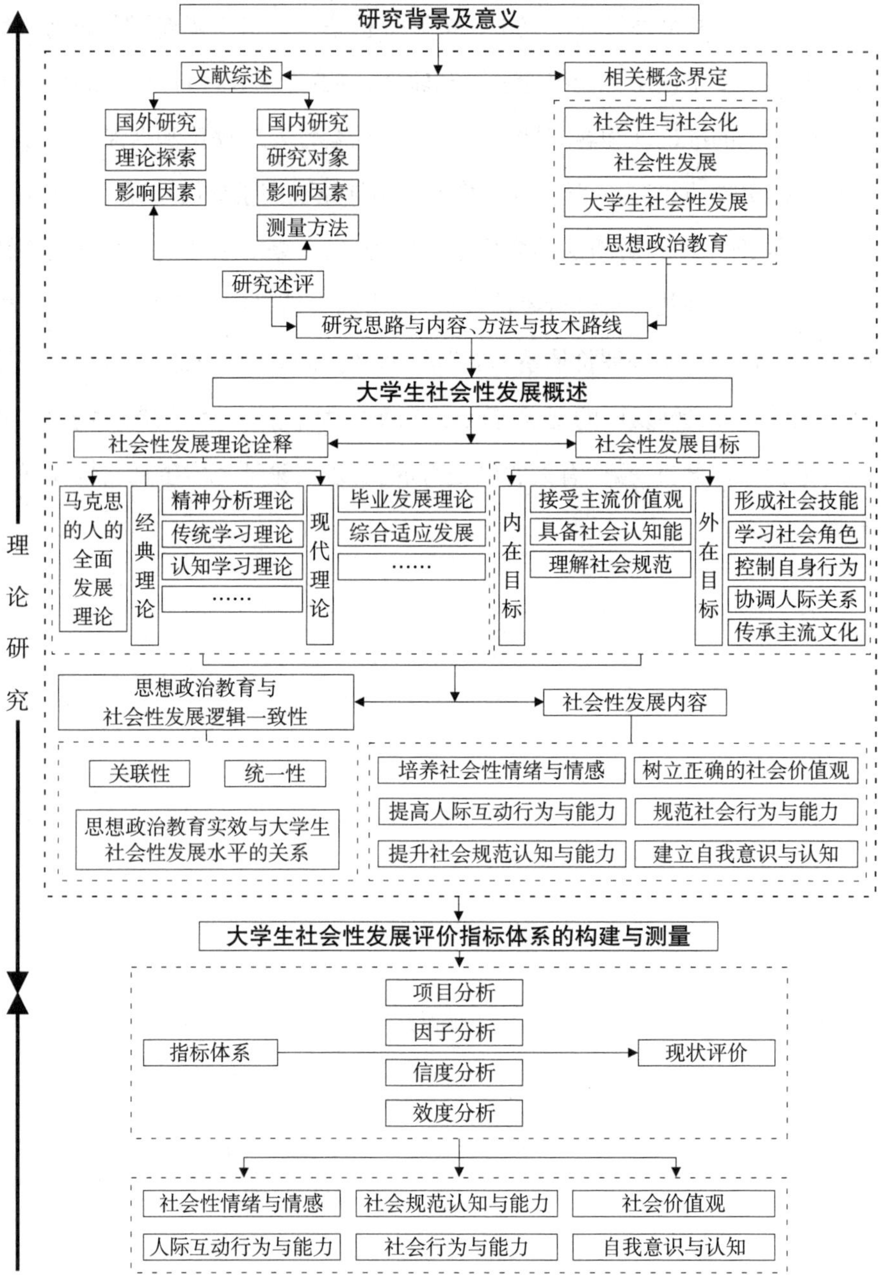

图 1.1　研究技术路线图(上)

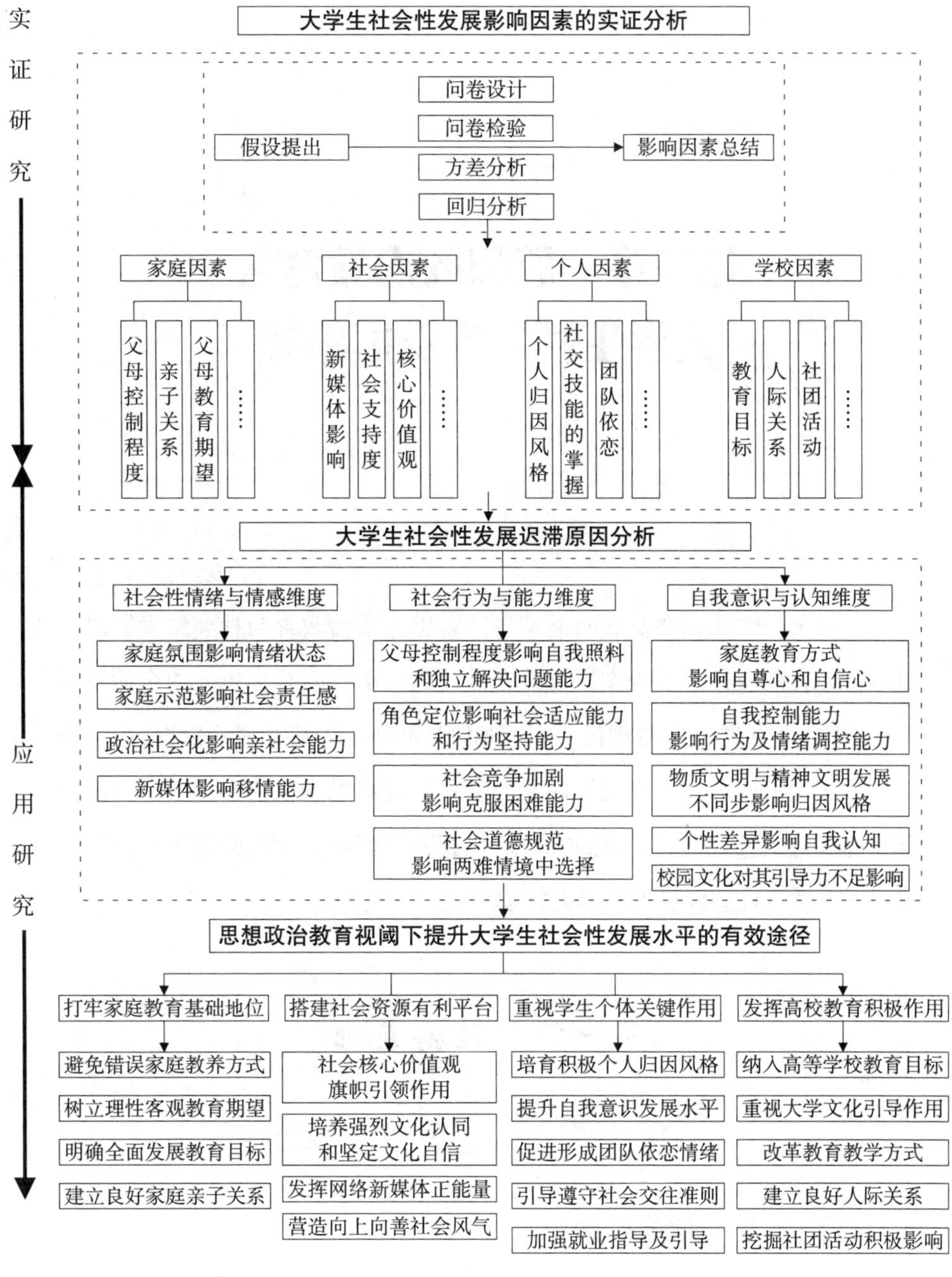

图 1.1 研究技术路线图(下)

第二章 思想政治教育与大学生社会性发展概述

研究大学生社会性发展问题是在探索思想政治教育与社会性发展研究相结合的有效途径的过程中进行的有益尝试。本章以马克思人的全面发展理论、社会性发展的经典理论、现代理论作为研究的基本理论依据,进一步明确了大学生社会性发展的目标及内容。通过对思想政治教育基本理论的研究,探讨社会性发展与思想政治教育的关联性和统一性,为思想政治教育视阈下大学生社会性发展的研究搭建基础理论框架。

第一节 理论基础

一、马克思人的全面发展理论

马克思提出的人的全面发展理论是一种科学的理论，为研究社会性发展提供了丰富的理论指导。中国特色社会主义教育的目的就是实现人的全面发展,只有深刻领会了人的全面发展的内涵,才能进一步研究社会性这个问题。

(一)人的全面发展的提出

马克思在《1844年经济学哲学手稿》中提出了“人的全面发展是人以一种全面的方式,也就是说,作为一个完整的人,占有自己全面的本质”[①]。“人的全面发展”这一概念是马克思在《德意志意识形态》中正式提出的,之后在《共产党宣言》中明确指出了人的全面发展的目标和基本原则。这为人的全面发展提供了很好的理论基础。在马克思恩格斯的思想体系中,指出人的全面发展是一个自然历史的过程,并且在此基础上,全面阐释了发展的科学和内涵的历史性与必然性,对发展的途径和条件进行了论证,从而提出了全面发展学说体系,在马克思主义的三大组成部分中,人的全面发展思想贯穿其中随处可见,有着异乎寻常的重要地位,也是马克思恩格斯一生的追求。

(二)人的全面发展的内涵

马克思关于人的全面发展理论,强调两个要素,一是“人”,二是“人的全面发展”。首先,马克思强调人是具有自然属性、意识属性、社会属性的。这意味着,人不是抽象地指人,更多的是个体、现实的人,是可以进行自由活动的人,是处在复杂社会关系中进行一定社会活动的人。

其次,马克思所指的“人的全面发展”是“每个人的全面而自由的发展”,更深层次的含义是指让全社会的每个人都能够发挥自己的每一分力量。马克思认为人的全面发展的内涵,主要包括人的需要、劳动活动、能力、社会关

① [德]马克思:《1844年经济学哲学手稿》,人民出版社,2018年,第22页。

系、自由个性和人类整体的全面发展。

(三)从马克思的人的全面发展理论阐释社会性发展

马克思关于人的全面发展理论,强调人是具有自然属性、意识属性、社会属性的。人是处在复杂社会关系中进行一定社会活动的人。人的全面发展,包括人的需要、人的能力、人的社会关系、人的自由个性、人的劳动活动和人类整体的全面发展。

第一,从人的需要的全面发展看社会性发展。马克思指出,人的需要就是人的本性。在精神需要的驱动下,人会不断地进行精神生产,形成包括政治、法律等社会意识形态以及风俗、利益等文化传统。从这种文化传承中衍生出的教育,形成了人的生活方式,丰富和促进了人的自由全面发展。然而当人的需要变成各种不合理的、脱离实际的需要时,这种需要就变成了阻碍前进的阻力。因此,促进人的社会性发展,让每个人的需求符合社会发展需要,使得人的合理需要与人的社会性发展实现良性互动。

第二,从人的能力的全面发展看社会性发展。人的能力,是指在产品生产、精神起源、生产实践过程中广泛使用知识技能,是人的综合素质的最集中体现。马克思曾详细阐述,人的能力不同,在生活中发挥各种能力的作用也不尽相同,任何一种能力对人类发展都能产生广泛的影响。由此决定了在研究社会性发展这一问题时,必须考虑个体能力的高低,尊重人的自身情况,不断提高人的社会能力这一复杂能力系统的协调性,最终实现人的能力的全面提升和发展。

第三,从人的社会关系的全面发展看社会性发展。在马克思看来,人类具有特殊的社会属性,人的全面发展就是更广泛的社会关系的发展。人离不开社会,人类发展受到社会的制约,任何人都不能独立发展。人际关系的多元化程度也反映了一个人整体的发展程度。良好的社会性发展,将会提高人际交往能力,以更好的心态创造出和谐的人际关系,形成良好的人际互动,接受并认同主流价值观,从而促进人的更好、更全面的发展。

第四,从人的个性的全面发展的角度看社会性发展。马克思认为人是一个特殊的、独立的、有创造力的人。人的个性是人们在日常生活中表现出的体质、心理状态、心理特征和行为特征的总和。它反映了人类发展的相关性和多样性。在社会性发展的研究过程中,必须尊重、重视人的个性的全面发展,要善于发现每个人的独特性所在,使之与社会发展协调发展。

第五,从人的劳动活动的全面发展看社会性发展。人的发展需要以人的劳动活动的广泛发展为基础。人需要通过劳动改变世界、改造自身。人的劳动具有丰富性和多样性的特征，这正是人活动内涵和活动外延的体现,是人对自身的全面占领。人通过实现劳动的全面发展,使个体融入群体、顺应群体,形成与群体类似的或相同的价值观及行为选择,即实现人的社会性发展。

第六,从人类整体全面发展看社会性发展。人的全面发展和人的社会性发展是不可分割的。一方面,没有个体发展,就没有人类整体的全面发展;另一方面,个体的发展只能在人类的整体发展中实现。世界范围内真正的人的发展是人类的特征的普遍发展,是所有个体的普遍发展,以及全体社会成员实现社会性发展的结果。

二、社会性发展的经典理论

在社会性发展之初,更多的是理论研究,形成了大量的、相互传承又不尽相同的多个理论,为后续的实证研究奠定了坚实的基础。纵观社会性发展的理论发展脉络,可以发现,在社会性发展领域,各种理论观点从一开始就各执己见,充满了思想交锋。

(一)精神分析理论

西格蒙德·弗洛伊德[①]曾掀起了社会性发展研究方面的大革命，他颠覆了原有的社会性发展的认识与理解。该理论根本观点建立在本能驱动和童年早期的体验上。随后埃里克森[②]进一步发展了精神分析视角的理论,并将其从童年期扩展到人的一生，这标志着社会性发展的研究对象由儿童转移到成人。

首先是精神分析理论内容。弗洛伊德的心理动力理论(psychodynamic theory)认为,心理成长阶段是不连续的,并且是基于生物性的本能驱使。他将人格的发展划为三个相关层次:本我、自我、超我。埃里克森基本继承了弗洛伊德的观点,但他更强调社会环境对人的发展的影响。他的社会心理理论认为:发展是非持续的、分阶段的(Erikson,1950,1959,1980)。埃里克森的观点证明了社会性发展需要贯穿人的一生。

其次是对精神分析理论的评价。弗洛伊德和埃里克森的发展理论都促进了现代社会性发展研究观点的形成。两者的区别在于弗洛伊德将注意力集中在儿童社会性发展上,而埃里克森将社会性发展扩展至人的一生。尽管弗洛伊德搜集信息的方法,依靠梦的解析、回忆等,可能存在着偏颇,不能给发展理论提供坚实的科学基础，但精神分析视角在社会性发展研究领域依然具有深远而重要的影响。

(二)传统学习理论

传统学习理论也是社会性发展诸多理论中比较重要的一种。[③]传统学习

① Freud S.,Brill A.A.,*The basic writings of Sigmund Freud*,Modern Library,1938,pp.39-45.

② Walborn F.,Erik Erikson,*Religion in Personality Theory*,2014,pp.99-103.

③ 尹弘飚、张莉:《生态系统理论下的儿童行为矫正观》,《教育导刊》,2002 年第 12 期。

理论主要有:经典条件反射、操作条件反射以及驱力降低理论。

首先是传统学习理论的内容。约翰·华生[①]、伊凡·巴甫洛夫[②],以及B.F.斯金纳[③]认为:学习塑造发展这一基本原理贯穿于个体的童年期,甚至其一生;发展是一个连续的过程,个体在发展过程中是被动接受的,受所处环境中发生的事件影响。传统学习理论强调强化行为的重要性,认为强化行为会更持久且不易遗忘。

克拉克·赫尔(1943)[④]的驱力降低理论融合了弗洛伊德的理论,他认为,伴随着驱力降低,经典条件反射和操作条件反射中的刺激和反应能导致学习的产生。

其次是对传统学习理论的评价。学习理论在解释儿童社会性发展中一直发挥着重要作用。学习理论提供了一些社会性发展的基本原理,但是并不完整,也无法解释存在的个体差异现象。当代研究者认为,传统学习理论提供关于行为起源的线索,在解释儿童行为发展和行为矫正方面,价值不容忽视。但该理论不关注儿童认知、情绪和社会能力上的发展及改变,也不关注气质和遗传倾向等生理因素,导致其干预方案的效果具有一定局限性。

(三)认知学习理论

认知学习理论的代表人物是班杜拉,他建立的认知社会学习理论以及超越模型对社会性发展的研究做出了巨大贡献。

---

① Watson J.B., *Psychology: From the Standpoint of a Behaviorist*, Lippincott Company, 1929, pp. 77–87.

② Kim O.J., The development of I.P.Pavlov's conditioned reflex theory, *Journal of Drug Issues*, No.1 (1), 1992, p.19.

③ Skinner B.F., The operational analysis of psychological terms, *Behavioral & Brain Sciences*, No.7 (4), 1984, pp.547–553.

④ E.N., Principles of Behavior, An Introduction to Behavior Theory, *Journal of Cognitive Psychotherapy*, No.4, 1943, pp.39–45.

首先是认知学习理论的内容。班杜拉的认知社会学习理论[①](cognitive social learning theory),证实了观察学习社会行为源于简单模仿。班杜拉认为,儿童观察模仿他人行为,需要经过“关注－观察学习－行为再现－模仿学习”四个步骤(Bandura,1989,1997)[②]。同时,儿童不仅学习榜样的行为,也影响榜样的行为。班杜拉把这种现象称为交互决定论(reciprocal determination),并提出了自我效能感的概念(Bandura,1997,2006)[③],认为自我效能感来自直接经验,同伴、家庭、学校,甚至邻居等群体的教育能增加儿童的自我效能感。

其次是对认知社会学习理论的评价。认知学习理论对很多现象做出了很好的解释,如,道德行为、利他主义、攻击性、性别角色的形成以及影响。该理论在儿童临床心理学领域具有巨大的影响力,但认知社会学习理论并不具备发展性,也几乎没有对遗传或者其他生理因素的影响做出深入阐释。尽管该理论非常重视环境作用,但是大部分证据基于实验室研究,对文化多样性影响的相关研究涉及较少。

(四)认知发展理论

认知发展理论在社会性发展研究的过程中具有极其重要的意义。代表人物是让·皮亚杰、劳伦斯·科尔伯格、埃利奥特·特里尔、布赖恩·比格洛。

首先是认知发展理论的内容。瑞士心理学家皮亚杰(1928)提出了“同化

① Bandura A.,Social Learning Theory,Scotts Valley,California,Recapp,[2000],No.1(1),1977,pp.33-52.

② Bandura A.,Self-regulation of motivation and action through internal standards and goal systems,*Goal Concepts in Personality & Social Psychology*,No.14(5),1989,pp.517-524;Bandura A.,Self-efficacy:The exercise of control,*Journal of Cognitive Psychotherapy*,No.13(2),pp.88-90.

③ Bandura A.,Toward a Psychology of Human Agency,*Perspect Psychol Sci*,No.1(2),2006,pp.164-180.

和顺应”[①]两个关键的概念。他认为，个体不仅是各种信息的被动接收者，还具有主观能动性，个体会积极获得经验以增加知识。童年时期更多的是依赖经验的取得，青少年之后个体才拥有逻辑能力，学会推理演绎问题。认知发展是一个去中心化的过程，在这个过程中，儿童把对自身、即刻的感觉经验，以及对单一结构问题的关注，转移到对更复杂的、多重的以及抽象的世界中。

劳伦斯·科尔伯格（1969，1985）和埃利奥特·特里尔（1983）使用皮亚杰理论中的概念，来解释儿童如何对他们的世界进行社会判断，以及如何理解社会规范和道德准则。[②]布赖恩·比格洛（1977）揭示了儿童关于友谊的概念如何经过三个阶段得到发展，从相对具体的期待到更抽象的期待。[③]

其次是对认知发展理论的评价。认知发展理论对后续理论发展产生了深远的影响。该理论有助于解释儿童的认知发展，以及认知发展如何影响他们的社会性反应。该理论对社会认知、心理理论以及道德发展都做出了卓越贡献。然而认知发展理论所认为的，人的发展是固定且不可逆阶段的观点，以及其对发展过程中社会、情绪及文化因素影响的忽视招致了很多批评。

三、社会性发展的现代理论

（一）毕生发展理论

20 世纪初到 60 年代之前，社会性发展研究对象主要集中于 0~18 岁个体及群体的心理上。20 世纪 70 年代起，越来越多成年人的生理、心理开始受

① Piaget J., Jean Piaget, *Revista Latinoamericana De Psicología*, No.24(1-2), 1952, pp.311-327.

② Kohlberg L., Resolving, moral conflicts within the just community, *Philosophy*, No.1, 1985, pp. 34-36.

③ Bigelow B.J., Children's Friendship Expectations: A Cognitive-Developmental Study, *Child Development*, No.48(1), 1977, pp.246-253.

到研究者的关注，毕生发展理论就此诞生。毕生发展[①](development through the lifespan)指一个人整个一生中生理和心理的不断发育、发展的全过程。

毕生发展思想的萌芽是荣格关于中年危机的研究。德国心理学家保罗·巴尔特斯将荣格的研究进一步推进，形成了毕生发展观。毕生发展理论提出后，在诸多研究领域被广泛应用。巴尔特斯等提出了选择性优化与补偿模型(selective optimization with compensation，以下简称 SOC)，用于解释个体成功发展的模式。罗特鲍姆等提出控制模型，认为控制是人一生发展的主题。赫克豪森等结合控制模型和 SOC 中的优化过程，提出了毕生发展的动机理论。

毕生发展观的核心假设是，个体心理和行为的发展是一个涵盖整个生命周期的连续过程。该理论的核心思想是：第一，发展是持续终生的长期过程。个体在每个阶段所经历的变化对未来的发展起着同等重要的作用。第二，个体发展是多维度、多方向的。多维度是指，发展受到生物、心理及社会因素复杂的共同作用的影响；多方向，指一个人从生到死，得与失、进与退同时并存。第三，发展是可塑的。人不是一成不变的，会随着时间、经历的事件慢慢有所转变。第四，发展受到多种相互作用的因素共同影响。毕生发展观认为，由于受多种相互作用的因素的影响发生变化的路径是千差万别的，这些范围广泛的影响以独特方式影响着每个人的生活进程。

(二)综合适应发展理论

哈维格斯特在总结前人研究的基础上，提出了综合适应发展理论，引入了发展任务(developmental task)这个概念[②]。哈维格斯特认为个体必须学会自

---

① 佘双好：《毕生发展与教育》，武汉大学出版社，2005 年，第 103~104 页。

② F.Requena, Welfare Systems, Support Networks and Subjective Well-Being Among Retired Persons, *Social Indicators Research*, No.99(3), 2010, pp.511-529; T.Chin, M.Phillips, Social Reproduction and Child-Rearing Practices: Social Class, Children's Agency, and the Summer Activity Gap, *Sociology of Education*, No.77(3), pp.185-221.

我学习、摸索。而学习的动力是由自身成熟、社会压力和期望、自身价值观和抱负三方面因素决定的。

哈维格斯特认为，个体所属的社会团体要求其所属的社会成员在某一特定的年龄必须完成属于当时的特定发展任务，这一特定的年龄所指的即关键期（teachable moment）。发展任务是个体发展的重要基础，人的发展即是完成人生发展各个任务的过程，同样人的成熟也是经历了一个个发展任务的完成进而实现的。在发展的过程中，哈维格斯特提出人的发展首先是情绪和社会的发展，其次才是智力的发展。他对大学生发展阶段的主要任务做了如下概述：接受个人的体型和性别角色；与年龄相近的异性和同性建立新的关系；情绪上不再依赖父母和其他成人；树立经济上独立的自信态度；选择职业并做好就业准备；发展行使公民权利所需的知识、技能和观念；发展对社会负责的行为；准备适应婚姻和家庭生活；将自我价值建立在科学的基础上。

哈维格斯特的综合适应发展理论汇聚了众多学者的精要观点，将生理、心理、社会等方面的发展目标融于一体，一反传统教育对智力因素的重点关注，而特别关注情绪与社会因素，反映了当代社会对于人的全面发展的客观要求，具有操作性强的特点，对发展性辅导具有重大的启发和指导意义。事实上，发展性辅导在内容体系的构建上有很多方面就是直接根源于哈维格斯特的思想。

（三）成年初显期理论

戈尔德（Gould）[①]的七阶段论认为，在 18 岁到 22 岁阶段的青年，希望找到属于自己的世界，希望与同龄群体发展出亲密的关系，希望与同龄群体和

---

① Ruse M., *The Structure of Evolutionary Theory*, Belknap Press of Harvard, 2002, pp.12–14.

谐共处。盖尔·希伊持续数年做了一个 60000 多份的问卷调查,接受调查的对象有男性也有女性,年龄跨度则从 18 岁一直延伸到 80 岁,尤其是将人的青年时期分为两个阶段:第一阶段,从 18 岁到 22 岁。这个阶段是从青少年向成年期的转折,是对成年前的生活的告别,是新生活的开始。第二阶段,从 23 岁到 27 岁,被称为“努力尝试的 20 多岁”。

事实上,青年向成年的过渡已被拖延到可以产生一个新的过渡的发展阶段,这个阶段就是从 20 岁前 2—3 年至 25 岁左右,这一阶段就是阿奈特[①]提出的成人初显期(Emerging Adulthood)(Arnett,2004),也就是正处在由青春后期向成人期的转变阶段。在这一时期,个体的最大特点是已经结束了青少年期,但是仍不能承担成年人的责任。大学生是一个特殊的群体,年龄基本在 18~25 岁。这个年龄段的大学生,在各个方面虽然有了长足的发展,具有较高的知识和智力水平,但其心理和生理都有特殊性,在这个急剧变迁的社会中,他们承受着巨大的压力。同时,18~25 岁的人脱离了父母的管束,具有一定的经济支配条件,一些事情可以由自己决定,这些都促成了成年初显期的出现。成年初显期的特征包括自我同一性确认、自我不稳定性、自我关注、过渡性和存在各种可能性(充满机遇)五个方面。

(四)青年社会性发展理论

莱斯利[②]在 2006 年出版的 *Social Development of Youths and the Efficacy of School and Nonformal Education* 中详细阐述了社会性发展指的是一个过程。该理论认为,社会性发展是公民性格的形成过程。青年发展了自我意识、社

① Arnett J.J.,The Developmental Context of Substance use in Emerging Adulthood,*Journal of Drug Issues*,No.35(2),2016,pp.235-254.

② Leslie,*Social Development of Youths and the Efficacy of School and Nonformal Education*,New York,2006,p.77.

会意识和能力，这使他们成为有能力承担起一定社会责任的社会成员。这一过程是通过持续的社会交往和社会联系进行的，注重培养换位思考和社会参与的能力。社会性发展的过程不仅仅是培育与他人共同进行社会生活能力的长期过程，更是将社会持续进步作为个体终生奋斗目标的长期过程。

莱斯利的青年社会性发展理论认为，在传统观念中，人们往往把青年人社会性发展的范围限定于家庭、学校和社会的三方关系中。家庭，特别是父母一般被认为是年轻人发展社会性的成长环境中最为重要的"他人"；学校的教育作用非常多样化；社会被看作家庭和学校教育功能的延伸。同时该理论还认为，在年轻人的社会性发展中存在的许多其他媒介和场所也起到同样的重要作用。同伴对年轻人有着强大的影响力，同龄人之间的关系通常通过交流看法、共同爱好、共同语言（社会语言和肢体语言）等方式来维持。

莱斯利在他的理论中还论述了校外教育、城市社区等社会场所对青年人的社会性发展起着更为微妙的作用，他们的作用不能被忽视。该理论重视重构家庭、学校和社会三方面的关系，使家庭的作用与同伴的作用、校内的作用与校外的作用、社会的作用与邻居的作用都能有机结合起来。

（五）其他几种现代理论

20 世纪 70 年代起，人们对成人社会性发展的兴趣越来越大，研究成果也越来越丰富。例如，乔治·魏兰特（1977）[①]在《适应生活》（Adaptation to Life）中提出适应生活理论，他认为重要人物关系的品质影响人生道路的形成；丹尼尔·莱文森（1978）[②]在《人生四季》（the Seasons of a Man's Life）中提出"生活结构（life structure）"这一核心概念。

① Vaillant G.E., Adaptation to Life, *Oikos*, No.86(2), 1977, pp.185-194.

② Levinson D.J., the Seasons of a man's life, *Journal of College Science Teaching*, No.9, 1978, pp. 33-38.

维果斯基(Lev Vygotsky)的社会文化理论(sociocultural theory)[①]特别强调了文化在儿童发展中的作用。他认为发展是社会互动的产物,并提出了最近发展区(zone of proximal development)的概念,该理论强调环境和实践更直接作用于人的发展。马斯洛[②]开创的需求层次理论,关注的是动机,特别是能把人和低等动物区分开的、较高层次的动机。信息加工理论是21世纪之后兴起的,该理论是将计算机加工过程与人们的思维进行类比(Klahr & MacWhinney,1998;Siegler & Allbali,2005),即获得输入信息,经过一些转换,最后提供答案或输出,以此解释人的社会性发展。除此之外,社会性发展理论还有系统理论视角的布朗芬布伦纳的生态学理论、拉德·洛伦茨(1952)和尼克·廷伯根(1951)生物学视角的习性学理论、进化发展理论、人类行为遗传学理论[③]。

对于大学生的社会性发展研究,比较有突出贡献的有:威廉·佩里(1981)[④],他试图查明,为什么大学生对他们在大学里接触的各种思想会有完全不同的反应。结果表明,由于在大学生活中承担了复杂而接近成人的角色,大学生的认知观点发生了变化;此外,古塞拉·拉伯威·维夫(1980,1985)[⑤]指出,青少年生活在充满机会的世界,年轻人的反省能力使他们能够把逻辑和现实、认知和情感整合起来,专业化、大学的"文化冲击"、专长的发挥、个人投入学习和课外活动,以及大学环境的丰富性和多样性在青年人的社会性发展过程中起到了巨大的作用。

---

① Xu L.,Lev S.,Vygotsky's Sociocultural Theory and Chinese Language Teaching,*Nucb Journal of Language Culture & Communication*,No.11,2009,pp.53-58.

② Maslow A.,*Motivation and Personality*,China Social Sciences,1999,p.90.

③ Jr R. W. B.,Niko Tinbergen,*Encyclopedia of Animal Behavior*,No.4,2010,pp.428-433.

④ Allen R. D.,Intellectual Development and the Understanding of Science:Applications of William Perry's Theory to Science Teaching,*Journal of College Science Teaching*,No.10(11),1981,pp.94-97.

⑤ Baltes P. B.,Theoretical Propositions of Life-Span Developmental Psychology:On the Dynamics between Growth and Decline,*Developmental Psychology*,No.23(5),1987,pp.60-80.

除此之外，生物钟、亲密关系，如爱情、朋友、孤独感等；家庭生活周期，如离开家庭、结婚成家、做父母等；成人生活方式的多样性，如单身、同居、离婚和再婚、做父母的方式等；以及职业发展等因素也是影响社会性发展的重要因素。

四、思想政治教育功能理论

有学者认为思想政治教育的功能表现在：一是维护整个社会秩序并促进其发展，二是影响整个社会精神的形成与改造，这两者又恰是表现形态与内在精神的和谐统一。[①]有学者认为思想政治教育功能有政治功能、经济功能、文化功能三个方面。[②]有学者认为思想政治教育具有社会性功能、个体性功能、教育性功能三个维度。[③]社会性功能包括政治功能、经济功能、文化功能、自然性功能；个体性功能包括个体生存功能、个体发展功能、个体享用功能；教育性功能是指德育的“教育”或价值属性以及德育作为子系统对平行系统的作用。思想政治教育功能的理论为大学生社会性发展研究提供了有力的依据。

由张耀灿先生提出的思想政治教育的社会功能理论[④]认为，思想政治教育的基本功能可以具体分为，灌输、转变、调节、凝聚和激励。在思想政治教育的过程中，根据不同的对象、时间、地点和情况，这五种功能会发挥不同的作用。而思想政治教育所具有的强大的社会化功能，主要在社会成员社会性发展的过程之中发挥出来。社会成员的社会性发展伴随着人类社会形成、发展的全过程，是维系社会结构、推动社会运行的重要环节。现代社会的发展，

---

① 周琴:《市场经济条件下思想政治教育功能的若干思考》,《江西社会科学》,2000 年第 4 期。

②④ 陈万柏、张耀灿主编:《思想政治教育学原理》,高等教育出版社,2001 年。

③ 檀传宝:《德育功能简论》,《中国教育学刊》,1999 年第 5 期。

为社会成员的社会性发展提出了许多新课题，总结起来，思想政治教育的社会功能主要有以下几个方面。

（一）价值导向功能

社会性发展，不仅是一个知识、技能传授和学习的过程，更是一个思想观念、价值取向传导和内化的过程。价值观不仅是文化的内核，而且在人的社会化过程中居于核心地位，决定着社会化的方向和性质。价值观念的认同和内化，对于不同时代、不同社会形态的社会性发展都是不可或缺的。价值观建设在社会发展和人的社会性发展中的重要性，也进一步凸显了思想政治教育在价值观建设方面的导向作用。①思想政治教育作为传播社会主义核心价值观的主阵地，为社会主义文化建设提供了思想保证和价值支撑。以马克思主义为指导的思想政治教育，是我国精神文明建设和文化建设的有机组成部分，保障着我国社会发展的社会主义方向，为我国社会发展繁荣提供着强大的精神动力和价值支撑。因此，将培育和践行社会主义核心价值观纳入文化建设和国民教育的全过程，既是当前思想政治教育的一项重要任务，同时也在促进人的社会性发展中发挥着重要的价值导向功能。

（二）品格塑造功能

思想政治教育在人的品格，尤其是人的思想政治品德形成过程中发挥着重要作用。思想品德素质是一个人的思想倾向、价值观念、道德情操等素质的综合体现，也是政治社会化和道德社会化成果在个体身上的“人格化表征”。思想政治教育是社会主义国家塑造社会成员思想政治品德素质的重要实践活动，在长期的革命和建设进程中培养了一代又一代具有共产主义思

① 马和民：《从“仁”到“人”——社会化危机及其出路》，北京师范大学出版社，2006年。

想信仰和道德素养的社会主义新人。思想政治教育在塑造人的思想品德素质方面，具有不可替代的作用，体现着社会主义社会的本质特征和制度优势。大力加强和改进了新时期的思想政治教育，对于全面提升国民素质，促进人的全面发展具有重要的现实意义。

（三）行为规范功能

使社会成员学习、认同并遵从一定的社会规范，促进个体行为与社会和谐统一，是社会性发展的重要内容，也是保障社会有序运行的前提条件。这些外在的社会规范只有转化为人们内心的规范，内化为每个社会成员的规范意识，才能实现从他律向自律的转变，真正发挥对人们社会行为的规范功能和社会秩序的保障功能。[①]一方面，思想政治教育能够促进社会成员的规范认同。只有在社会成员内心确立起对规范的价值认同和情感认同，才能在行为方面达到与社会规范的一致。思想政治教育通过耐心细致的思想教育、广泛深入的宣传教育，能够帮助人们正确地理解规范的内在价值、把握规范的社会意义，从而形成正确的规范意识，在内心确立规范认同。另一方面，思想政治教育能够养成人们的规范行为。将人们内心的规范意识外化为具体的行为，是社会性发展的目标，也是思想政治教育的主旨。思想政治教育不仅要塑造人们内在的思想道德品质，而且要引导人们将内在的思想道德素质外化和体现到具体的社会行动中。思想政治教育通过行为养成教育和实践教育，给社会成员提供将规范意识付诸实践行为的机会。

---

① 骆郁廷：《思想政治教育原理与方法》，高等教育出版社，2005 年。

第二节　相关概念界定

一、社会性与社会化

(一)社会

在英语中,社会(society)源于拉丁语“socius”,《牛津英文词典》对社会的解释是:“System where by people live together in organized communities”。作为名词意味着合作、同盟、伙伴或同志。在现代汉语中“社会”本意指人与人之间通过互相联系、不断融合,结成了一定的组织,后来逐渐演化为,在特定环境下形成的个体间关系的总和,是不同个体长久形成的彼此相依的一种存在状态。①

在学术文献中,关于“社会”的概念存在几种常见的不同含义和用法:第一,与自然相对应的社会。自然是指自然界和自然界中的物种,而社会是指人与人之间所建构起来的关系②;第二,与个体的人对应。个体就是单独体,而社会就是指整体,或者是指个体间相互作用,产生的关系总和;第三,与经济相对应,是在现代社会发展过程中形成的许多与社会管理有关的事务;第四,与国家或政府相对应,通常是民间的意思。我国社会学教科书上的社会是指以共同的物质生产活动为基础而相互联系的人们总体。③

① 武晟:《社会的人和人的社会探析》,《广东社会科学》,2014 年第 3 期。

② 赵修义:《“社会”含义和社会微观基础的和谐构建》,《毛泽东邓小平理论研究》,2005 年第 4 期。

③ 郑杭生:《社会学概论新修》(第四版),中国人民大学出版社,2014 年,第 77~78 页。

本书的研究对象是在校大学生，是对大学生的生活与社会实践进行研究，探讨大学生社会性发展问题。所以，采用的是与个体相对应的社会的含义和用法。将社会看成一种客观存在的实体，一个动态的关系网络。在此基础上探讨作为社会成员的大学生如何与社会群体和社会因素产生互动，并且在社会中形成和发展其社会性。

（二）社会性

在相关英文文献中，对社会性的定义往往存在两种表达方式，即"社会的"（social）及其名词化的"社会性"（the social；sociality）。"社会的"指人们之间的纽带、集体性和关联性以及同伴的关系。"社会性"（the social）主要用于说明整体社会的特征，用于说明个体的社会属性。

马克思在《关于费尔巴哈的提纲》中说："人的本质不是单个人所固有的抽象物，在其现实性上，它是一切社会关系的总和。"[①]这就是说，人的本质不是与生俱来的，而是在后天的生活实践中形成的。这样一种抽象性、概括性的概念理解，带给我们重要的启示：作为"现实的人"，其社会性必然是在社会关系中所实现的。社会性是人的本质属性，人的社会性既表现为最一般、最普遍的社会关系，也表现为特定时空条件下形成的，历史地发生变化的社会关系，这种社会关系反过来又制约和规定了人的社会性本质。马克思在《黑格尔法哲学批判》一文中指出："'特殊的人格'的本质不是人的胡子、血液、抽象的肉体的本性，而是人的社会特质。"[②]马克思讲的人的本质包含了几层含义：一是人的本质是由什么决定的，它不是来自人的自然本性，也不是来自人的绝对精神，而是来自"一切社会关系的总和"；二是在人的身上，纯粹的自然本性已不复存在，它已受到其社会性的限制、改造与感化；三是

①② 《马克思恩格斯选集》（第一卷），人民出版社，1995年，第60页。

人的本质的根本属性不是抽象的理性,也不是自然性,而是社会性。马克思主义关于人的本质的哲学观为我们提供了认识人的社会性的认识论和方法论指导,而人类学、社会学和心理学关于人的社会性、社会化的研究则为我们提供了围绕这一主题的相应的事实和佐证。

赫德(1969)[①]认为,从根本上来讲人实际上是在社会中逐渐形成自己的社会思路并逐渐加以巩固的。社会学家奥古斯特·孔德[②]认为人之所以能够组成社会是因为人具有社会性这一特性。迪尔凯姆(Durkheim)则认为,社会性就像"物"或者说物质一样,作为一种客观事实而存在,因而才可以讲社会性具有客观实在性,它潜在于人的意识之中,具有一般普遍性,能够在思想层面支配人并转化为外在行为,具有一定的强制性。斯马特(1999)[③]将"社会性"建构为抽象的知识或抽象逻辑中推理的对象,使社会性成为理论反思和系统分析的核心目标。

目前,国内学者一般比较公认的关于社会性的定义是陈会昌先生[④]于1994年提出的,即广义的社会性是指人在社会生存过程中所形成的全部社会特性的总和,其中包括人的社会心理特性、政治特性、道德特性、经济特性、审美特性、哲学特性等方面,是和人作为生物个体的生物特性相对而言的;而狭义的社会性是指个体由于参与社会生活、与人交往,在其固有的生物特性基础上所形成的较为独特的心理特性,它们使个体能够适应周围的社会环境、正常地与别人交往,接受别人的影响,同时也作为主体反过来影响别人,在努力实现自我完善过程中积极地影响和改造周围环境。

---

① Herder J.G., *on Social and political Culture*, edited and translated by F.M.Barnard, Cambridge University Press, 1969, pp.117–177.

② 王养冲:《西方近代社会学思想的演进》,华东师范大学出版社,1996年,第73页。

③ Smart B., *Facing modernity: Ambivalence, Reflexivity and morality*, Sage, 1999, p.35.

④ 陈会昌:《儿童社会性发展的特点、影响因素及其测量——〈中国3~9岁儿童的社会性发展〉课题总报告》,《心理发展与教育》,1994年第4期。

除了陈会昌先生以外，关于社会性的含义国内的多位学者还有其他论述，比如黄希庭(2002)[①]认为，人的社会性实际上代表着个体的整体精神风貌，是人的多种属性和特点协调统一与发展完善的综合体现。学者孙杰远(2003)[②]认为，人的社会性主要是指人作为个体所表现出来的综合社会特征，包括个性、情感、思维、认知、技能、行为能力等方面。冯正直(2004)[③]认为，大学生心理素质的核心内容是人格或个性，而社会性则是个体人格特征的重要内容。俞国良等(2004)[④]认为，社会性至少应该包含社会性关系、社会性认知、社会性知识、社会性特质、社会性情感和社会性行为等方面。陆翠岩、李彦秋(2007)[⑤]强调，社会性能够促使个体适应周围的社会环境并且正常积极地与人交往，在这一过程中接受别人影响的同时也反过来影响别人，在努力实现自我完善的过程中积极地影响和改造周围环境。

由此，我们可以分析出社会性具有以下四个特点：第一，社会性是相对于动物性而言的。社会性表现出人类的理智和社会功能。第二，社会性是相对于个性而言的。社会性是注重人们在社会组织中是否符合社会规范和传统习俗共性的行为方式，具有共同性。第三，社会性是社会成员所习惯的文化属性。社会性因群体文化形态和不同的社会取向而异。第四，从个体心理发展来看，应将个体社会性发展与认知发展加以区分。

所以，社会性既是一种相对于个体的生物特征而言的一切特征，也是一种相对于人的认知而言的心理特征。本书所指的社会性为后者，是指作为社会成员的个体为了自我发展与适应社会生活所应具备并表现出来的，包括个性、情感、思维、认知、技能、行为能力等方面的综合性社会特征。主要包括

① 黄希庭：《当代中国大学生心理特点与教育》，上海教育出版社，2002 年，第 33~35 页。

② 孙杰远：《论学生社会性发展》，《教育研究》，2003 年第 7 期。

③ 冯正直：《大学心理素质教育》，西南师范大学出版社，2004 年，第 57 页。

④ 俞国良、辛自强：《社会性发展心理学》，安徽教育出版社，2004 年，第 3 页。

⑤ 陆翠岩、李彦秋：《论高校思想政治理论课程体系的构建》，《现代教育科学》，2007 年第 1 期。

社会认知、人际关系、自我意识、意志品质、道德发展、社会适应和社会行为等。

（三）社会化

社会化是20世纪30年代开始使用的。在英语中，作为社会学概念的“社会化”通常对应的单词是socialization。德国社会学家格奥尔格·齐美尔（Georg Simmel）首先用社会化概念来形容群体的形成。[①]有学者认为，齐美尔强调社会学的合法对象是研究社会化的各种形式。

国内学者对社会化的研究通常是从两个角度进行的：一个角度是社会学所指的将新的个人纳入有组织的社会生活之中，传授社会文化，同时也促使个人获得社会自我。另一个角度是泛指社会资源为大众社会所有，是一个所有权归属的概念。

所以，社会化是个体与社会互动的动态结果。其基本内涵为，个体在一定的社会关系网络中与他人发生联系和交往，在此过程中进行社会学习获得基本的社会生活知识和技能，充当某种社会角色并展现自己的个性和能力，通过社会实践活动来改变自己的态度与行为习惯，并且与社会环境和群体形成一种和谐协调的状态。

社会化理论的核心在于社会按照既定的文化传统教化社会存在中的人类个体，使个体按照社会的标准化要求进行自我改良。本书的是第一个角度的个体社会化，是通过一定的研究方法把握学生社会化发展的实际情况和水平，指出大学生社会化存在的问题以及提出改善学生社会性发展的对策。

---

① ［德］齐美尔：《社会学的根本问题：个人与社会》，林荣远译，广西师范大学出版社，2002年，第23页。

（四）社会化与社会性的比较

社会性并不等同于社会化。随着社会的进步和学科的发展“社会化”的含义在不断演变。19 世纪时，“社会化”指的是社会活动或社会项目，到了 20 世纪初，“社会化”才被用于描述个体的发展结果。

社会性是个体主观能动地进行社会认知、社会判断而形成的内化品质；而社会化是指对社会个体施加社会影响以使其具备社会性的过程。“社会化”是个体某种品质的获得的结果。“社会性发展”更注重个人向社会接近的过程，是一个有着行为潜能的社会个体发展出其所处团体认可的实际行为的过程。“社会性”则是从个人成长的角度，更加强调个体发展的一个主要内容及侧面是作为集体活动的生物个体，或作为社会中的一员而活动时，所表现出的有利于集体与社会发展的特性。

个体社会性的获得离不开社会性发展和社会化的过程。个人的社会性发展水平就决定了他在社会化过程中所具有的主观能动性，这种主观能动性主要体现在两个方面：一是社会个体自身的人格特质等因素影响、引导着个体的社会化，促使个体不仅有选择地将社会价值文化内化，而且将内化了的社会价值文化又主观创造性地外化出来，创造出新的文化；二是社会化的个体之间的相互作用，即个体既被社会化，又影响着社会中其他个体的社会化进程。

二、社会性发展

在《美国传统词典》中，社会性发展（Social Development）这一概念中的 Social 解释为社会的或与社会有关的、群居的、社会生活的或与社会生活有关的。而发展（Development）一词有发育、生长、进化、改善、开发等多方面含义。

在西方文献中，许多学者一直对社会性发展进行描述性定义。以瑞斯(Rice,F.P.)为代表的许多学者认为社会性发展不仅仅强调道德发展、社会化进程以及同伴和家庭成员的关系，还包括婚姻、父母角色、工作、职业角色、就业等方面。贝根(Bergan,D.)认为，社会性发展是一般根据个体与环境的相互作用观点来看待发展变化的发展心理学的一个领域。威廉·达蒙(William Damon,2006)将心理发展领域分为两大部分，一部分是认知、知觉和语言等，另一部分是社会、情绪和人格方面。[①]罗伯特·费尔德曼(2007)[②]在所著的《发展心理学——人的毕生发展》中将个体在每一年龄阶段的发展分为认知发展与社会性和人格发展两部分。伯克(2008)[③]在《婴儿、儿童和青少年》(第5版)中则把每个年龄段的发展分为认知发展与情绪和社会性发展。

近年来，国内研究者开始把学生的社会性发展问题作为一个严峻的教育问题重新提了出来。陈会昌(1994)[④]认为，学生的社会性发展应包含三个维度：内容维度，包括社会性情绪情感、社会认知、社会适应能力、社会独立性、自我意识和自我教育等；水平维度，即学生社会性发展高低程度的划分；方向维度，即学生积极的亲社会行为和消极的反社会行为。王晓燕(2008)[⑤]认为，当一个人在发展自我的过程中显现出作为社会成员所必须具备的社会特性时，他就成为社会意义上的“人”，并由此与其他物种不同了。

美国心理学家罗斯·D.帕克在《社会性发展》一书中指出：社会性发展就是指人在社会交往过程中，不断调整、适应，形成的人与社会之间、人与人之

① 俞国良、辛自强：《社会性发展心理学》，安徽教育出版社，2004年，第2页。

② [美]罗伯特·费尔德曼：《发展心理学——人的毕生发展》，苏彦捷、邹丹译，世界图书出版社，2007年，第70~73页。

③ [美]Laura E.Berk：《婴儿、儿童和青少年》，桑标等译，上海人民出版社，2008年，第27~28页。

④ 陈会昌：《儿童社会性发展的特点、影响因素及其测量——〈中国3~9岁儿童的社会性发展〉课题总报告》，《心理发展与教育》，1994年第4期。

⑤ 王晓燕：《大学生自恋人格对自尊和主观幸福感的影响研究》，陕西师范大学硕士研究生学位论文，2008年。

间主动的、互动的、良性关系的协调发展。具体来说，社会性发展就是人在社会交往过程中，通过自身努力及外界环境的辅助，适应社会的现状，并能与社会发展同步协调发展，能够与社会大众形成相同或相似的价值观及良好的人际关系。在思想政治教育视阈下，社会性发展研究包罗万象。它是对社会性行为及其随年龄增长不断发展、变化过程的描述，是对自身与同伴、成人间关系，情绪体验与表达，以及自己在群体中交往能力认识的描述。

综上所述，社会性发展具有以下特点：第一，生物遗传是个体社会性的发展基础，为个体社会性的不断发展提供了可能性；第二，个体的社会性发展是通过与社会环境的相互作用进行的；第三，社会性发展是一个涉及终生发展的长期过程，从个体出生开始，经历婴儿期、幼儿期、学章期、青春期、成年早期、成年中期、成年晚期直至死亡。在这个过程中，个体的社会性发展并非以匀速模式运行，而是以非线性的模式进行；第四，社会性发展存在较大的可塑性，会因个体社会生活条件和生活经验的变化而变化；第五，个体的社会性发展水平代表个体在某一特定阶段的发展结果，具有年龄差异性和文化特异性，并且受到时间等因素的影响，其发展特点会随着时间的推移而发生演变。

以往的社会性发展研究基本上强调的是个体对社会文化环境的适应和顺从，个体始终处在被动接受的地位，忽视了人的主观能动性，并将社会性发展的主体视为单一的个人。本书认为，大学生不仅是生活经验和社会文化的被动、消极接受者，更是生活经验和社会文化的积极利用者。社会中的人在发展过程中，不仅社会性得到了发展，同时也会以不同的方式主动参加社会公共生活，使其个性得到丰富和发展。因此，我们可以把社会性发展理解为人在自身的主动参与下形成并发展社会性及获得个性的过程。

三、大学生社会性发展

(一)大学生社会性发展的定义与内涵

大学生的社会性发展建立在早期社会性发展的基础上，通过更为高级的大学的系统学习，与社会实践相结合，进而获得参与社会生活的基本技能,通过学习与实践的双重途径,将自己所认知到的事物融为一体,接受为社会所推崇的政治信念、思想体系、社会规范、行为模式,发展自己的价值观、人生观和道德观,运用已有的知识、技能以及经验解决问题,成功扮演社会所期望的角色,从而实现自身的社会性发展。

孙杰远(2003)[①]阐述了大学生社会性发展包括:第一,形成对社会规范的良好认知和对社会行为技巧的清晰认知。第二,形成关于社会的价值观念和有效参与社会的能力。第三,具备人际互动能力,形成良好的人际关系网络。与孙杰远的观点比较类似的有王清(2011)[②]的观点。他认为大学生在社会性发展过程中获得参与社会生活的基本技能,主要包括:理解并遵守社会规范;习用社会技能;具备社会认知能力;增强社会判断和有效参与社会的能力。

总结多位学者的观点，大学生社会性发展的内容应该至少包括以下四个层面:第一,具有良好的社会行为技巧。在领悟社会规范的基础上,能够恰到好处地处理社会事务,拥有一套成熟的关于学习、生活、人际交往、工作的基本知识、方法与技能体系。第二,具有正确的社会价值观念和有效参与社会的能力。能够明辨是非、善恶、美丑,形成正确的自我观、社会观、价值观。

① 孙杰远:《论学生社会性发展》,《教育研究》,2003 年第 7 期。

② 王清:《论大学生社会性发展与体育参与的关系》,《新课程研究》(中旬刊),2011 年第 5 期。

第三,具备人际社会互动能力,形成良好的社会人际关系网络。对大学生而言,应能做到同学关系融洽,师生关系和谐,异性关系适当,同伴关系稳定,身边有志同道合或互帮互助的人际关系网络,并能够在踏入社会后实现良好的社会交往,成为一名合格的社会人。第四,具备社会认知能力。这是社会个体对自己与他人的内在心理过程或特征的主观认知,也是对他人的态度、情绪、个性特征的知觉和判断。

所以说,社会性发展是个体在人际交往和社会互动中掌握社会规范、形成社会技能、学习社会角色、控制自身行为、协调人际关系的过程。大学生正处在社会性发展的重要阶段,他们要通过自身努力和外界环境的辅助,在完成社会性发展一般任务的基础上,努力适应社会现状和发展要求,建立良好的人际关系,并形成符合社会发展方向的价值观、传承主流文化。思想政治教育对促进大学生社会性发展具有不可替代的作用,能够帮助大学生更加主动地调节个人与他人、集体、社会的关系,促进其社会品德及社会意识形态的同质发展,使其成为主动适应社会发展要求的合格社会成员和专门人才。

(二)大学生社会性发展的内容与维度

大学生即将走向社会,是社会学所指的"半社会人",与社会中已经担当一定社会角色的同龄人相比,大学生接受了更为系统的科学文化知识。从对大学生引导出发,综合大学生情绪情感、认知能力、人际关系、独立能力、人格发展等方面,确定社会性发展的六个维度,即自我意识与自我认知、社会性情绪与情感、社会规范认知与能力、社会价值观、人际互动行为与能力、社会行为与能力。

1.自我意识与自我认知

本书将自我意识与自我认知划分为自我认知、自我归因、自尊心与自信心、行为的自我调控、情绪的自我调控五个指标。

自我意识是对自己身心活动的觉察，主要包括自我心理特征以及自己与他人关系的认识。可以说，自我意识是一种人格倾向，但会受到主流文化的影响，表现为价值主体对特定文化的文化认知和身份认同的结果，因此在自我意识发展的过程中，主流文化对其具有深远的影响。通过自我观察和自我评价，个体形成一定的自尊心和自信心，结合生活实践，个体可形成一定的自我归因风格，帮助个体遇到问题时向内或向外寻找问题产生的原因。在自我意识和自我归因双重作用下，个体认识外界客观事物的条件，使个体不断进行自我监督、自我完善，实现行为的自我调控和情绪的自我调控，从而使个体主观能动地实现自身改造，不断健全和发展人格。自我意识与自我认知是大学生社会性发展最基本的构成要素，也是大学生社会性发展生成与演化进程中最重要的影响因素之一。通过大学阶段的学习，大学生的自我意识得到了迅猛的发展，人格特征趋于完善。

2.社会性情绪与情感

本书将社会性情绪与情感划分为一般情绪状态、特殊情况下情绪状态、社会责任感、亲社会行为、移情能力五个指标。

个体社会性的情绪情感通常随着年龄的增长而变化，从简单到复杂、从单一到丰富、从不成熟到成熟，个体情绪情感发展进程在个体所属的每个发展阶段都有其不同的特点。对大学生群体而言，绝大多数个体正处于成年早期，许多大学生对友谊、爱情、正义有着执着的追求，情感易于外露，情绪波动较大。已有研究普遍认为，与个体成长的其他阶段相比，在外界环境刺激下，大学生往往容易感情用事，更为冲动。因此，可以用社会性情绪与情感来衡量大学生社会性发展状况。不同学者对社会责任感有不同的划定，一般认为社会责任感作为一种道德情感，主要是指一个享有独立人格的社会成员对国家、集体以及他人所承担的职责、任务和使命的态度。亲社会行为又叫利社会行为，是指符合社会希望并对行为者本身无明显好处，而行为者却自觉自愿给行为的受体带来利益的一类行为。亲社会行为的核心动力往往是亲社会情感，培育大学生亲社会行为是积极引导大学生价值选择的重要方向之一。移情能力可以从情绪与认知两个角度来分析，学者更多的将移情定义为是对他人的感受、思想、意图和自我评价等。在个体移情发生的过程中，个体的认知和情绪紧密关联，认知水平的高低和情绪共鸣能力对人的移情能力有着决定性影响。

3.社会规范认知与能力

本书将社会规范认知与能力划分为情境认知、理解伦理与道德规则、遵守群体与社会规则、角色承担、判断行为动机与后果五个指标。

从大学生社会性发展的研究来看，学者和教育者们分别从不同视角、不同侧面探讨并构建了社会认知的评价标准。但是社会认知是社会心理学领域的核心课题，难以从某一个模式出发便能明确确立评价社会认知能力的要素。因此，本书重点结合大学生日常学习生活所面临的社会性认知领域的困难，在进一步概括归纳的基础上得出以上五点要素。大学生在所处情境下，对个人言行举止、行为动机与后果的判定是社会认知领域的一个基础内容，大学生对群体守则、社会道德规范的理解是评价其社会认知能力的核心要素，大学生对其社会角色的认识以及价值选择是社会认知方面的重要内容。因此，以上述五点为依据，相对客观地构建大学生社会规范认知与能力评价模式，对大学生社会性发展具有指导意义，能促进当代大学生更好地适应社会、了解社会。

4.社会价值观

本书将社会价值观分解为思想品德、社会意识认知、传承主流文化、社会主义核心价值观四个指标。

每个时代都有其主流文化，我国的优秀传统文化对当下的主流文化有着积极的影响，挖掘我国传统文化中的精华，有利于引导大学生群体增加民族自信和文化认同感。要引导大学生群体理性选择并树立社会主义核心价值观。社会价值观一经形成便会影响主体的价值选择，从而在影响价值主体心理意志的过程中指导和调节其行为方式，影响价值主体形成一系列行为习惯。因此，社会价值观是一个形成态度并通过思想与行为表现态度的过程。思想品德是社会价值观的一个侧面，从数学概念上理解，思想品德与社会价值观之间的关系为映射。在不同外界环境因素影响下，接受过良好思想品德教育的个体，在进行个人选择、人生抉择时，更易于做出符合主流文化价值取向的决定。个体言行是其思想品德的一种反馈，良好积极的思想品德往往带来个体言行的良性反馈，建立在符合社会价值观基础上的思想品德对个体言行的长期良性反馈，会使个体更好地认同符合主流文化价值取向的价值观念，并促进个体社会认知能力的提升，促使其在主流价值观念的基础上，建立具有个人属性的观念和认识，实现大学生群体良好的价值选择。

5.人际互动行为与能力

本书将人际互动行为与能力分解为竞争与合作、解决人际问题能力、语言技能、非语言技能、对他人意见的理解和接纳能力五个指标。

大学生人际互动主要包括与亲属、老师、同学这三个群体的交流沟通。其中，大学生与同龄人，特别是同班同学、同寝室友之间的合作、竞争关系是大学生人际互动的中心，也是评判大学生社会性发展水平的核心依据之一。在大学生与同龄人的互动中，大学生与人合作能力的高低，大学生相互竞争带来的优势和不良影响一直是学者们关注的核心问题。更进一步，在大学生与他人合作的过程中，大学生能否抛下自身偏见，以客观、公正、开放的态度接受他人的批评建议不仅取决于其人际互动处理能力，更与大学生自我意识、社会性情绪紧密相关，由此可见，评价大学生社会性发展水平的各个要素之间互为关联，相辅相成。

人际互动的核心在于交流。从人际互动技巧的角度出发，在评价大学生人际互动能力水平的过程中，首先要考量大学生的交流能力。交流能力应当包含语言表达能力与非语言表达能力。非语言表达能力包括表情、肢体、眼神等表达途径和方式。在目前对大学生社会性发展的研究中，大学生非语言表达能力受到的重视程度不足，大学校园中“冷暴力”现象时有发生。这与大学生之间的非语言表达“冷冲突”有关，这样的矛盾往往无法直接体现在语言冲突上，却时刻影响着大学生身心健康的发展。

大学生对他人的理解能力以及化解矛盾与冲突的能力在人际互动的技巧中占据重要的位置。在我国的大学校园中，同一个班级或者同一个寝室的同学往往来自不同的地区，甚至同一个寝室的同学在生活习惯、为人处世等方面截然不同。对他人的理解和包容，及时化解人际间的矛盾，对促进大学生社会性发展具有非常重要的作用。

6.社会行为与能力

本书将社会行为与能力分解为自我照料能力、独立解决问题能力、对社会的适应能力、行为的坚持性、两难情境中的判断力、克服困难的能力六个指标。

社会行为与能力是指经过不断培育形成的行为习惯和一定的解决问题的能力，是个体社会性发展过程中形成的行为习惯和能力方法的总和，是大学生社会性发展评价指标中具有基础性地位的要素。从社会性发展的角度出发，大学生生活自理能力是社会性发展的最低要求。根据埃里克森的人格发展阶段论，处于成年早期的大学生应当具备一定的生活自理能力，从而保障其良好的社会发展；较好地适应社会环境是社会发展的基本内容，个体无法独立于群体之外存在，大学生社会性发展的目标之一就是促使大学生全面客观地了解社会、认识社会。社会性发展水平不同的大学生，独立解决问题的能力、坚持性、果断性、克服困难的能力差异较大。

四、思想政治教育

思想政治教育是中国共产党的政治优势和优良传统。党始终坚持以马克思主义为指导，把思想政治教育作为一切工作的生命线予以重视。张耀灿等多位学者认为，思想政治教育是社会或社会群体用一定的思想观念、政治观点、道德规范，对其成员施加有目的、有计划、有组织的影响，使他们形成符合一定社会要求的思想品德的社会实践活动。思想政治教育视阈就是以思想政治教育的基本原理、原则、理念、内容和方法等作为基础开展研究工作。

思想政治教育是中国共产党在长期的革命、建设、改革中积累的宝贵经验，是党的思想政治工作的优良传统。回顾党的发展历程，可以清楚地认识到，在中国共产党的历史上，思想政治工作一直占据极其重要的地位及作用，每前进一步，都离不开思想政治教育。从站起来到富起来再到强起来，中国的发展是靠伟大的实践一步一步进行的，伟大实践的成功始终离不开马列主义、毛泽东思想、邓小平理论、“三个代表”重要思想、科学发展观、习近平新时代中国特色社会主义思想武装头脑，开启人生。

然而随着国际形势的深刻变化和国内经济社会以及信息化的发展，尤其是进入21世纪之后，人工智能、大数据、区块链、互联网等新兴信息技术给世界带来了翻天覆地的变化，改变了人与人之间传统的互动方式和人类认知世界的方式，这既给思想政治教育创造了有利条件，同时也带来了前所未有的挑战。正如马克思恩格斯所说：“人创造环境，同样环境也创造人。”[①]思想政治教育要跟上形势变化、更好发挥作用，必须强化人本意识、问题意

① 《马克思恩格斯选集》（第一卷），人民出版社，1995年，第92页。

识、实践意识，不断开拓创新。思想政治教育不能漠视现实条件的要求，必须要与时俱进，承担更大的责任。创新思想政治教育的方式方法是思想政治教育实施的首要任务，要结合时代发展的意义最大限度地发挥各自效能，更好地达到思想政治教育的目标。在创新中要尊重人、理解人、关心人，满足人的合理需求、提高人的综合素质、促进人的自由全面发展。同时，面对复杂多变的思想政治教育问题，要不断总结成功经验，对现实问题做出合理的理论阐释、提出有效的解决路径，加强社会成员在认识活动中解决问题的能力，要将互联网思维与中国特色社会主义伟大实践紧密结合，使新情况、新问题能够找到丰富的思想理论源泉，为思想政治教育创新挖掘源头活水。

第三节　大学生社会性发展的目标

正确的理想，坚定的信念必须从青年抓起。[①]青年时代，是激情满怀、富有朝气的时代，是放飞理想、人生出彩的时代。一个人在年轻时代树立的正确的理想、坚定的信念对自己的成长和人生奋斗具有重要意义。

一、大学生社会性发展的内在目标

大学生社会性发展的内在目标主要体现为接受主流价值观、具备社会认知能力、理解社会规范三个方面。

① 习近平:《在同团中央新一届领导班子成员集体谈话时的讲话概要》，新华社，2013 年 6 月 20 日。

(一)接受社会主流价值观

接受社会主流价值观是大学生社会性内在目标的重要部分。每一种社会都存在着占据统治地位的价值观念体系,正是这种体系,规定着整个社会的运作内容和方式、发展的目标和方向,影响着整个社会的性质和面貌。“每个时代都有每个时代的精神,每个时代都有每个时代的价值观念。国有四维,礼义廉耻,‘四维不张,国乃灭亡’,这是中国先人对当时价值观的认识。在当代中国,我们的民族、我们的国家应该坚守什么样的核心价值观?这个问题,是一个理论问题,也是一个实践问题。”[①]全国高校思想政治工作会议提出了培养“六有”青年,因此大学生更加需要不断提升个人内在品质,不仅要具有扎实的理论基础,更要有开拓创新的能力,有正确清晰的价值观念、符合社会要求的思想政治、情感和劳动时间等全面素质。

(二)具备社会认知能力

社会认知能力是对大学生社会性发展基本目标的重要补充。大多数社会知识包括人、物、事三个对象。通过社交态度、社会思维和社会判断的处理过程,以及完成和创造社会知识体系。个人的社会认知系统的完善并不是一蹴而就的,是需要不断完善的动态过程。社会认知能力是大学生对自己和他人社会性行为的判断,是大学生对自己的社会行为、人与人之间的交往和社会上的团体组织的认知。

(三)理解社会规范

理解社会规范是大学生社会性发展的内在目标之一。社会规范指的是

① 中共中央文献研究室编:《十八大以来重要文献选编》(中),中央文献出版社,2016年,第3页。

在社会中的所有人都需要遵从的规矩，包括法律法规、政治制度、道德规范、各地风俗、生活标准等明确规定或者存在于社会成员公认的各种规范制度。大学生在参加社会活动的过程中要不断理解规范的内在含义并内化于心。

二、大学生社会性发展的外在目标

大学生社会性发展的外在目标主要包括形成社会技能、学习社会角色、控制自身行为、协调人际关系和传承主流文化。

（一）形成社会技能

形成社会技能是大学生社会性发展外在目标的重要组成部分。大学生社交能力的高低直接影响到社会发展的进程。大学生应提升解决问题的效能感，激发积极力量，进行自我教育，自觉进行思想转化，并积极付诸实践，更好地适应社会。

（二）学习社会角色

社会角色是与社会地位相一致的权利和义务的行为模式，是具有独特身份并代表社会团体或组织的人的行为，是构成社会群体或一定组织的基础。大学生通过对社会角色进行定位，领悟社会对该角色的期待，并对角色进行实践，完成角色的建设。

（三）规范社会行为

规范社会行为是当代大学生社会发展目标的关键要素。大学生社会性发展的关键在于创造适合整体社会价值管理的社会实践的能力。社会行为基于特定的社会知识参与社会活动过程中的行为表达，是一种主观色彩的意识表达。由于个体的社会行为,客观上反映出了个体对于社会认知的正确性,加强社会评判和有效参与社会的能力是大学生社会性发展目标的最佳目标。

(四)协调人际关系

协调人际关系是社会性发展目标的重要组成部分。提升大学生对于别人情绪的理解、分享的能力,帮助大学生更好地从别人的角度出发,获得情感上的共鸣,不做精致的利己主义者,逐步脱离以自我为中心,增加对他人的帮助和亲社会的行为。大学生要训练自己能够从别人的外在表现[①],例如语言、行为、表情等辨别其他人情绪的能力,用自己的情感体验去理解其他人的情感需要,主动用自己良好的社会行为帮助其他人。

(五)传承主流文化

主流文化的传承是一种延续和发展的过程,而不是单纯的保留。因为传承的目的是保持文化的生命,是对有价值的文化的传承,这个价值就体现在文化是否对现实起到积极作用,进而推动社会的发展。

第四节　大学生社会性发展的内容

结合思想政治教育,确定大学生社会性发展的基本目标,并在此基础上进行细分,为设计大学生社会性发展评价体系和调查问卷做准备。从大学生社会性发展的内在目标来看,培养社会性情绪与情感,树立正确的社会价值

① 许美林:《情绪类型和情绪调节策略对不同社会性发展水平大学生延迟满足能力的影响》,福建师范大学硕士研究生学位论文,2016年。

观,建立自我意识与自我认知是大学生社会性发展的必要内容;从外在目标分析,大学生必须具备社会规范认知,掌握一定的人际互动能力,正确认识社会行为规范的能力。在思想政治教育视阈下确立大学生社会性发展的主要内容,有利于深入剖析当代大学生群体社会发展的不足之处,为大学生社会性发展提供有益的指导和建议。

一、升华自我意识与自我认知

自我意识是不断地对自我身心活动的觉察，主要包括自我心理特征的变化和对自我和其他人之间关系的认知。本书要从自我认知、自我归因、自尊心和自信心、行为的自我调控、情绪的自我调节几方面对自我意识与自我认知的建立目标做出阐述。

其一是自我认知。自我认知是通过对自我的洞察与理解,包括在自我观察和自我评价的基础上,对自己的感知、思维和意向等方面进行察觉,主要包括对自己的生理状况、心理状况和自己同周围人的关系进行觉察,通过自我认知逐步强化自我意识,不断意识到我是谁,我应该做什么,自律地去行动,主动进行自我改造,使大学生不断实现自我监督、自我提高、自我完善。

其二是自我归因。1958 年,由海德提出的归因理论中提出了自我归因的概念。该理论出发点是日常生活中人们通过何种方式、何种手段找出事件的原因。对大学生而言,良好的自我归因取向更易于诱导出良性的自我反思和自我意识。在大学生面对生活困惑时,良好的自我归因使他们能从自我角度出发分析问题,解决问题,而不是一味地怨天尤人。我们也应意识到,良好的自我归因绝不是一味地将不足和缺陷归因于大学生本身，而是鼓励大学生理性客观地分析思考。

其三是自尊心和自信心。自尊心和自信心是大学生步入社会前必须要有的两把钥匙。懂得尊重自己,不向别人卑躬屈膝。更要有自信,相信自己一定能做到,保持不断前进的动力和勇气。自尊是自信的支撑点,自尊和自信是大学生自我尊重、自我理解、有效地表达自我意识特征的心理状态,应当学会进入别人的视线、学会正视别人、学会当众发言、学会尊重自己。

其四是行为的自我调控。行为的自我调控是抵制冲动而进行自我控制的过程。人在面对诱惑时常常遇到两种力量,一种是自我控制力量,一种是冲动力量,要同时考虑这两个方面对行为的影响,主动调节自我行为,并使其与个人价值和社会期望相匹配,抑制冲动、抵制诱惑,制定并完成计划,采取能够适应社会情境的措施和行动。

其五是情绪的自我调节。情绪调节对学习、工作顺利完成的作用是无可替代的。培养学生合理控制情绪、保持良好心情、树立乐观心态是大学生社会性发展的重要一步。调整良好的情绪状态是大学生社会性发展的重要表现。对青年学生来说,在对友情、爱情执着追求过程中的内心感受以及外化的情绪表现,体现了大学生社会性发展的程度。大学生成长时期或多或少都会有一定的情感波动,如果能够加以克制和调节,保持良好的、可控的情绪状态,则能够促进大学生社会性的发展。

二、培养社会性情绪与情感

稳定的情绪情感状态是大学生社会性发展程度较高的体现。当代大学生走向社会的过程必然会催生社会责任感等亲社会情感。在社会交往方面,大学生是否具有移情能力是一项重要的指标。因此,情绪情感、社会责任感、亲社会情感、移情能力是培养大学生社会性情绪与情感的主要方面。

其一是情绪与情感。良好的情绪状态是大学生社会性发展的重要表现。一般情绪状态是社会性最普遍的情绪状态,就像心境一样,抑郁、暴躁、快乐、幸福等都包括在内。从社会学的角度来看，个体的情绪都是随着年龄的增长而发生着从贫乏到丰富的不断增长过程。在特殊情况下，人会表现出一种猛烈、迅疾和短暂的情绪，就像普遍意义上的激动状态，一般是由某个事件引起的短暂而迅速的现场发作，情绪宣泄较为猛烈，但是持续的时间不是很长。

其二是社会责任感和亲社会情感。社会责任感作为一种道德上的定义，主要是指社会中的个体对于社会和国家、集体以及其他人的担当与使命感。亲社会情感和亲社会行为有着一脉相承的关系，亲社会行为又被称为利社会行为，指的是一个个体做一些有利于社会的事情，但是这个事情对于个体本身并没有特别明显的好处，往往是个体自愿给他人带来利益的一类行为。亲社会行为往往以亲社会情感为核心要素，因此培育大学生的亲社会情感是引导大学生价值选择的重要方向之一，引导学生主动、积极地发现、感受生活中的美好，热爱社会，亲近社会。

其三是移情能力。主要是从情绪和认知两个角度出发，提升大学生对于他人情绪的理解能力，分享别人情绪的能力。移情能力可以帮助大学生更好地从他人的角度出发，获得情感上的共鸣，不做精致的利己主义者，逐步脱离以自我为中心的个人主义，增强帮助他人的动机和亲社会的行为。在个体移情发生的过程中，个体的认知成分和情绪成分紧密关联，认知水平和情绪共鸣能力的高低对人的移情能力有着决定性影响。

三、提升社会规范认知与能力

本书将社会规范认知与能力划分为情境认知、理解伦理与道德规则、遵守群体及社会规则、角色承担、判断行为动机与后果五个方面。

其一是情境认知。情境认知强调学习和知识的情境性。知识是客观的，但是如何将知识运用于日常生活则是一件主观的事情。情境认知就是将学习者学习的新知识运用于真实的日常情景中的过程。对社会规范的认知是冰冷的,需将个人所学和社会规范的认知与特定场景联系起来,鼓励大学生去实践,不是简简单单地记忆。

其二是理解伦理与道德规则。大学生的社会认知能力是以其对伦理道德规范的理解作为核心要素评价的。认识把握伦理和道德规则,就是要内化社会共同要求的道德规范。对伦理和道德规则的理解能力并不是与生俱来的,而是在认识和把握规则的过程中习得的。

其三是遵守群体及社会规则。群体规则是每个群体成员都必须遵守的已经被确立的思想、评价和行为标准。社会规则主要指社会中个体要很好地在这个社会生存就必须遵从的习惯、方法和大多数人认同的规矩。提升对群体和社会规则的认知能力,不断地内化社会规范、借助社会规范顺势而为,正是大学生社会性不断增强的标志。

其四是角色承担。角色承担的能力就是个体在社会化的生活过程中,能够意识到他人与自己是不同的,其中包括思想、观点、动机等,并且根据自己的理解调整自己的行为,是个体对社会角色的理解与认知、诠释和选择。大学生的角色承担能力是在不断的发展中逐渐提升的,只有在与他人的不断合作中才能发现自己和他人对于某一事物的认识和理解并不相同,并且能够从他人的立场和情绪上理解事物,从而调节自己的社会行为。

其五是判断行为动机与后果。对行为动机与后果的判断能力是大学生社会性培养的最终目标之一,其中包括运用个体已有的道德概念和对道德的认识对自己或者他人的行为进行判断和推理,对社会规范的不断认识等方面。能够促进大学生形成行为动机和后果分辨的能力和素养,做有利于群体、社会的事情才是大学生社会性发展的最终归宿。

四、树立正确的社会价值观

要树立正确的社会价值观，必须要从思想品德出发，通过知情意信行的统一做好思想品德的培养工作，加强社会意识认知、传承主流文化，最终实现社会价值观的树立。

其一是思想品德。个体的言行是个体内部思想品德向外部的反馈。培养思想品德，就是将一定的社会思想道德规范转化为受教育者个体的思想道德，养成良好的思想品德，认识善恶并形成良好的道德观念，增强品德知识和品德判断能力。接受过良好思想品德教育的社会个体在人生面临选择的过程中，更容易做出符合社会主流文化价值的决定。

其二是社会意识认知。个体的社会意识认知是个体对人类社会和自身的态度和信念的总和，是社会生活过程和条件在观念上的反映，社会意识是交往的前提。建立符合主流文化价值的社会意识，能促使个体社会认知能力的提升，实现良好的价值选择。

其三是传承主流文化。每个时代都有其特定的主流文化，对于社会主流文化的传承，有利于大学生群体增强对社会的认同感。在坚持主流文化的前提下，尊重差异、包容多样性也是对主流价值观的有效补充。主流文化通过指导和调节群体的行为方式来影响个体的行为习惯，是促进大学生社会性发展的重要保证。

其四是社会主义核心价值观。培养当代大学生认同并自觉践行社会主义核心价值观，客观地建立相应的教育引导体系，有利于引导大学生筑起中国精神、中国价值和中国力量，为中国特色社会主义建设事业添砖加瓦。要在继承中牢固树立文化自信和价值观自信，不断增强大学生奋发向上的精神动力。

五、提高人际互动行为与能力

在提高大学生人际互动行为与能力的过程中，要从竞争性与合作性出发，提升大学生的人际问题解决能力、语言技能与非语言技能，并且要加强培育大学生对他人意见的理解和采纳能力。

其一是竞争与合作。兼顾竞争性与合作性的共同发展是大学生社会性发展不可回避的问题，是人际互助行为的主要内容。应当着力鼓励大学生在竞争中合作并取得共赢，将竞争带来的优势最大化并尽量消除竞争的不良影响，开展竞争性合作，取得共赢的最优结果。

其二是解决人际问题。人际问题的处理是大学生人际交往的基础，妥善处理组织内外的关系，包括与周围广泛进行联系并吸收外界的信息，妥善处理和同学、老师之间的关系。真诚地与人相处，结交志同道合的朋友，保持良好的心态都是大学生需要提升的主要人际互动能力，在与同学交往之时应当秉持平等的原则，共同完成大学的学习任务，坚持彼此人格上的平等和学习生活上的互助，主动了解和帮助同学，包容与自己有矛盾的人，以宽容的心态对待他人，多了解彼此的价值观倾向，发展自己良好的人际关系。

其三是语言技能。语言技能是提高大学生人际互动能力的重要载体。除了思想和见解方面的发展，当代大学生主要利用自己擅长的方式在他人面前进行展示，感染、说服其他人理解自己，用优秀的语言技能将平淡的话题变得引人入胜；用优秀的语言使他人信服合理的建议。增强思辨能力，提升表达能力，增强语言交流中的应变能力等都应成为语言技能的培养目标。

其四是非语言技能。如果说语言技能是人际互动能力的载体，那么非语言技能就是对其最重要的补充。大学生在人际互动的过程中，并不仅仅有语言上的交流，还要培养通过非语言技能对自己的沟通交往进行修正与补充，应当灵活运用包括目光注视、面部表情、身体语言、声音特质、空间距离、衣着等非语言沟通技巧。沟通并不是简单的语言交流，而是整个人都参与其中的过程，能否获得听众的青睐和信任很大程度上取决于非语言技能的使用，积极关注对方，讲、听、看、想，缺一不可，协调使用各种沟通技巧，能让大学生在人际互动与帮助中有所收获。

其五是对他人意见的理解和采纳。在与他人的交往中，加强对他人意见的理解和采纳能力是大学生人际互动能力的落脚点。大学生人际互动的主要对象有亲属、老师、同学等，其中和同龄人也就是同班级的同学、同寝室的同学之间的交流和合作是大学生人际互动的中心活动，也是评判大学生人际互动能力发展水平的核心依据。在大学生与他人合作的过程中，放下个人偏见，用客观、公正、开放的态度接收他人的批评和建议不仅是一种人际互动处理的能力，更是大学生自我意识、社会性得到一定发展的体现。此外，对他人的理解能力以及转化能力是大学生社会性发展的更高要求，更是大学生社会性发展的根本保障。

六、规范社会行为与能力发展倾向

社会行为与能力是个体社会化发展过程中形成的行为习惯和能力方法的总和，是大学生社会性发展评价指标中具有基础性地位的要素。因此，社会行为与能力即是不断培育形成一定的行为习惯和解决问题的能力，从而达到促进大学生社会性发展的目的。本书从大学生生活自我照料的能力、独立解决问题的能力、对社会环境的适应能力、行为的坚持力、两难情境中的判断能力和克服困难的能力六个方面出发，提出了规范社会行为与能力的主要内容。

其一是自我照料的能力。根据埃里克森的人格发展八大阶段，处于成年早期的大学生应当具备一定的生活自理能力，从而保障其良好的社会发展。实现社会性发展是大学生生活自理能力的最低要求。目前，很多大学生是进入大学校园后才开始独立生活，做好时间管理、收拾好寝室卫生、注意公共区域物品的摆放与卫生、做好自我卫生等都需要建立良好的行为习惯。提升大学生生活自我照料能力，从最基本的事情做起，给自己最好的照料，会是大学的第一堂课。

其二是独立解决问题的能力。独立解决问题是大学生独立发展的重要标志，也是实现社会性发展的基础。善于独立思考、理清思路、做好规划，从而独立解决力所能及的问题是大学生必备的基本素质之一。

其三是对社会的适应能力。将个体置于群体中，个体与环境取得和谐的关系而产生的心理和行为变化就是个人对社会的适应过程。适应社会的能力是大学生必备的能力。在实践中，大学生根据社会现实，在心理上、生理上以及行为上逐步适应社会环境的要求，改变自身的态度、价值观，接受并遵守新情境的社会规范和准则等，做出符合环境要求的行为，能够反映出社会性发展水平的高低。

其四是行为的坚持力。对行为的坚持，是对大学生社会行为的重要支撑，在没有人监督的时候，通过自己对自己的要求，变被动为主动，自觉地遵守规则和制度，约束自己不断学习、不断成长，对某个行为的坚持不懈，往往是个人自尊、自强、自律意识的体现。只有在实践过程中不断坚持，才能不断磨炼自己，做到意志力和自制力的双重增长，提升坚持能力。

其五是两难情境中的判断能力。大学生当机立断、毫不犹豫地做出行为决策，尤其是在两难情境下迅速做出有效的行为反应，依靠的是思考的敏捷性和深思熟虑的判断力，与优柔寡断相比，果断地决定能够增强意志的效能性。增强大学生在两难情境中的判断能力，有助于大学生社会性的发展。

其六是克服困难的能力。宝剑锋从磨砺出，梅花香自苦寒来。保持冷静，认清自己的处境和面对的困难,保持乐观的心态,坚守自我内心,寻找战胜困难的办法,用自己坚忍不拔的毅力不断克服一个又一个困难,坚持到底,磨炼自我意志,从而提升克服困难的能力。

第五节　思想政治教育与大学生社会性发展

张耀灿[①]等多位学者认为,思想政治教育是社会或社会群体用一定的思想观念、政治观点、道德规范,对其成员施加有目的、有计划、有组织的影响,使他们形成符合一定社会要求的思想品德的社会实践活动。社会性发展,是社会塑造个体和个体融入社会的双向过程。人类进入阶级社会后,通过社会实践,进行人的社会性发展,最终实现人的社会化。思想政治教育是从社会活动中不断发展、逐步分化而来的,作为一种特殊的社会实践活动,思想政治教育致力于推动主流文化认同和政治社会化, 具有很强的社会性和综合性。社会性发展,特别是政治意识、道德品德的发展,对思想政治教育的产生和发展有着巨大的推动作用。思想政治教育在人的社会性发展中发挥着价值导向、人格塑造、行为规范等作用。大学生的思想政治教育和社会性发展,对大学生的全面发展有着至关重要的作用。

一、思想政治教育与大学生社会性发展的关联性

(一)思想政治教育的本质与社会性发展

社会化是社会性发展的结果。从马克思关于人的本质的论述中可以看

① 张耀灿:《思想政治教育学科专业创建30年的回顾和展望》,《思想理论教育》,2014年第1期。

出，思想政治教育的本质是促进人的社会化，思想政治教育的实施是为了实现人的社会化。[①]有学者认为，思想政治教育的本质，必须考虑其满足阶级要求与社会需求。[②]思想政治教育可以有效调节个体与社会之间的思想政治关系，实现个人思想素质与社会主流意识形态趋于一致，最终实现个体与社会之间形成良性互动，即“思想政治教育的本质是人的思想品德和心理素质的社会化，将一个不适应，或不完全适应社会发展的人，培养成适应一定社会发展需要的合格的社会成员”[③]。所以，通过思想政治教育，可以向大学生传递社会主流的政治理念、道德规范以及行为准则，有效地帮助大学生成长为符合社会要求的人，帮助大学生逐步实现社会要求，促进其社会性发展。

思想政治教育在本质上体现了思想政治教育维护阶级统治、促进社会发展的工具性的一面，更体现了思想政治教育引导人的目的性的一面。思想政治教育的本质就是要通过社会实践等形式，实现大学生的社会性发展。

（二）思想政治教育的价值与社会性发展

思想政治教育的价值是个体和社会在实践活动中一步步建立起来的，其价值在于有何作用以及如何发挥作用。思想政治教育的价值集中体现在人的政治社会性发展的需要与满足个体的政治社会化这一过程的总和。[④]思想政治教育对于个体的价值，主要有两点。一是思想政治教育可以明确个体的政治方向、激发个体的精神动力、培养健康的心理、约束个体的行为和习惯等方面的价值。[⑤]二是思想政治教育可以满足个体社会性发展需要[⑥]，最终

---

① 张毅翔、彭庆红：《思想政治教育过程及其规律研究回顾与展望》，《思想教育研究》，2014 年第 11 期。

② 李合亮：《思想政治教育探本》，人民出版社，2007 年。

③ 陈万柏、张耀灿：《思想政治教育学原理》，高等教育出版社，2010 年。

④ 项久雨：《思想政治教育价值论》，中国社会科学出版社，2003 年。

⑤ 李辉：《思想政治教育价值与功能研究进展》，《思想教育研究》，2014 年第 6 期。

⑥ 刘建军：《论思想政治教育的个人价值》，《教学与研究》，2001 年第 8 期。

实现人的全面发展，特别是思想政治素质的需要。

思想政治教育价值对人的全面发展和大学生社会性发展具有重要的作用和意义。首先，就人的发展而言，思想政治教育对于促进个体的政治素质、道德素质、行为规范、心理健康以及个体主体性的提升有明显作用。就全社会的发展而言，思想政治教育必须坚持以人为本，建设和谐、民主、文明、法治的有机社会，真正体现思想政治教育的价值。所以，思想政治教育在促进社会性发展过程中发挥着举足轻重的作用。

（三）思想政治教育的功能与社会性发展

思想政治教育的功能体现在：一是维护社会秩序并促进社会发展；二是形成社会精神。[①]具体来讲，思想政治教育的功能包括政治功能、社会功能和文化功能三个方面，具有社会性、个体性、教育性三个维度。[②]由此可见，在思想政治教育的功能中，社会性功能是不可缺少的一部分[③]，能够促进人的社会性发展。

（四）思想政治教育过程的基本矛盾与社会性发展

思想政治教育过程的基本矛盾是"教育者所掌握的一定的社会思想品德要求与受教育者的思想品德水平之间的矛盾"[④]。有学者从社会要求与受教育者实际出发，认为思想政治教育过程的基本矛盾是社会发展所要求的与个体现有水平之间的矛盾。[⑤]这些观点都突出了社会要求与受教育者的思

---

① 李红艳：《思想政治教育在构建和谐社会中的育人功能》，《长春教育学院学报》，2011年第27期。

② 李合亮：《思想政治教育探本》，人民出版社，2007年。

③ 李月玲、武步成：《思想政治教育价值历史回顾与展望》，《思想政治教育研究》，2012年第28期。

④ 张耀灿、郑永廷、刘书林：《现代思想政治教育学》，人民出版社，2001年，第99~101页。

⑤ 陈秉公：《思想政治教育学原理》，高等教育出版社，2010年，第112~113页。

想政治道德状况之间的矛盾是思想政治教育过程的基本矛盾，阐明了矛盾解决过程的重要性。

二、思想政治教育与大学生社会性发展的统一性

（一）两者具有相似性

大学生思想政治教育和社会性发展都受到宏观社会环境和微观周围环境的双重影响。宏观环境是社会大环境，是经济、政治、文化环境的总和，通过社会所存在的经济关系、政治关系和文化关系来影响大学生思想政治品德的形成、发展及社会性发展的培养。学校是以社会关系为基础建立起来的社会公益性组织体系，是培养符合社会需要的高素质人才的教育机构。学校环境是大学生社会性发展的基本环境，也是与思想政治教育共同的微观环境。宏观社会环境与微观周围环境对大学生形成良好的思想政治品德和促进社会性发展具有非常重要的作用。

（二）两者具有趋同性

无论是思想政治教育还是社会性发展的培养，都有相同的教育对象——大学生。思想政治教育重视理论学习，更重视社会实践，侧重于导向、育人、协调。社会性发展重视个体参与，是个体在社会化过程中，通过主观意志自觉自愿地融入社会环境，形成良性人际互动，与社会协调发展。两者都强调个体的参与，实践是两者共同的教育途径。

（三）两者具有一致性

社会性发展的培养目标是帮助大学生了解自身角色定位，培养他们的

社会适应性，并在传承主流文化的基础上承担起对社会的责任。思想政治教育要帮助大学生实现思想政治的最高境界、道德品质的目的和提高心理素质，最终使大学生能够适应社会，认同社会主流价值，进而培养大学生政治责任感，为促进经济发展和社会进步提供精神和思想基础。两者的培养目标均是培养大学生的社会适应性、社会价值观的认同和主流文化的传承。

三、思想政治教育实效与大学生社会性发展水平的关系

人具有主观能动性，人的思想对于行为具有明显的主动性和调控性。因此，在思想的能动性意义上，可以判定思想决定行为。恩格斯曾指出："推动人去从事某项活动的一切，都要通过人的头脑，甚至吃喝也是由于通过头脑感受到饥渴而开始，并且，同样由于通过头脑感觉到饱足而停止。外部世界对人的影响表现在人的头脑中，成为感觉、思想、动机、意志，总之，成为理想的意图，并且以这种形态变成理想的力量。"[①]"但就个人来说，行动的一切动力，都一定要通过他的头脑，一定要转变为他的意志的动机，才能使他行动起来。"[②]所以，思想观念是驱动行为者活动的精神力量。思想政治教育促使社会成员形成正确的思想，对行为产生重要作用，这就是思想政治教育独有价值的表现，也是思想政治教育可以促进大学生社会性发展的根本原因。

思想政治教育能够转变被教育者的思想观念。思想政治教育要培育具有正确的政治观、法律意识和道德觉悟的合格社会公民，必然要对社会成员已有的错误认识和思想进行转化。因社会复杂性和个人认知能力的局限性，大学生不能完全看透社会规律的本质，因此，有效扭转社会个体和群体的错误认识和思想，进而促进大学生社会性发展是思想政治教育的首要任务。

---

① 《马克思恩格斯选集》（第四卷），人民出版社，1995 年，第 232 页。

② 同上，第 251 页。

人的社会性发展,是社会塑造个体和个体融入社会的双向过程。思想政治教育是人类进入阶级社会之后所形成的一种特殊的促进个体社会化的实践活动,是从人类最初的社会活动中发展、分化而来的,所以,社会性发展是思想政治教育产生的一种重要社会机制。作为特殊的社会实践活动,思想政治教育致力于推动人的主流文化和政治的社会性发展,具有很强的社会性和综合性。而人的社会性发展,特别是政治、道德的发展,也推动着思想政治教育的产生和发展。思想政治教育在人的社会性发展中发挥着价值导向、人格塑造、行为规范等功能。社会变迁给人的社会性发展带来了前所未有的挑战,思想政治教育必须主动地应对这些挑战,寻找有效的发展路径。

有学者明确指出:“探讨思想政治教育的本质,既要考察其满足阶级与社会需求的一面,更需要回到思想政治教育本身去追寻它的属性,既看到它的工具性本质也要看到它的目的性本质。”[①]还有研究者把思想政治教育“实践活动”确定为思想政治教育的本质[②],认为只有这样,才既体现了思想政治教育维护阶级统治、促进社会发展的工具性的一面,又体现了思想政治教育培养人的目的性的一面。因而思想政治教育是“调节个人与社会的思想政治关系,促进个人思想品德与社会意识形态同质发展,以实现个人与社会良性互动的实践活动”。

思想政治教育所要遵循的基本规律,是思想形成发展的规律,这一基本规律是思想政治教育能够进行并取得成效的根本依据。思想政治教育作为一个相对独立的系统,要与社会的政治、经济、文化领域以及各项工作发生广泛的联系和复杂的关系。其中,受社会政治、经济、文化制约和为社会政治、经济、文化发展服务,是所有关系中最基本的关系。因而服从和服务于社

① 李合亮:《思想政治教育探本》,人民出版社,2007年。

② 褚凤英:《思想政治教育本质再认识》,《探索》,2010年第3期。

会发展，是思想政治教育的另一基本规律[①]，这一基本规律，既由思想政治教育的性质决定，又是思想政治教育在社会中赖以存在并发挥作用的根本依据。这样，思想政治教育的基本规律就有两个，面向个人的基本规律和面向社会的基本规律。

在大学生接受教育的过程中，丰富多彩的活动形式提升了思想政治教育和社会性发展引导的趣味性和参与性。思想政治教育的载体作用、育人作用、沟通作用和辐射作用对于培养个体的服务意识、奉献精神、人际交往能力，以及增强对社会、他人和自我的认识具有非常重要的作用。同样，促进个体的社会性发展，也能够提高思想政治教育的实效性。

(一)促进大学生社会性发展是思想政治教育的目的

第一，大学生社会性发展满足了思想政治教育的迫切需要。社会性发展和思想政治教育关系密切，人类的社会化活动导致思想政治教育的产生，思想政治教育符合社会性发展的需要。[②]大学生的社会性发展是社会文化传递的过程，是大学生获得参与社会生活的能力，即“学会做事”，也是获得进行人际交往的经验，形成发展品德，即“学会做人”。思想政治教育对于帮助大学生科学地认识世界，客观地分析世界，实现政治社会化具有巨大作用。实现政治社会化的重要途径之一是培养大学生思想道德和政治道德，使其与社会、与他人形成共识和人际关系的良性互动，实现社会性发展。所以说，社会性发展是思想政治教育的深层需求。

第二，大学生社会性发展推动着思想政治教育不断发展。个体社会关系的产生和不断发展是社会性发展的基础，使大学生满足社会对自身的角色

---

① 郑永廷:《思想政治教育基本规律研究——马克思主义唯物史观的科学揭示》,《思想理论教育导刊》,2001 年第 1 期。

② 杨威:《思想政治教育发生论》,中国社会科学出版社,2009 年,第 243~244 页。

要求，实现人际关系的良性互动，帮助大学生自觉自愿地遵从社会规范，促使社会中主流意识形态与个体的思想之间形成同频共振。社会学家布迪厄曾分析认为，虽然大学生的教育有许多功能，但最重要的一项是作为独立的垄断者以中立的方式反对象征性暴力的社会行为。思想政治教育帮助社会关系服务于社会道德关系和政治关系，并在社会交往中得以体现，这使得社会性发展成为思想政治教育的主要推动力。

第三，大学生社会性发展是思想政治教育的重要目标。大学生的社会性发展有助于接受和形成正确的思想观念，正确的思想观念又能使大学生保持良好的意志、人格等心理品质。社会性发展的目标是培养大学生良好的人际关系，促进大学生更好地融入社会环境。思想政治教育是实现思想品德政治意识的认同感并实现个体内化，使个体具有健康的心理状态、良好的意志品质、积极的人生态度、乐观豁达的处世方式。所以，促进人的社会性发展是思想政治教育的重要目的。大学生社会性发展是推动思想政治教育发生和发展的一种重要社会机制，两者的培养目标基本一致。

第四，促进社会性发展为思想政治教育拓宽途径提供有效补充。大学生社会性发展，是为了提升大学生自我认知能力、道德水平和人际交往能力，不断使自己的思想和认识逐步融入社会。思想政治教育和社会性发展都需要多学科支持，要运用伦理学、政治学、教育学、心理学等学科提供的研究途径及研究方法。在思想政治教育过程中，以社会性发展的研究为基础，有效借鉴多学科研究方法，并与思想政治教育的研究方法有机结合，弥补传统思想政治教育方法中灌输、空谈、说教带来的不足，提高思想政治教育的实效性，促进大学生的知行合一。

（二）大学生思想政治教育促进大学生社会性发展

第一，大学生思想政治教育是促进社会性发展的重要实践活动。思想政治教育的首要任务就是解决人的价值观问题，把主流意识形态或主流文化所体现的核心价值观转化为大学生的认识、情感、意志、信念及行动。社会性发展的目的不仅仅是帮助大学生认识社会，了解社会，更重要的是个体将社会主流意识形态和主流价值观内化，帮助个体形成合理的自我认同。思想政治教育是一种社会性、综合性很强的实践活动，包括社会各个领域、不同教育力量。通过有效的体制机制，充分整合不同领域的资源，推进主流意识形态教育，是思想政治教育在促进大学生社会化方面的显著特点。思想政治教育就是提高社会主流价值观和文化的接受度，不断形成和扩大社会的主流价值观和文化的认同，从而推动个体价值观和文化认同的形成。正是思想政治教育所担负的这一使命，决定了它在大学生社会性发展中具有重要的地位和作用。

第二，大学生思想政治教育为社会性发展提供坚实的理论基础。中国特色社会主义的理论体系把马克思主义基本原理同中国的建设和实践中的实际情况联系起来。党的十八大以来，习近平科学地提出“培养什么人、怎样培养人、为谁培养人”的重大命题，为加强和发展新时期高校学生教育提供了基本指导。思想政治教育是赋予大学生改变未来社会生活、改善周围环境、正确理解社会发展的一般规律的能力，运用马克思主义中国化理论成果察看和探索世界，了解历史和社会发展趋势，有助于对社会现象做出正确的判断并能更准确地认识机遇与挑战，引导大学生成为高质量的人才，满足未来国家和社会发展的要求。

第三，大学生思想政治教育为促进社会性发展提供有效途径。理论学习和社会实践是思想政治教育的两个主要途径。在思想政治教育过程中，理论学习包括思想政治理论课程学习和理论型团体活动，可以促进社会成员树立正确的世界观、人生观、价值观。通过思想政治教育的传播，传授马克思主义基本理论，社会成员了解人类社会历史发展的基本规律，培养个体接受并内化为社会主流价值观。社会实践有效帮助社会成员有目的、有计划、有组织地走进社会、了解实际。通过个体与社会的沟通和融合,提升大学生的社会性发展水平,促进个体的全面发展。社会实践活动的最大特点在于把社会、课堂和个体紧密地连在一起。所以,思想政治教育的理论学习和社会实践是社会性发展教育的重要途径。

综上所述,大学生社会性发展的需要,保障了大学生思想政治教育将充满生机与活力。通过促进大学生社会性发展,利用社会生活中的社会事件来培养、塑造大学生的思想政治观念,已经成为大学生思想政治教育的重要任务。在大学生培养教育过程中,将思想政治教育与大学生社会性发展有机结合,将会帮助大学生更好地适应时代和社会的要求,使大学生更好地融入大学、融入社会,成为既有专业知识,又有健康完善的心理素质的有用人才。

第三章　大学生社会性发展评价指标体系的构建与评价应用

根据前文对大学生社会性发展的定义，本章设计了大学生社会性发展指标体系，用于对大学生社会性发展水平进行评价。本书通过专家访谈、文献研究等方法设计了大学生社会性发展的6个维度，认为大学生社会性发展主要包含社会性情绪与情感、社会规范认知与能力、社会价值观、人际互动行为与能力、社会行为与能力、自我意识与自我认知6个维度，并对其中的关键变量进行操作化定义与测量，进而编制包含了65个题项的大学生社会性发展状况调查问卷。问卷通过了信度和效度的检验。在大连市发放调查问卷进行正式调查，对调查结果统计分析发现，大连市大学生社会性发展水平中等，社会性情绪与情感、社会行为与能力、自我意识与自我认知方面的发展有所迟滞；在社会规范认知与能力、社会价值观及人际互动行为与能力方面发展良好。

第一节 大学生社会性发展评价指标体系的构建

社会性是集体活动中个体表现出的利于其自身、集体、社会发展的行为,社会性发展的研究对象最初是儿童,但随着“毕生发展观”的诞生及发展,社会性发展的研究对象也从儿童扩展到青少年直至老年。国内外的诸多文献认为,大学期间是一个人社会性发展的关键期,大学期间的教育是对社会性发展影响最有效的时间段。因此,本书将针对大学生社会性发展评价开发问卷并调查。

目前评价社会性发展的方法多集中于量表法、社会测量法、访谈法、行为观察法、投射法等。对于不同的研究对象,采用的评价方法也有所不同,而对于大学生的社会性发展评价多采用自陈式量表的方式，因此本书也将采用此种方式进行大学生社会性发展的评价与测量。

具体研究思路如下:

(1)与相关专家进行访谈,了解他们对大学生社会性发展的理解与维度构成。结合相关研究,确定大学生社会性发展的维度,制定大学生社会性发展评价体系的具体结构。

(2)对大学生社会性发展水平的关键变量进行操作化定义与测量,进而编制大学生社会性发展状况调查问卷。

(3)通过对大学生社会性发展状况调查问卷的测试与分析,发现并提出一些不恰当的题项,并对问卷进行修改与完善。

(4)对问卷进行信度和效度的检验,形成正式的调查问卷,将问卷应用于大学生社会性发展的研究领域,并对问卷的测试结果进行统计分析,评价目前大学生社会性发展的现状。

一、大学生社会性发展评价的六维度结构

首先定义大学生社会性发展的维度，在第一章中已经定义了社会性发展的概念，目前国内外学者已经从不同的角度对社会性发展进行了广泛的定性分析，社会性发展涉及多个不同的领域，有婚姻、家庭、职业等多个方面，其中强调在这些领域中的人际关系、道德发展、社会化过程等①；按社会性发展的对象可以分为个体、环境及其相互作用，社会性发展也可以从心理发展分为以认知、知觉和语言为代表的领域和以社会、情绪和人格为代表的领域②；按发展阶段划分，社会性发展则可分为认知与社会性、人格两个发展阶段，或是认知发展与情绪和社会性发展两个发展阶段③。陈会昌从儿童社会性发展的定义出发，将社会性发展分为九个维度，其中包括社会性的情绪和情感、社会认知、社会适应能力、遵守生活常规和社会规则情况、遵守道德规则和准则情况、同伴关系、自我控制能力和意志品质、独立性、自我意识和自我教育。④而刘建榕认为社会性发展迟滞可以从社会关系的角度分为个人关系、社会关系和个人与社会关系等多个方面⑤，并且每种关系还存在认知和行为两个层面。

在第一章定义的基础上结合参考文献进一步划分社会性发展的维度，社会性发展是个体在人际交往和社会互动中掌握社会规范、形成社会技能、

---

① Rice F. P., *The adolescent: development, relationships, and cultureM Immigration and the economy of Hong Kong*, City University of Hong Kong Press, 2006, p.424.

② Damon W., Handbook of Child Psychology, *Child Development*, No.8, 2006, pp.35-37.

③ Christopher R., Poirier, Robert S., Feldman, Promoting Active Learning Using Individual Response Technology in Large Introductory Psychology Classes, *Teaching of Psychology*, No.34, 2007, pp.194-196.

④ 陈会昌:《儿童社会性发展量表的编制与常模制订》,《心理发展与教育》,1994 年第 4 期。

⑤ 刘建榕:《大学生社会性发展迟滞的探索研究》,福建师范大学博士研究生学位论文,2012 年。

学习社会角色、控制自身行为、协调人际关系的过程，因此社会性发展往往包含人际互动、社会行为与能力、社会规范等内容。大学生在社会性发展进程中会逐渐习得对他人情绪与态度的认知，并对其进行判断；表现出对自己和外界心理发展与特征的认识，期望对社会行为、人际关系和社会组织有所理解与认同，因此大学生社会性发展应包含社会性情绪与情感。大学生需要在领悟社会规范的基础上，能够恰到好处地处理社会事务，拥有一套社会行为规范，因此大学生社会性发展应包含社会规范认知与能力维度。另外，大学生正处在社会性发展的重要阶段，他们要通过自身努力和外界环境的辅助，形成良性的人际关系，根据社会性发展的需求来调节自身，因此本书认为大学生社会性发展还应包含人际互动行为与能力、社会行为与能力。大学生在发展过程中应能够明辨是非、善恶、美丑，形成正确的自我观、社会观、价值观。所以，大学生社会性发展应包含自我认识与认知维度，进而帮助大学生提高学习、参与社会事务和管理社会生活的能力。除了基本的社会性发展维度，本书认为社会性发展与思想政治教育在目的、方法、途径等方面具有一致性，思想政治教育面向个人，可以形成符合社会发展方向的价值观，社会生活中的事件会对大学生社会性发展产生深远影响，进而传承主流文化，同时思想政治教育与社会的政治、经济、文化等多个领域发生广泛的联系和复杂的关系。因此，由思想政治教育影响的社会价值观也是大学生社会性发展不可缺少的一个维度。

因此，本书对大学生社会性发展初步设定的维度主要包括社会性情绪与情感、社会规范认知与能力、社会价值观、人际互动行为与能力、社会行为与能力、自我意识与自我认知。

与相关专家进行访谈，其中主要探讨了大学生社会性发展的主要内容与维度，并结合参考文献，制定大学生社会性发展评价体系的具体结构，如图 3.1 所示。

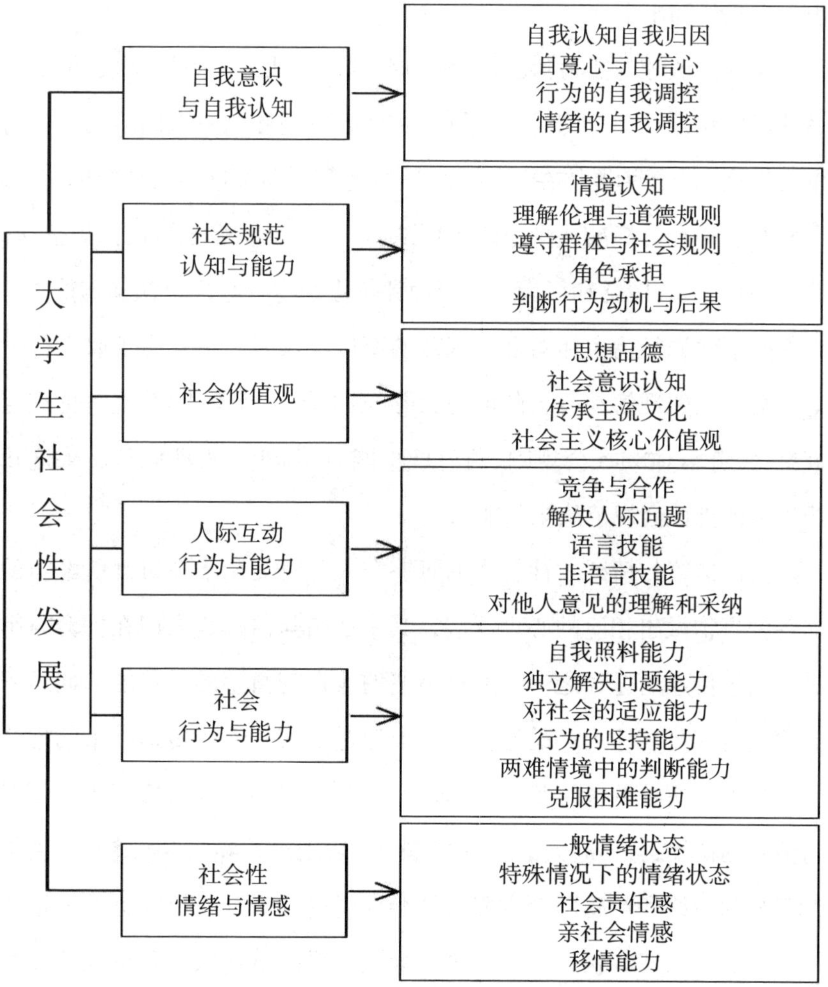

图 3.1　大学生社会性发展评价指标体系

自我意识与自我认知：成熟的自我意识与正确的自我认知是大学生社会性发展的表现之一，有利于大学生对自身有一个良好的认识，并形成健全的人格、培养优秀的心理素质。本书结合刘建榕的研究，将自我意识与认知划分为认知、情感和行为三个层面，其中将自我认知划分为对自我的认知和对归因的认知，情感层面表现为自尊心和自信心，而行为层面则表现为对行为和情绪的自我调控行为与能力，进而全面评价大学生社会性发展的自我意识与自我认知水平。

社会规范认知与能力：社会规范的本质是对社会关系的反映，也是社会关系的具体化，具体表现为社会活动的准则，也是社会中人们活动与行为的约束与规范。当行为主体在认知、情感、行为等方面都逐渐与社会标准靠近，并自愿对这种社会标准或规范表示服从时，往往可以称之为社会规范认同。因此本书从认知、情感和行为三个层面评价大学生社会规范认知与能力。另外本书除了强调行为主体对社会规范的遵从与认同，也着力于研究行为主体对社会规范的理解与行为的能力，因此本书将从情境认知、理解伦理与道德规则、遵守群体和社会规则、角色承担能力、判断行为动机与后果这几个二级指标评价社会规范认知与能力。

社会性情绪与情感：社会中的每一个人无时无刻不在对其所经历的事情和各种事物做出相应的心理反应，其中情绪与情感是人们在社会与组织中进行信息传递的途径之一，通过情绪的表达与情感的共鸣能够向组织或社会中其他成员表达内心的感受，也能通过观察他人所传达出来的情绪信息来判断他人所处的情绪状态，这种信息的流动是双向的，依赖于人们对情绪与情感的认知，且不同人的理解与体会会表现出差异。本书将社会性情绪与情感分为情绪和情感两个方面[①]，社会性情绪分为一般情况下的情绪状态和特殊情况下的情绪状态，来评价大学生一般的情绪状态和特殊情况下的情绪控制能力。本书将社会性情感分为：社会责任感、亲社会情感和移情能力，这三项情感是社会性情感中重要的三个评价指标，本书中社会性情绪与情感的二级指标在已有的社会性维度中被广泛使用。

社会价值观：国内教育界对于大学生价值观的塑造与评价一直处于聚焦

① 陈会昌：《儿童社会性发展量表的编制与常模制订》，《心理发展与教育》，1994 年第 4 期。

状态,可以说社会价值观是评价大学生社会性发展的重要因素[1]。但同时由于变量的难测量性使得现有的社会性发展评价缺少对这一维度进行评价。本书认为思想政治教育可以影响大学生的社会价值观进而促进大学生的社会性发展。本书从思想品德、社会意识认知、传承主流文化、社会主义核心价值观四个层面对社会价值观这一维度展开评价,分别评价了大学生的道德、认知、价值观及文化等层面的社会价值观。

人际互动行为与能力:人与人之间的交往与互动是多方面、多途径的,体现为动作行为的交流、心理因素的交流,如情绪信息、情感共鸣等。人际互动的行为可分为竞争性的行为和合作性的行为，竞争与合作指标可以很好地评价大学生人际互动行为的倾向性。人际问题解决能力和对他人意见的理解和采纳能力指标可以很好地评价大学生在社会环境中，对人际间信息交流的互动能力及冲突事件的解决能力。除了语言,非语言因素也是人际交流、沟通中重要的因素,因此本书从语言技能和非语言技能两个角度测量大学生人际互动、沟通能力。

社会行为与能力:本书在这一维度更强调大学生在社会中的独立性,包括在社会环境下的生活自我照料能力和独立解决问题能力，以及对不断变化的社会的适应能力和克服困难能力。另外大学生的意志品质也是重要的衡量指标之一,自制性强的人,能控制自己的情绪,同时能制止自身不利于达到目的的行动,具有更高的社会性发展水平,因此行为的坚持性、两难情境中的果断性也用来作为衡量的重要因素。

① 刘晓苹:《关于某市学生社会性发展评价指标体系的研究》，参见中国教育学会基础教育评价专业委员会编:《2012 年学术年会论文选集》,2012 年。

二、评价指标的变量操作化定义与问卷设计

根据大学生社会性发展评价指标体系，结合表3.1社会性发展量表中对不同题项的表述，编制70题的《大学生社会性发展状况调查问卷（草稿问卷）》，邀请30位本科生对草稿问卷进行预答，并记录其测试后的感受，对问卷中出现的表述含糊、不好作答的17个题项进行重新表述，把内容详尽，测试结果区分度低的8个题项合并为3个题项，形成包含65个题项的《大学生社会性发展状况调查问卷》，分别对应6个评价维度。本书主要参考的社会性发展指标如下表：

表3.1　社会性发展量表

量表名称	量表维度与内容
儿童社会性发展量表（陈会昌，1994）	社会性的情绪和情感、社会认知、社会适应能力、遵守生活常规和社会规则情况、遵守道德规则和准则情况、同伴关系、自我控制能力和意志品质、独立性、自我意识和自我教育
大学生社会性发展水平评定量表（刘建榕，2012）	认知：社会认知，社会－自我关系认知，自我认识 情感：社会情感，社会－自我关系情感，自我情感 行为：社会行为，社会－自我关系行为，自我行为
青少年社会性发展量表（陈会昌，1995）	身体与体育竞赛适应维度、陌生情境与学习情境适应维度、考试焦虑情境维度和群体活动适应维度
中国大学生适应量表（方晓义等，2005）	人际关系适应、学习适应、校园生活适应、择业适应、情绪适应、自我适应和满意度
社会智力六因素测验（Guiford，1967）	社会认知能力，分别针对行为单元、行为类别、行为关系、行为系统、行为含义
乔治·华盛顿社会智力测验（George Washington Social Intelligence Test，GWSIT，1949）	社会情境判断、人名和面容记忆、人类行为观察、识别说话者的心理状态、识别面部表情背后的心理状态、社会依恋和幽默感
大学生社会技能量表（毛新华等，2006）	面子、社交性、利他行为、关系主义

（一）自我意识与自我认知

自我意识与自我认知包含自我认知、自我归因、自尊心和自信心、行为的自我调控、情绪的自我调控。具体的测量题项如表 3.2 所示：

表 3.2　自我意识与自我认知维度测量题项

代码	题项	参考量表
SC1	我很清楚自己的性格特点	中国大学生适应量表
SC2	我清楚自己的优势并了解自己适合什么工作	
SC3	无论是成功还是失败，我都能够对自己的行为进行正确的归因	
SC4	我在考察某些行为或后果的原因时，往往有高估情景性因素（赞誉他人 / 环境）、低估情景性因素（谴责他人 / 环境）的倾向	
SC5	我觉得自己在很多方面都表现得比较出色	
SC6	我经常对自己感到失望	
SC7	我有时控制不了自己的言行	
SC8	我能抵制诱惑、冲动，按计划完成任务	
SC9	我能够调节我的情绪	
SC10	我经常受负面情绪所控制	

（二）社会性情绪与情感

社会性情绪与情感包含一般情绪状态、特殊情况下的情绪状态、社会责任感、亲社会情感、移情能力。具体的测量题项如表 3.3 所示：

表 3.3　社会性情绪与情感维度测量题项

代码	题项	参考量表
SE1	我一般处于较为积极的精神状态	儿童社会性发展量表、大学生社会性发展水平评定量表
SE2	我经常感到焦虑、抑郁、暴躁等消极情绪	
SE3	我感到快乐、幸福、兴奋等积极状态多于焦虑、抑郁、烦躁等消极状态	
SE4	在受到打击和挫折时，我经常感到悲观、抑郁、沮丧等消极情绪	
SE5	在受到打击和挫折后，我会消沉很久，很难走出来	
SE6	我认为我是对社会、国家有用的人	

续表

代码	题项	参考量表
SE7	我愿意为国家、社会贡献一分力量	
SE8	我认同“天下兴亡,匹夫有责”,并按照此标准要求自己	
SE9	我经常通过各种渠道关注国内外大事	
SE10	我愿意帮助社会上的弱势群体	
SE11	我能够设身处地理解他人感受	
SE12	在别人感到快乐或痛苦时我能够感同身受并表示理解	

(三)社会规范认知与能力

社会规范认知与能力包含情境认知、理解伦理与道德规则、遵守群体与社会规则、角色承担、判断行为动机与后果。具体的测量题项如表3.4所示:

表3.4 社会规范认知与能力维度测量题项

代码	题项	参考量表
SN1	我知道在什么样的场合,什么样的言谈举止是合适的	儿童社会性发展量表、大学生社会性发展水平评定量表
SN2	我会根据不同场合的要求来调整自己的行为	
SN3	在某一团队或组织中我能够清楚地知道该团队或组织的规矩	
SN4	在某一团队或组织中我能够自觉遵守团队、组织中的行为规范	
SN5	在无人看管的情况下,我能够自觉遵守社会公共规制	
SN6	我认为遵守规则是重要的	
SN7	我能扮演好各种不同的社会角色	
SN8	我知道应该如何做好一名大学生	
SN9	我能正确理解当代社会和道德准则	
SN10	在过往的经历中,我曾接受过道德教育	
SN11	我清楚地知道我的行为动机并了解其带来的结果	
SN12	我能够承担个人行为带来的后果并对其负责	

(四)社会价值观

社会价值观包含思想品德、社会意识认知、传承主流文化、社会主义核心价值观。具体的测量题项如表 3.5 所示：

表 3.5　社会价值观维度测量题项

代码	题项	参考量表
SV1	我接受过思想品德教育	大学生社会性发展水平评定量表
SV2	我愿意以优良的品德约束自己的行为	
SV3	我了解并接受当今社会主流意识形态	
SV4	我对目前中国社会主流意识形态有很强的信心	
SV5	我了解当前社会的主流价值观与文化	
SV6	我接受并愿意传递当代中国主流文化	
SV7	我对社会现象有自己的看法	
SV8	我对某些社会现象的看法经常会受媒体、他人观点的影响	

（五）人际互动行为与能力

社会价值观包含竞争与合作、解决人际问题能力、语言技能、非语言技能、对他人意见的理解和采纳能力。具体的测量题项如表 3.6 所示：

表 3.6　人际互动行为与能力维度测量题项

代码	题项	参考量表
II1	我喜欢与他人竞争	社会智力六因素测验、乔治·华盛顿社会智力测验
II2	比起占据绝对优势，我更愿意双赢	
II3	与人发生冲突时，我会努力调整自己的情绪，避免情况进一步恶化	
II4	与别人发生误会、冲突时我会积极沟通，争取消除误会和冲突	
II5	遇到人际关系问题，我往往能够顺利解决	
II6	与人交谈时，我能清楚地表达自己的观点	
II7	我有很好的演讲、辩论和展示的能力	
II8	在语言不通的情况下，我仍能通过其他方式进行沟通	
II9	在与人沟通时，除了语言交流，我能够与他人产生眼神交流	
II10	在沟通中，我能够理解别人的观点和意见	
II11	在沟通中，我愿意采纳他人正确的观点	

(六)社会行为与能力

社会行为与能力包含生活自我照料能力、独立解决问题能力、对社会的适应能力、行为的坚持性、两难情境中的判断力、克服困难能力。具体的测量题项如表 3.7 所示:

表 3.7　社会行为与能力维度测量题项

代码	题项	参考量表
SA1	我能够独立生活,并解决生活问题	大学生社会技能量表
SA2	我掌握了如洗衣、做饭等多项生活技能	
SA3	在没有他人帮助的情况下,我仍然能够快速地找到解决问题的方法	
SA4	在遇到问题是我倾向于找人帮忙而不是独立解决	
SA5	我可以很快地融入一个新的环境	
SA6	我常在陌生的环境中感到无所适从	
SA7	做任何事情我都能坚持到底,而不是半途而废	
SA8	遇到困难时,我很难坚持下去	
SA9	在做决定时,我往往陷入纠结	
SA10	在紧急状态下,我仍然能够迅速做出有效的行为反应	
SA11	我能够在高压环境下冷静地完成任务	
SA12	遇到困难时我倾向于解决它而不是逃避	

第二节　调查样本的选择与描述性统计分析

一、调查样本的选择

抽样的样本及样本数对调查结果的准确度有很大的影响，样本的选取要有一定的广泛性和代表性。也就是说要从不同层面、不同角度去抽取样本，抽取样本是要把有代表性的样本抽上来作为分析的数据。根据实际情况,本书从大连市各层次高校随机抽取约 495 名大学生参与问卷调查，样本选择注重覆盖面和多样性，确保实证研究的准确性和客观性。

二、调查样本的描述性统计分析

本书采用网上发放问卷的方式，回收有效问卷 467 份，有效回收率为 94.34%。具体的统计数据如表 3.8 所示。样本总量为 467 人，其中男性大学生有 323 人，女性大学生有 144 人；大一的学生有 207 人，大二的学生有 34人，大三的学生有 145 人，大四的学生有 81 人；调查对象包含了工科、理科、商科、文科四类专业的学生，有 75.4%的人来自核心家庭，有 70%的人是独生子女。

表 3.8　调查样本统计表

统计变量	项目	人数	比例
性别结构	男	323	69.2%
	女	144	30.8%
年级结构	大一	207	44.4%
	大二	34	7.3%
	大三	145	31%
	大四	81	17.3%
专业结构	工科	192	41.1%
	理科	149	31.9%
	商科	25	5.4%
	文科	101	21.6%
家庭结构	核心家庭①	352	75.4%
	单亲家庭	38	8.1%
	主干家庭②	77	16.5%
独生子女	是	327	70%
	否	140	30%

① 核心家庭是指由父母和未婚子女组成的家庭，具有结构精简、关系明确的特点，是我国主要的家庭类型。

② 主干家庭又称直系家庭，是指由两代或两代以上夫妻组成，每代最多不超过一对夫妻，且中间无断代的家庭。

第三节　大学生社会性发展状况调查问卷的信度分析

内部一致性信度是进行问卷信度分析中应用最广泛的一种。内部一致性信度能够测量问卷内部结构的一致性，能够用于研究具有多重维度的概念问题。目前普遍使用由克朗巴哈提出的 Cronbach's α 系数来测量问卷的内部一致性。对于一般探索性的研究，Cranbach's α 系数要求在 0.6 以上，对于基准的研究要求在 0.8 以上，通常情况下 Cranbach's α 系数在 0.6 以上，就被认为可信度较高。Cronbach 的 α 系数运算公式如下：

$$\gamma_{\alpha}=\frac{K}{K-1}\left[1-\frac{\sum S_i^2}{\sum S^2}\right] \tag{3.1}$$

式中，K 为问卷所包含的项目个数，S_i 为项目的标准差，S 是整个测验或各维度总得分的标准差。

由于本书中问卷采用的是多选项问卷形式，所以采用 Cronbach's α 系数进行信度分析。表 3.9 是用 Cranbach's α 系数对大学生社会性发展状况调查问卷进行的信度分析。社会情绪和情感维度的 Cranbach's α 系数为 0.906，社会规范认知与能力维度的 Cranbach's α 系数是 0.973，社会价值观维度的 Cranbach's α 系数为 0.940，人际互动行为与能力维度的 Cranbach's α 系数为 0.913，社会行为与能力维度的 Cranbach's α 系数为 0.753，自我意识与自我认知维度的 Cranbach's α 系数为 0.862，其中社会行为与能力维度的 Cranbach's α 系数较低，但总问卷和各维度的 Cranbach's α 系数均大于 0.7，并且整体的 Cranbach's α 系数为 0.979，故具有较高的信度。

表 3.9　大学生社会性发展状况调查问卷信度指标

	整体	SE	SN	SV	II	SA	SC
Cranbach's α 系数	0.979	0.906	0.973	0.940	0.913	0.753	0.862

第二步是对问卷各题项的信度进行更详细的分析，测试结果如表 3.10 所示,表明删除该题项后问卷信度的变化情况。如果项目的相关系数太低，而且删除后总的 Cranbach's α 系数明显上升,则说明该项目的区分性不好,删除该题项后可以有效提升问卷的信度，可以考虑将其删除，进而改进问卷,提升问卷的信度。

表 3.10　大学生社会性发展状况调查问卷各题项信度指标

项目	项已删除的刻度均值	项已删除的刻度方差	校正的项总计相关性	项已删除的 Cronbach's α 值
SE1	70.440	53.624	0.324	0.889
SE2	70.420	51.229	0.599	0.881
SE3	70.190	52.903	0.458	0.885
SE4	70.460	51.508	0.623	0.88
SE5	70.040	51.802	0.555	0.882
SE6	70.580	47.817	0.733	0.875
SE7	70.670	49.048	0.633	0.879
SE8	70.380	52.281	0.425	0.886
SE9	70.170	52.773	0.42	0.886
SE10	70.150	54.643	0.273	0.889
SE11	70.560	50.33	0.556	0.882
SE12	70.560	48.252	0.754	0.874
SN1	48.082	72.472	0.740	0.974
SN2	47.979	71.437	0.841	0.971
SN3	47.959	70.936	0.903	0.970
SN4	47.938	72.059	0.873	0.970
SN5	48.000	70.458	0.891	0.970
SN6	47.897	70.343	0.874	0.970
SN7	48.031	71.614	0.838	0.971
SN8	48.082	71.014	0.844	0.971

续表

项目	项已删除的刻度均值	项已删除的刻度方差	校正的项总计相关性	项已删除的Cronbach's α 值
SN9	47.907	70.543	0.927	0.969
SN10	47.948	72.049	0.792	0.972
SN11	48.082	71.222	0.855	0.971
SN12	47.948	70.612	0.884	0.970
SV1	25.763	21.891	0.803	0.931
SV2	25.835	21.139	0.864	0.925
SV3	26.155	21.090	0.811	0.930
SV4	26.186	21.215	0.794	0.932
SV5	26.052	21.320	0.824	0.929
SV6	26.052	20.570	0.817	0.930
SV7	26.062	22.871	0.715	0.938
Ⅱ2	37.505	34.565	0.597	0.910
Ⅱ3	37.536	35.064	0.561	0.911
Ⅱ4	37.381	33.697	0.772	0.900
Ⅱ5	37.567	33.686	0.767	0.900
Ⅱ6	37.619	32.259	0.829	0.896
Ⅱ7	38.041	34.186	0.561	0.913
Ⅱ8	37.742	34.277	0.664	0.906
Ⅱ9	37.639	34.316	0.548	0.914
Ⅱ10	37.515	32.419	0.839	0.895
Ⅱ11	37.412	33.641	0.740	0.901
SA1	21.196	24.805	0.619	0.709
SA2	21.433	25.206	0.381	0.738
SA3	21.340	24.643	0.679	0.703
SA4	29.041	33.227	-0.295	0.844
SA5	21.433	25.061	0.559	0.715
SA7	21.825	24.000	0.615	0.705
SA9	28.742	26.089	0.223	0.748
SA10	21.639	24.650	0.606	0.709
SA11	21.866	23.805	0.595	0.706
SA12	21.588	22.682	0.751	0.683

续表

项目	项已删除的刻度均值	项已删除的刻度方差	校正的项总计相关性	项已删除的 Cronbach's α 值
SC1	15.103	24.614	0.669	0.839
SC2	15.402	24.451	0.654	0.840
SC3	15.103	25.218	0.692	0.838
SC5	15.361	25.462	0.684	0.839
SC6	21.423	25.309	0.516	0.857
SC7	21.443	25.499	0.474	0.862
SC8	15.701	23.983	0.597	0.848
SC9	15.268	24.844	0.660	0.840

表 3.10 中的结果显示，各项目与总分的相关系数都可以接受，删除后都会引起问卷总体信度降低。只有 SA4 例外，这也可能是造成因子三的信度较低的原因，但考虑将其删除后对问卷整体信度的影响较小，可以忽略不计，因此可以保留。总体来看，问卷中各条目设计都可以通过内部一致性信度测试。

第四节　大学生社会性发展状况调查问卷的效度分析

一、自我意识与自我认知维度的效度分析

（一）项目分析

将所有被调查者在问卷中的得分总和依高到低排列，并将排序后的结果划分为高分组（得分排名前 27%）和低分组（得分排名后 27%），并对这两

组的调查结果进行显著性检验(用 t-test 检验两组在每个题项得分平均分上的差异)。除了 SC4、SC10 的显著性水平为 0.735、0.067,大于 0.05,且 CR 为 -0.341 和 -1.871,小于 3,其他各题项的 t 值均达到显著,CR 值均大于 3,因此表示调查问卷除了 SC4、SC10,剩余的 8 个题目均有鉴别程度,能反应不同被调查者的反应程度。对于题项 SC4、SC10 测试内容均可被其他题项替代,因此将其删除,形成新的问卷题项,具体数据见附录二。

表 3.11　自我意识与自我认知维度项目分析结果

题项	组别	CR 值	显著性水平	均值	标准差
SC1	低分组	6.067	0.000	3.26923	1.18516
	高分组			4.76923	0.42967
SC2	低分组	7.186	0.000	3.03846	0.99923
	高分组			4.65385	0.56159
SC3	低分组	6.856	0.000	3.38462	1.02282
	高分组			4.84615	0.36795
SC4	低分组	-0.341	0.735	-3.23077	0.81524
	高分组			-3.34615	1.52164
SC5	低分组	7.376	0.000	3.19231	0.80096
	高分组			4.61538	0.57110
SC6	低分组	5.282	0.000	-2.84615	0.88056
	高分组			-1.53846	0.90469
SC7	低分组	5.015	0.000	-3.00000	1.01980
	高分组			-1.57692	1.02657
SC8	低分组	7.851	0.000	2.73077	1.04145
	高分组			4.65385	0.68948
SC9	低分组	6.395	0.000	3.19231	0.89529
	高分组			4.61538	0.69725
SC10	低分组	-1.871	0.067	2.84615	0.96715
	高分组			2.19231	1.49718

(二)探索性因素分析

对大学生社会性发展状况评价问卷进行分析,KMO 为 0.821,Bartlett 球体检验的显著性小于 0.01,说明问卷数据可以用来进行因子分析。分析结果见表 3.12。

表 3.12　自我意识与自我认知维度 KMO 和 Bartlett 的检验

取样足够度的 Kaiser-Meyer-Olkin 度量		0.821
Bartlett 的球形度检验	近似卡方	2398.334
	df	328
	Sig.	0.000

接着进行共同度检验。从表 3.13 可以看出，问卷各题项的共同度大于 0.5,能够在因子分析时保留较多信息,公因子可以解释变量的大部分变异。

表 3.13　自我意识与自我认知维度公因子方差

	初始	提取
SC1	1.000	0.804
SC2	1.000	0.754
SC3	1.000	0.819
SC5	1.000	0.599
SC6	1.000	0.731
SC7	1.000	0.726
SC8	1.000	0.526
SC9	1.000	0.569

从碎石图 3.2 可以看出,从第 2 个因素开始,坡度趋于平坦,因此保留 2 个因素比较合适。对数据进行主成分分析,用方差最大旋转法提取特征值大于 1 的公因子,结果如表 3.14。大学生社会性发展状况评价问卷中自我意识与自我认知维度主成分分析的因子累积方差解释率达到了 69.101%,表明本问卷的结构效度良好。

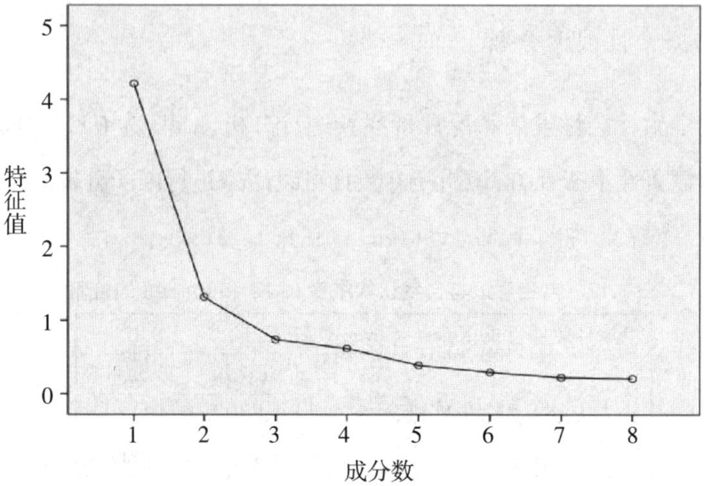

图 3.2 自我意识与自我认知维度碎石图

表 3.14 自我意识与自我认知维度累积变异量表

成分	初始特征值			提取平方和载入		
	合计	方差的%	累积%	合计	方差的%	累积%
1	4.213	52.664	52.664	4.213	52.664	52.664
2	1.315	16.438	69.101	1.315	16.438	69.101
3	0.741	9.266	78.367			
4	0.617	7.714	86.081			
5	0.387	4.837	90.918			
6	0.293	3.664	94.582			
7	0.225	2.806	97.389			
8	0.209	2.611	100.000			

表 3.15 显示正交旋转后各变量在各因子上的载荷，提取因素负荷水平在 0.5 以上的变量，其结果可以作为判断每类因子代表含义的重要依据。因此，自我意识与认识维度主要有两个维度，第一个维度由 SC3、SC1、SC2、SC5、SC9、SC8 构成，第二个维度由 SC7、SC6 构成。

表 3.15　自我意识与自我认知维度成分矩阵

	成分	
	1	2
SC3	0.816	
SC1	0.799	
SC2	0.786	
SC5	0.774	
SC9	0.750	
SC8	0.700	
SC7		0.655
SC6		0.622

二、社会性情绪与情感维度的效度分析

（一）项目分析

项目分析是根据试测的结果分别分析组成测验的每个题目（项目），从而评价题目优劣，进行题目的筛选。项目分析要求求出每个项目的"临界比率"（即 CR 值），为将所有被调查者在问卷中的得分总和从高到低排列，得分前 25%~33%者为高分组，得分后 25%~33%为低分组（多数实验进行数据分析时采用 27%作为高低两组的分界线，故本书也将采用 27%作为标准），并进行高低两组被调查者在每题得分平均数的显著性检验（用 t-test 检验两组在题项上的差异）。当 CR 值达到一定的显著性水平，则表明该题项具有良好的鉴别力，反之则说明该题项对于不同性质的被试不具备要求的鉴别能力，对于这类题项，应考虑删除或是修改，同时也有学者认为，CR 值大于 3 才具备要求的鉴别能力。

表 3.16　社会性情绪与情感维度项目分析结果

题项	组别	CR 值	显著性水平	均值	标准差
SE1	低分组	7.149	0.000	3.423	0.902
	高分组			4.80769	0.40192
SE2	低分组	7.812	0.000	−2.65385	0.97744
	高分组			−.03846	1.39945
SE3	低分组	4.748	0.000	3.50000	0.90554
	高分组			4.65385	0.84580
SE4	低分组	5.244	0.000	−2.96154	0.95836
	高分组			−1.57692	0.94543
SE5	低分组	7.093	0.000	−2.61538	0.85215
	高分组			−1.23077	0.51441
SE6	低分组	6.103	0.000	3.34615	1.19808
	高分组			4.84615	0.36795
SE7	低分组	3.485	0.001	3.73077	1.28243
	高分组			4.76923	0.81524
SE8	低分组	4.978	0.000	3.46154	1.42073
	高分组			4.88462	0.32581
SE9	低分组	7.317	0.000	3.15385	1.12044
	高分组			4.84615	0.36795
SE10	低分组	4.872	0.000	3.76923	1.17670
	高分组			4.92308	0.27175
SE11	低分组	5.731	0.000	3.53846	1.10384
	高分组			4.84615	0.36795
SE12	低分组	5.988	0.000	3.57692	1.06482
	高分组			4.88462	0.32581

根据上述项目分析的方法，设置组别高分组和低分组，每一组占样本总数的 27%，得出各题项的 t 值均达到显著，而且 CR 值均大于 3，表示调查问卷的 12 个题目均有鉴别程度，能反应不同被调查者的反应程度，具体数据见附录二。

(二)探索性因素分析

项目分析后,为检验问卷的结构效度(construct validily),本书将采用因子分析法对问卷的结构效度进行分析,运用主成分分析法抽取因素,并通过共同性、方差解释率和碎石图对数据进行详细分析,探索社会性情绪与情感维度的内部结构。

因子分析可以从问卷全部变量(题项)中提取一些公因子,提取的各公因子代表了问卷的基本结构,其分别与某一群特定变量有高度关联。问卷设计的有效性需要考虑假设的内部结构能否通过问卷的设置而被测试出来,且这一过程能够运用因子分析的方法进行检验。

进行因子分析,首先要确定变量之间具有相关性,这一过程可以通过 Bartlett test 进行验证。根据研究规范,一般 KMO 系数在 0.90 以上则表明非常适合运用因子分析进行问卷分析与检验,而 KMO 系数在 0.8~0.6 则都可以运用因子分析进行检验与分析,但随着系数的降低,适宜程度也有所下降,若系数在 0.60 以下,则说明不适合因子分析。

对大学生社会性发展状况评价调查问卷进行分析,KMO 指标为 0.870,且 x^2 的显著性概率是 0.000,小于 0.01,这说明社会性情绪与情感维度内不同项目之间的相关程度相似,适合因子分析。分析结果见表 3.17。

表 3.17　社会性情绪与情感维度 KMO 和 Bartlett 的检验

取样足够度的 Kaiser-Meyer-Olkin 度量		0.870
Bartlett 的球形度检验	近似卡方	2709.242
	df	381
	Sig.	0.000

接着进行共同度检验,变量的共同度显示了变量可以被因子解释的程度,变量能被因子解释的程度越高,说明因子可解释该变量的方差就越多。从表 3.18 可以看出,所有变量的共同度均在 0.5 以上,说明问卷各项目的共

同性良好，公因子可以解释变量的大部分变异。

表 3.18　社会性情绪与情感维度公因子方差

	初始	提取
SE1	1.000	0.678
SE2	1.000	0.460
SE3	1.000	0.454
SE4	1.000	0.767
SE5	1.000	0.681
SE6	1.000	0.729
SE7	1.000	0.635
SE8	1.000	0.572
SE9	1.000	0.492
SE10	1.000	0.621
SE11	1.000	0.726
SE12	1.000	0.677

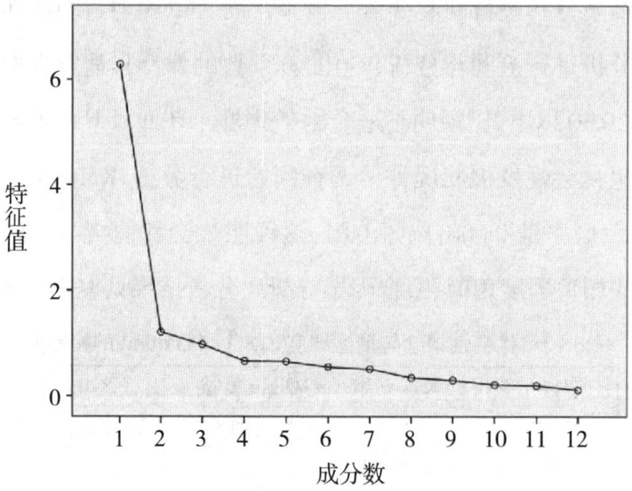

图 3.3　社会性情绪与情感维度碎石图

从碎石图 3.3 可以看出，从第 2 个因素开始，坡度趋于平坦，因此保留 2 个因素比较合适。通过主成分分析法，按特征值大于 1 进行提取，最终到 2 个公因子，如表 3.19 所示。累计方差解释率可以说明问卷的结构效度，一般达到60%即可接受,比率越高说明结构效度越好,而大学生社会性发展状况评价中社会性情绪与情感维度主成分分析的因子累积方差解释率达到了62.431%,表明本问卷的结构效度良好。

表3.19 社会性情绪与情感维度累积变异量表

成分	初始特征值			提取平方和载入		
	合计	方差的%	累积%	合计	方差的%	累积%
1	6.281	52.346	52.346	6.281	52.346	52.346
2	1.210	10.086	62.431	1.210	10.086	62.431
3	0.978	8.154	70.585			
4	0.664	5.532	76.117			
5	0.654	5.448	81.565			
6	0.549	4.577	86.142			
7	0.507	4.228	90.370			
8	0.344	2.865	93.234			
9	0.295	2.455	95.689			
10	0.211	1.758	97.448			
11	0.194	1.619	99.067			
12	0.112	0.933	100.000			

表3.20显示正交旋转后各变量在各因子上的载荷,其结果可以作为判断每类因子代表含义的重要依据,往往提取因素负荷水平在0.5以上的变量。社会性情绪与情感主要有两个维度,第一个维度由SE6、SE611、SE1、SE12、SE7、SE10、SE8、SE9、SE3、SE2构成,第二个维度由SE5和SE4构成。

表3.20 社会性情绪与情感维度成分矩阵

	成分	
	1	2
SE6	0.846	
SE11	0.826	
SE1	0.819	
SE12	0.810	
SE7	0.766	
SE10	0.748	

续表

	成分	
	1	2
SE8	0.727	
SE9	0.679	
SE3	0.646	
SE2	0.645	
SE5		0.648
SE4		0.748

三、社会规范认知与能力维度的效度分析

(一)项目分析

将所有被调查者在量表中的得分总和依高到低排列，并将排序后的结果划分为高分组(得分排名前27%)和低分组(得分排名后27%),并对这两组的调查结果进行显著性检验(用t-test检验两组在每个题项得分平均分上的差异)。得出各题项的t值均达到显著,CR值均大于3,表示调查问卷的12个题目均有鉴别程度,能反应不同被调查者的反应程度,具体数据见表3.21。

表3.21　社会规范认知与能力维度项目分析结果

题项	组别	CR值	显著性水平	均值	标准差
SN1	低分组	5.896	0.000	3.46154	1.02882
	高分组			4.84615	0.61269
SN2	低分组	5.792	0.000	3.61538	1.16883
	高分组			4.96154	0.19612
SN3	低分组	6.049	0.000	3.57692	1.10175
	高分组			4.92308	0.27175
SN4	低分组	5.463	0.000	3.73077	1.07917
	高分组			4.92308	0.27175

续表

题项	组别	CR 值	显著性水平	均值	标准差
SN5	低分组	5.631	0.000	3.57692	1.23849
	高分组			4.96154	0.19612
SN6	低分组	4.658	0.000	3.69231	1.31967
	高分组			4.92308	0.27175
SN7	低分组	5.817	0.000	3.65385	1.12933
	高分组			4.96154	0.19612
SN8	低分组	7.303	0.000	3.46154	1.02882
	高分组			4.96154	0.19612
SN9	低分组	6.225	0.000	3.61538	1.13409
	高分组			4.99999	0.00000
SN10	低分组	5.817	0.000	3.65385	1.12933
	高分组			4.96154	0.19612
SN11	低分组	5.869	0.000	3.57692	1.13747
	高分组			4.92308	0.27175
SN12	低分组	5.349	0.000	3.65385	1.23101
	高分组		0.000	4.96154	0.19612

(二)探索性因素分析

对大学生社会性发展状况调查问卷中社会规范认知与能力维度进行分析,KMO 指标为 0.951,Bartlett 球体检验的显著性概率小于 0.01，说明问卷数据可以用来进行因子分析。分析结果见表 3.22。

表 3.22　社会规范认知与能力维度 KMO 和 Bartlett 的检验

取样足够度的 Kaiser-Meyer-Olkin 度量		0.951
Bartlett 的球形度检验	近似卡方	3369.016
	df	381
	Sig.	0.000

接着进行共同度检验,从表 3.23 可以看出,问卷各题项的共同度大于 0.5,能够在因子分析时保留较多信息,公因子可以解释变量的大部分变异。

表 3.23　社会规范认知与能力维度公因子方差

	初始	提取
SN1	1.000	0.604
SN2	1.000	0.751
SN3	1.000	0.849
SN4	1.000	0.803
SN5	1.000	0.831
SN6	1.000	0.806
SN7	1.000	0.749
SN8	1.000	0.758
SN9	1.000	0.884
SN10	1.000	0.680
SN11	1.000	0.772
SN12	1.000	0.819

从碎石图 3.4 分析可知，折线从第一个成分后呈现出平坦趋势，故保留一个因素。对数据进行主成分分析，用方差最大旋转法提取特征值大于 1 的公因子，结果如表 3.24 所示。大学生社会性发展状况评价问卷社会规范认知与能力维度主成分分析的因子累积方差解释率达到了 77.535%，表明本问卷的结构效度良好。

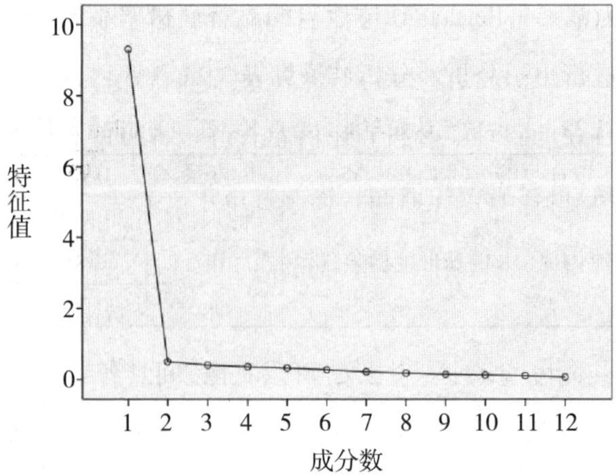

图 3.4　社会规范认知与能力维度碎石图

表 3.24　社会规范认知与能力维度累积变异量表

成分	初始特征值			提取平方和载入		
	合计	方差的%	累积%	合计	方差的%	累积%
1	9.304	77.535	77.535	9.304	77.535	77.535
2	0.497	4.146	81.680			
3	0.404	3.369	85.049			
4	0.358	2.985	88.035			
5	0.322	2.686	90.721			
6	0.276	2.300	93.021			
7	0.215	1.791	94.812			
8	0.179	1.491	96.304			
9	0.146	1.214	97.517			
10	0.124	1.030	98.547			
11	0.105	0.874	99.421			
12	0.070	0.579	100.000			

表 3.25 显示正交旋转后各变量在各因子上的载荷，提取因素负荷水平在 0.5 以上的变量,其结果可以作为判断每类因子代表含义的重要依据。因此,社会规范认知与能力维度由一个维度构成。

表 3.25　社会规范认知与能力维度成分矩阵

	成分 1
SN9	0.940
SN3	0.921
SN5	0.911
SN12	0.905
SN6	0.898
SN4	0.896
SN11	0.879
SN8	0.870
SN2	0.866
SN7	0.866
SN10	0.825
SN1	0.777

四、社会价值观维度的效度分析

(一)项目分析

将所有被调查者在问卷中的得分总和从高到低排列,将排序后的结果划分为高分组(得分排名前27%)和低分组(得分排名后27%),并对这两组的调查结果进行显著性检验(用t-test检验两组在每个题项的得分平均分上的差异)。除了SV8的显著性水平为0.912,且CR为-0.111,其他各题项的t值均达到显著,CR值均大于3,因此表示调查问卷除了SV8,剩余的7个题目均有鉴别程度,能反应不同被调查者的反应程度。对于题项SV8测试内容均可被其他题项所替代,因此将其删除,形成新的问卷题项,具体数据见附录二。

表3.26 社会价值观维度项目分析结果

题项	组别	CR值	显著性水平	均值	标准差
SV1	低分组	4.688	0.000	3.84615	1.25514
	高分组			4.99999	0.00000
SV2	低分组	4.605	0.000	3.76923	1.30561
	高分组			4.96154	0.19612
SV3	低分组	7.635	0.000	3.34615	1.01754
	高分组			4.92308	0.27175
SV4	低分组	6.822	0.000	3.46154	1.10384
	高分组			4.96154	0.19612
SV5	低分组	6.442	0.000	3.50000	1.14018
	高分组			4.96154	0.19612
SV6	低分组	5.571	0.000	3.61538	1.26734
	高分组			4.99999	0.00000
SV7	低分组	4.842	0.000	3.69231	1.01071
	高分组			4.76923	0.51441
SV8	低分组	-0.111	0.912	-3.19231	0.80096
	高分组			-3.23077	1.58260

(二)探索性因素分析

对大学生社会性发展状况评价问卷中社会规范认知与能力维度问卷进行分析,KMO为0.901,Bartlett球体检验的显著性小于0.01，说明问卷数据可以用来进行因子分析。分析结果见表3.27。

表3.27　社会价值观维度KMO和Bartlett的检验

取样足够度的Kaiser-Meyer-Olkin度量		0.901
Bartlett的球形度检验	近似卡方	2569.970
	df	349
	Sig.	0.000

接着进行共同度检验。从表3.28可以看出，问卷各题项的共同度大于0.5,能够在因子分析时保留较多信息,公因子可以解释变量的大部分变异。

表3.28　社会价值观维度公因子方差

	初始	提取
SV1	1.000	0.740
SV2	1.000	0.821
SV3	1.000	0.749
SV4	1.000	0.719
SV5	1.000	0.763
SV6	1.000	0.754
SV7	1.000	0.618

从碎石图3.5分析可知,折线从第一个因素后呈现出平坦趋势,故保留一个因素。对数据进行主成分分析，用方差最大旋转法提取特征值大于1的公因子,结果如表3.29。大学生社会性发展状况评价问卷社会价值观维度主成分分析的因子累积方差解释率达到了73.768%，表明本问卷的结构效度良好。

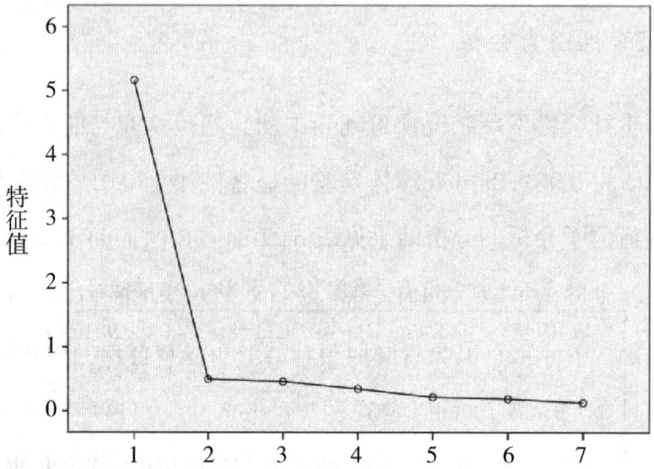

图 3.5　社会价值观维度碎石图

表 3.29　社会价值观维度累积变异量表

成分	初始特征值			提取平方和载入		
	合计	方差的%	累积%	合计	方差的%	累积%
1	5.164	73.768	73.768	5.164	73.768	73.768
2	0.498	7.108	80.875			
3	0.458	6.547	87.422			
4	0.345	4.932	92.354			
5	0.217	3.095	95.449			
6	0.189	2.702	98.151			
7	0.129	1.849	100.000			

表 3.30 显示正交旋转后各变量在各因子上的载荷，提取因素负荷水平在 0.5 以上的变量，其结果可以作为判断每类因子代表含义的重要依据。因此，社会价值观维度拥有一个维度，且由 SV2、SV5、SV6、SV3、SV1、SV4 和 SV7 构成。

表 3.30　社会价值观维度成分矩阵

	成分 1
SV1	0.906
SV2	0.873
SV3	0.868
SV4	0.865
SV5	0.860
SV6	0.848
SV7	0.786

五、人际互动行为与能力维度的效度分析

(一)项目分析

将所有被调查者在问卷中的得分总和从高到低排列，并将排序后的结果划分为高分组(得分排名前 27%)和低分组(得分排名后 27%),并对这两组的调查结果进行显著性检验(用 t-test 检验两组在每个题项得分平均分上的差异)。除了Ⅱ1 的显著性水平为 0.09,大于 0.05,且 CR 为 -2.721,其他各题项的 t 值均达到显著,CR 值均大于 3,因此表示调查问卷除了Ⅱ1,剩余的 10 个题目均有鉴别程度,能反应不同被调查者的反应程度。对于题项Ⅱ1 测试内容均可被其他题项替代,因此将其删除,形成新的问卷题项,具体数据见附录二。

表 3.31　人际互动行为与能力维度项目分析结果

题项	组别	CR 值	显著性水平	均值	标准差
Ⅱ1	低分组	-2.721	0.09	-2.84615	0.88056
	高分组			-3.65385	1.23101
Ⅱ2	低分组	3.508	0.001	3.73077	1.21845
	高分组			4.65385	0.56159

续表

题项	组别	CR 值	显著性水平	均值	标准差
Ⅱ3	低分组	4.187	0.000	3.69231	0.88405
	高分组			4.69231	0.83758
Ⅱ4	低分组	6.134	0.000	3.80769	0.93890
	高分组			4.96154	0.19612
Ⅱ5	低分组	8.233	0.000	3.42308	0.75753
	高分组			4.80769	0.40192
Ⅱ6	低分组	7.293	0.000	3.30769	1.01071
	高分组			4.84615	0.36795
Ⅱ7	低分组	5.852	0.000	3.19231	0.93890
	高分组			4.57692	0.75753
Ⅱ8	低分组	8.148	0.000	3.38462	0.69725
	高分组			4.76923	0.51441
Ⅱ9	低分组	6.033	0.000	3.30769	0.92819
	高分组			4.76923	0.81524
Ⅱ10	低分组	6.131	0.000	3.50000	1.10454
	高分组			4.88462	0.32581
Ⅱ11	低分组	4.788	0.000	3.76923	1.14220
	高分组			4.88462	0.32581

（二）探索性因素分析

对大学生社会性发展状况评价问卷进行分析，KMO 为 0.896，Bartlett 球体检验的显著性小于 0.01，说明问卷数据可以用来进行因子分析。分析结果见表 3.32。

表 3.32　人际互动行为与能力维度 KMO 和 Bartlett 的检验

取样足够度的 Kaiser-Meyer-Olkin 度量		0.896
Bartlett 的球形度检验	近似卡方	2606.215
	df	366
	Sig.	0.000

接着进行共同度检验。从表 3.33 可以看出，问卷各题项的共同度大于

0.5，能够在因子分析时保留较多信息，公因子可以解释变量的大部分变异。

表 3.33　人际互动行为与能力维度公因子方差

	初始	提取
Ⅱ2	1.000	0.718
Ⅱ3	1.000	0.542
Ⅱ4	1.000	0.738
Ⅱ5	1.000	0.694
Ⅱ6	1.000	0.767
Ⅱ7	1.000	0.595
Ⅱ8	1.000	0.708
Ⅱ9	1.000	0.560
Ⅱ10	1.000	0.785
Ⅱ11	1.000	0.718
Ⅱ12	1.000	0.718

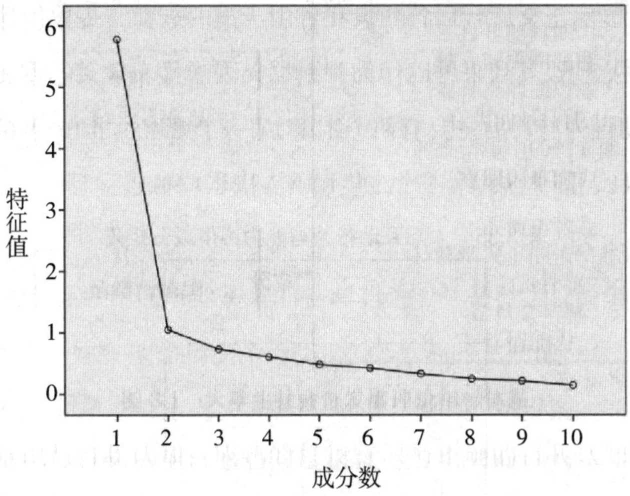

图 3.6　人际互动行为与能力维度碎石图

从碎石图 3.6 分析可知，折线从第一个成分后呈现出平坦趋势，故保留一个因素。对数据进行主成分分析，用方差最大旋转法提取特征值大于 1 的公因子，结果如表 3.34。大学生社会性发展状况评价问卷中人际互动行为与能力主成分分析的因子累积方差解释率达到了 68.431%，表明本问卷的结构效度良好。

表 3.34 人际互动行为与能力维度累积变异量表

成分	初始特征值			提取平方和载入		
	合计	方差的%	累积%	合计	方差的%	累积%
1	5.776	57.761	57.761	6.281	52.346	52.346
2	1.048	10.482	68.243	1.210	10.086	62.431
3	0.733	7.332	75.575			
4	0.605	6.046	81.621			
5	0.482	4.821	86.443			
6	0.422	4.224	90.667			
7	0.329	3.288	93.955			
8	0.250	2.496	96.450			
9	0.212	2.123	98.573			
10	0.143	1.427	100.000			

表 3.35 显示正交旋转后各变量在各因子上的载荷，提取因素负荷水平在 0.5 以上的变量，其结果可以作为判断每类因子代表含义的重要依据。因此，人际互动行为与能力主要有两个维度，第一个维度由Ⅱ10、Ⅱ6、Ⅱ4、Ⅱ5、Ⅱ11、Ⅱ8、Ⅱ2、Ⅱ3 构成，第二个维度由Ⅱ7 和Ⅱ9 构成。

表 3.35 人际互动行为与能力维度成分矩阵

	成分	
	1	2
Ⅱ10	0.885	
Ⅱ6	0.873	
Ⅱ4	0.834	
Ⅱ5	0.827	
Ⅱ11	0.809	
Ⅱ8	0.723	
Ⅱ2	0.681	
Ⅱ3	0.641	
Ⅱ7		0.634
Ⅱ9		0.611

六、社会行为与能力维度的效度分析

（一）项目分析

将所有被调查者在问卷中的得分总和从高到低排列，并将排序后的结果划分为高分组（得分排名前27%）和低分组（得分排名后27%），并对这两组的调查结果进行显著性检验（用t-test检验两组在每个题项得分平均分上的差异）。除了SA6、SA8的显著性水平为0.557、0.159，大于0.05，且CR为0.591和1.429，小于3，其他各题项的t值均达到显著，CR值均大于3，因此表示调查问卷除了SA6、SA8，剩余的10个题目均有鉴别程度，能反应不同被调查者的反应程度。对于题项SA6、SA8测试内容均可被其他题项替代，因此将其删除，形成新的问卷题项，具体数据见附录二。

表3.36　社会行为与能力维度项目分析结果

题项	组别	CR值	显著性水平	均值	标准差
SA1	低分组	6.591	0.000	3.53846	0.94787
	高分组			4.88462	0.43146
SA2	低分组	5.299	0.000	3.42308	1.20576
	高分组			4.80769	0.56704
SA3	低分组	8.471	0.000	3.50000	0.81240
	高分组			4.92308	0.27175
SA4	低分组	3.256	0.002	-3.11538	0.99305
	高分组			-4.11538	1.21085
SA5	低分组	5.950	0.000	3.46154	0.85934
	高分组			4.73077	0.66679
SA6	低分组	0.591	0.557	-3.03846	0.77360
	高分组			-2.80769	1.83345
SA7	低分组	7.985	0.000	3.00000	0.93808
	高分组			4.65385	0.48516

续表

题项	组别	CR 值	显著性水平	均值	标准差
SA8	低分组	1.429	0.159	-2.80769	0.84943
	高分组			-2.30769	1.56893
SA9	低分组	3.210	0.002	-3.69231	1.04954
	高分组			-2.53846	1.50282
SA10	低分组	5.410	0.000	3.26923	0.72430
	高分组			4.46154	0.85934
SA11	低分组	6.362	0.000	3.07692	0.79614
	高分组			4.53846	0.85934
SA12	低分组	6.052	0.000	3.07692	0.97665
	高分组			4.61538	0.85215

(二)探索性因素分析

对大学生社会性发展状况评价问卷进行分析,KMO 为 0.815,Bartlett 球体检验的显著性小于 0.01,说明问卷数据可以用来进行因子分析。分析结果见表 3.37。

表 3.37 社会行为与能力维度 KMO 和 Bartlett 的检验

取样足够度的 Kaiser-Meyer-Olkin 度量		0.815
Bartlett 的球形度检验	近似卡方	2434.972
	df	366
	Sig.	0.000

接着进行共同度检验。从表 3.38 可以看出,除了 SE9,所有变量的共同度均在 0.5 以上,而且 SE9 共同度也在 0.492,接近 0.5,说明问卷各项目的共同性良好,所有变量的共同度说明变量空间转化为因子空间时,保留了比较多的信息,公因子可以解释变量的大部分变异。

表 3.38　社会行为与能力维度公因子方差

	初始	提取
SE1	1.000	0.678
SE2	1.000	0.560
SE3	1.000	0.554
SE4	1.000	0.767
SE5	1.000	0.681
SE6	1.000	0.729
SE7	1.000	0.635
SE8	1.000	0.572
SE9	1.000	0.492
SE10	1.000	0.621
SE11	1.000	0.726
SE12	1.000	0.677

从碎石图 3.7 分析可知，折线从第一个成分后呈现出平坦趋势，故保留一个因素。对数据进行主成分分析，用方差最大旋转法提取特征值大于 1 的公因子，结果如表 3.39。大学生社会性发展状况评价问卷中社会行为与能力维度主成分分析的因子累积方差解释率达到了 77.806%，表明本问卷的结构效度良好。

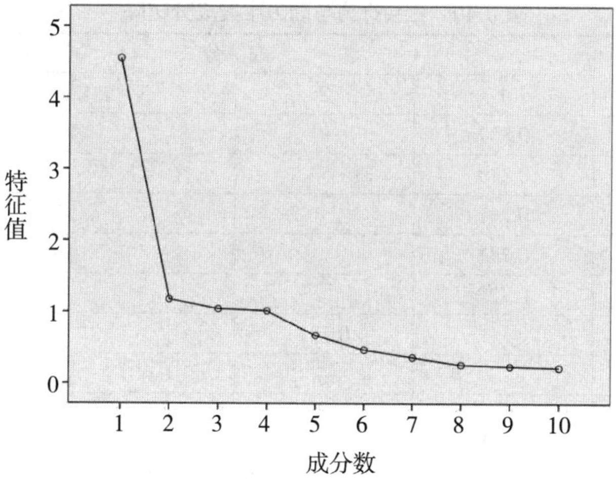

图 3.7　社会行为与能力维度碎石图

表 3.39　社会行为与能力维度累积变异量表

成份	初始特征值			提取平方和载入		
	合计	方差的%	累积%	合计	方差的%	累积%
1	4.545	45.453	45.453	4.545	45.453	45.453
2	1.178	11.782	57.235	1.178	11.782	57.235
3	1.043	10.431	67.665	1.043	10.431	67.665
4	1.014	10.140	77.806	1.014	10.140	77.806
5	0.669	6.688	84.493			
6	0.469	4.694	89.187			
7	0.365	3.649	92.836			
8	0.260	2.604	95.440			
9	0.237	2.372	97.812			
10	0.219	2.188	100.000			

表 3.40 显示正交旋转后各变量在各因子上的载荷，提取因素负荷水平在 0.5 以上的变量，其结果可以作为判断每类因子代表含义的重要依据。因此，社会行为与能力维度主要有四个维度，第一个维度由 SA12、SA3、SA10、SA7、SA11 构成，第二个维度由 SA5 构成，第三个维度由 SA1 和 SA2 构成，第四个维度由 SA4 和 SA9 构成。

表 3.40　社会行为与能力维度成分矩阵

	成　分			
	1	2	3	4
SA12	0.837			
SA3	0.819			
SA10	0.747			
SA7	0.741			
SA11	0.722			
SA5		0.702		
SA1			0.601	
SA2			0.539	
SA4				0.502
SA9				0.562

第五节　大学生社会性发展现状的评价与应用

一、大学生社会性发展现状的评价

将编制好的《大学生社会性发展状况调查问卷》投放调查，从大连地区随机抽取约 3000 名大学生参与问卷调查，采用网上及现场发放问卷的方式，回收有效问卷 2881 份，有效回收率为 96.03%。具体的统计数据如下表 3.41 所示。为保证调查的客观性，样本选择过程中，尽量保持样本的性别、年级、专业等基本条件均衡。样本总量为 2881，其中男性大学生有 1465 人，女性大学生有 1416 人；大一的学生有 748 人，大二的学生有 731 人，大三的学生有 743 人，大四的学生有 659 人；调查对象包含了工科、理科、商科、文科四类专业的学生，有 76.12%的大学生来自核心家庭，有 73.65%的大学生是独生子女。

表 3.41　大学生社会性发展现状调查样本统计表

统计量	项目	人数	比例
性别结构	男	1465	50.85%
	女	1416	49.15%
年级结构	大一	748	25.96%
	大二	731	25.37%
	大三	743	25.79%
	大四	659	22.88%
专业结构	工科	762	26.45%
	理科	801	27.8%
	商科	730	25.34%
	文科	588	20.41%

续表

统计量	项目	人数	比例
家庭结构	核心家庭	2193	76.12%
	单亲家庭	212	7.36%
	主干家庭	476	16.52%
独生子女	是	2122	73.65%
	否	759	26.35%

二、大学生社会性发展现状评价结果的分析应用

《大学生社会性发展调查问卷》采用李克特5级量表的形式，共有1分到5分5个分值，得分越高则表明题项越符合被测者的实际情况。问卷内存在正向指标和反向指标，前者得分越高，表明被试者的社会性发展水平越高，而反向指标得分越高，表明社会性发展水平越低，对于反向的题项，本书通过负向标准化的方法处理。

巴尔特斯[①]的毕生发展观是大学生“社会化性发展迟滞”这一概念的理论基础。毕生发展观认为，个体发展是整个一生的过程，没有哪一个年龄阶段在调整发展的性质中居首要地位；在发展的变化形态中，有相当大的多样性。缪小春[②]也认为个体发展的任何一个过程都是多重影响系统相互作用的产物。基于这样的理论，大学生“社会化性发展迟滞”这一概念在随后的研究中越来越明晰了。有多位学者[③]研究表明，大学生的“社会性发展迟滞”属于狭义的“社会性发展迟滞”，指的是智力正常，但在社会性发展方面没有达到大学生这个年龄阶段的发展要求的现象。

① ［德］巴尔特斯：《毕生发展心理学——论生长和衰退的动力学》，《心理学动态》，1986年第3期。

② 缪小春：《近二十年来的中国发展心理学》，《心理科学》，2001年第1期。

③ 连榕：《发展与教育心理学》，福建教育出版社，2007年，第15页；刘建榕：《大学生社会性发展的迟滞研究》，福建师范大学博士研究生学位论文，2012年。

根据这5级评分的含义,3分是从不符合到符合的分界，是发展迟滞与发展正常的分界，据此可以将大学生社会性发展水平分为四种类型——发展较严重迟滞、迟滞、中等和良好,得分越高则表明大学生社会性发展水平越高。且问卷的测试结果也能反映在社会性发展不同维度上的得分情况和发展水平，对于不同的维度可以分别测量被试者在该维度的得分，分数在1~2分表明大学生在该维度上的发展严重迟缓;分数在2~3分表明其在该维度的发展水平较为迟滞;分数在3~4分表明这一维度发展水平处于中等;而分数在4~5分表明大学生在该维度上的发展情况良好。

表3.42 大学生社会性发展状况评价问卷统计分析

	大学生社会性发展水平	自我意识与自我认知	社会性情绪与情感	社会规范认知与能力	社会价值观	人际互动行为与能力	社会行为与能力
均值	3.4194	2.1576	2.7036	4.3625	4.3358	4.1773	2.5567
中值	3.4576	2.1429	2.7500	4.4167	4.4286	4.2000	2.6000
众数	3.68	2.00	2.58	4.95	4.879	4.20	2.80
标准差	0.63285	0.70875	0.71169	0.76632	0.76794	0.64299	0.55263
方差	0.400	0.502	0.507	0.587	0.590	0.413	0.305
极小值	0.73	0.43	0.50	1.00	1.00	1.50	0.90
极大值	4.25	3.29	3.75	5.00	5.00	5.00	3.60

根据表3.42分析，大连地区大学生社会性发展水平均值为3.42分,中值为3.46,众数为3.68,整体来看,目前大连地区大学生的社会性发展水平处于中等水平。从各维度来看,社会性情绪与情感发展水平均值为2.7分,中值为2.75,众数为2.58,表现为发展迟滞;自我意识与自我认知发展水平均值为2.16分,中值为2.14,众数为2.00,表现为发展迟滞;社会规范认知与能力发展水平均值为4.36分,中值为4.42,众数为4.95,表现为发展良好的水平;社会价值观发展水平均值为4.34分,中值为4.43,众数为4.879,表现为发展良好的水平;人际互动行为与能力水平均值为4.18分,中值为4.20,众数为4.20，表现为发展良好的水平；社会行为与能力发展水平均值为2.56

分,中值为2.60,众数为2.80,表现为发展迟滞。综上所述,大连地区大学生社会性发展水平整体处于中等水平,自我意识与自我认识、社会性情绪与情感、社会行为与能力方面发展迟滞;在社会规范认知与能力、社会价值观、人际互动行为与能力方面发展良好。

第四章　大学生社会性发展影响因素的实证分析

根据前文的研究，社会性发展是一个很复杂的过程，本章运用回归分析等方法探究大学生社会性发展的影响因素。本书基于大量的文献研究，将影响大学生社会性发展的因素分为家庭因素、社会因素、个人因素和学校因素四种类别，并通过研究法和归纳法提出大学生社会性发展影响因素的基本假设。通过单因素方差分析和独立样本 t 检验方法，对影响大学生社会性发展水平的分类变量进行假设检验和结果分析，运用回归分析的方法，对影响大学生社会性发展水平的连续变量进行假设检验和结果分析。

第一节　理论依据和影响因素识别

在第二章对大学生社会性发展影响因素的相关理论文献系统性梳理的基础上，深入探讨各潜变量之间的关系，确立本章的研究假设，再对各变量之间的关系进行解释。本章的研究思路是：

第一,基于大量的文献研究,运用文献内容分析方法,设计大学生社会性发展影响因素的假设。

第二,通过单因素方差分析和独立样本 t 检验方法,对影响大学生社会性发展水平的分类变量进行假设检验和结果分析。

第三,通过回归分析的方法,对影响大学生社会性发展水平的连续变量进行假设检验和结果分析。

一、大学生社会性发展影响因素识别的理论依据

回顾社会性发展的历程,学者们在若干关键问题上有过激烈的讨论,各理论学派都有不同的观点。这些争论的问题,正是社会性发展的关键问题,也是推动社会性发展理论研究与实际操作不断前进的起源。

(一)大学生社会性发展受先天后天因素双重影响

在早期的发展心理学研究中,学者们在"遗传决定社会性发展,还是环境因素决定社会性发展?"这一问题上做出的是二选一的答案。一些学者强调遗传和成熟是决定社会新发展的唯一原因。而另一些学者则强调环境因素的重要性,即习得和经验的作用。前者的支持者格塞尔[①]等人认为,生物性决定了个体的发展,发展最终取决于遗传因素。后者的支持者华生[②]等人却坚信环境是社会性发展的决定性因素。

当代社会性发展研究尽管在生物遗传和环境因素的影响这一问题上还存在争议,但更多的是孰轻孰重的讨论。两者共同作用于社会性发展已经成

---

① 陈会昌、庞丽娟、申继亮等:《中国学前教育百科全书》(心理发展卷),沈阳出版社,1994 年,第 119~120 页。

② 叶浩生:《西方心理学的历史与体系》,人民教育出版社,2014 年,第 199~207 页。

为现代心理学研究者的共识。现如今，更多的研究关注的是在后天特定的环境因素下，如何塑造和改变先天遗传性格。目前的研究成果显示，在重视先天遗传因素的基础上，改变、影响后天环境因素，尊重个体差异、接受不同家庭环境以及家庭提供的社会性发展条件，积极影响个体行为、改变个体所处的环境因素，将会极大限度地影响人的社会性发展。

（二）社会性发展是个连续性问题

社会性发展过程是如何变化的？一些心理学家认为，发展是一个持续的过程，每项改变都建立在原来的经验基础上。他们认为发展是渐进的，并没有突然爆发的时期，即便存在显著变化，也不过是持续发展过程中的一个组成部分。而皮亚杰和弗洛伊德等认为，发展作为一系列不连续步骤，每个发展阶段都不尽相同，随着年龄增长，他们会进入一个新的发展阶段。

（三）社会因素是大学生社会性发展的主要因素

不同地域、不同民族、不同文化习俗对社会性发展是否有影响？同一地域、不同的经历对社会性发展是否有影响？一些研究认为存在适用于所有文化的超文化发展规律。例如，学习社会生活基本技能、辨识他人的情感表达，通过语言向他人传达愿望和请求等。另一些研究认为，文化环境在社会性发展中充当着重要角色。由于受到不同文化的影响，社会认知及社会行为必然大不相同。

同样，每个个体都处在一定的历史条件下，受到当前社会环境的影响。科技的发展，重大历史事件，必定在推动社会性发展方面发挥巨大的作用。无论是急剧的历史性变化，还是生活条件及价值观的逐渐变迁，都会在社会性和情绪发展过程中留下烙印。

(四)学校教育对大学生社会性发展具有重要的影响

早期的社会性发展研究主要将目光集中在单独的个体发展。最近十年来,研究者更多认识到其他因素也需要加以关注。个体与他人之间通过互惠性交往形成社会搭档,进而相互影响。同时,研究者开始关注社会性群体对个体发展的影响。这些群体拥有自己的规则、规范和习惯,为个体提供有益于社会性发展的重要环境。现代学者认为,搭档和群体在社会性发展中都具有重要的作用。所以说,对于大学生而言,大学是重要阶段,学校教育对个体的发展有深远的影响。

(五)家庭环境对大学生社会性发展起到关键作用

当前社会的家庭结构和人们的相处方式在过去十年间已发生了巨变,不同的时代特征必然会引起社会性发展的不同。离婚率和再婚率不断攀升,生育推迟,母亲外出工作,与同伴相处的机会增加,传统家庭关系的变化对社会性发展都有很重要的影响。同样,个体最初的成长环境是家庭,父母的教养方式、亲子依恋关系、教育目标等都在个体最初的成长过程中逐渐渗透并产生至关重要的影响。

(六)学生个体主动性在社会性发展中具有决定性作用

在社会性发展中,个体在其自身发展中发挥着多大的作用?早期的学者认为,个体仅仅是被动的接受者,社会性发展完全由外界力量塑造而成。当代研究者认为,个体是充满主观能动性的个体,在一定程度上,他们塑造、控制并把握着自身的发展。每个个体在发展过程中不断探究周围环境,积极寻找着特定的信息和反应。通过主观努力,在积极的模仿、互动、沟通,寻求解决问题的办法,希望达到社会、他人的接受和认可,并且这一行为是持续进行的，是随着社会性发展而不断发展的。

（七）大学生个体差异是社会性发展差异性的基础

认知、语言、情绪等个体差异对社会性发展是否有影响？达尔文认为，情绪在社会互动中发挥着关键的调节作用。认知发展对社会性发展也有巨大作用。能否理解他人意图是社会交际能力的重要组成部分。语言能力的发展为交流提供了必需的手段，因而在社会性发展中扮演着关键的角色。运动能力的发展也会左右社会性发展的进程，影响大学生的社会性水平。所以说，社会性发展水平受诸多因素的影响，研究社会性发展，必须立足个体自身特点。

近年来，一些研究认为，如果把一个比较长的年龄阶段作为研究对象，就会发现这些变化是在不断尝试、不断积累，寻找最优策略之后开始的，并不是突然发生的。因此，发展的过程并非像持续性发展观或阶段性发展观认为的那样线性上升或逐级跃进。所以，从整体来看，发展是持续性的，但其中也穿插着跳跃式发展的时期。大学阶段是大学生社会性发展的关键时期，是从半社会人过渡到社会人的重要阶段，在这一时期，大学生的社会性发展必会产生显著变化。所以，研究个体在大学阶段的社会性发展具有十分重要的意义。

二、大学生社会性发展影响因素的提出

社会性发展是一个很复杂的过程，受很多因素的影响，目前学术界的研究多集中于先天的生物学因素和后天的环境因素。[①]先天的生物学因素主要

① 杨世昌：《人格与社会性发展述评》，《四川精神卫生》，2015 年第 2 期。

是人格，后天的环境因素诸如家庭教养方式、社会经济及同伴、学校、社区及公共媒体等。

从先天的生物学因素的角度来看，胡小兰[①]注重分析了人格特质对社会性发展的影响。韦耀阳[②]从团队依恋的角度出发，发现积极的团队依恋有利于大学生社会性发展；但消极的团队依恋将会阻碍和抑制社会性发展。韩丽娜[③]、刘新超[④]分别从原生家庭角度阐述了单亲子女的家庭教育偏失以及独生子女问题对其社会性发展的影响。俞国良[⑤]认为品德是社会性发展的体现，品德的发展与社会性发展具有同一性。

从后天环境因素的角度，纪海英[⑥]、崔丽娟[⑦]研究了网络对青少年社会性发展的影响，发现网络成瘾学生与非成瘾学生在社会交往方面有显著差异。而朱亚云[⑧]则指出体育锻炼由于其活动的主动性、互动性比较强，一直是影响社会性发展的重要因素之一。另外，曹怡[⑨]等人进行一系列的调查后，论证了社会性发展水平与主观幸福感呈正相关关系。罗锡莉[⑩]等编制了大学生职业成熟度问卷，证明了大学生社会性发展与大学生职业成熟度具有相关性。学校作为大学生学习生活的主要场所，在促进学生的社会性发展过程中有巨大的作用，以学校为背景的大学生社会性发展受到教育教学管理制度、教

① 胡小兰：《人格特质对个体社会性发展的影响》，《科技资讯》，2009 年第 6 期。

② 韦耀阳：《团队依恋对大学生社会性发展的影响和启示》，《吉林工商学院学报》，2013 年第 4 期。

③ 韩丽娜：《单亲子女的家庭教育偏失对其社会性发展的影响及对策》，《济宁学院学报》，2010 年第 5 期。

④ 刘新超：《独生子女社会性发展存在问题研究》，《科技资讯》，2007 年第 8 期。

⑤ 俞国良：《品德与社会性》，《教育科学研究》，2003 年第 10 期。

⑥ 纪海英：《网络沟通对青少年社会性发展的影响》，《南京师大学报（社会科学版）》，2012 年第 9 期。

⑦ 崔丽娟：《网络成瘾对青少年的社会性发展影响研究》，《心理科学》，2006 年第 5 期。

⑧ 朱亚云：《户外拓展运动促进大学生社会性发展的研究》，《才智》，2014 年第 34 期。

⑨ 曹怡、李伟强、张颖：《大学生社会性发展、社会支持与主观幸福感的关系》，《中国健康心理学杂志》，2015 年第 1 期。

⑩ 罗锡莉、张进辅：《大学生职业成熟度结构及问卷编制》，《心理学探新》，2008 年第 2 期。

师、同辈群体等多方面影响。[①]有一些研究从社会性发展迟滞的表现入手[②]，发现家庭原因、学校原因、社会因素、个人原因对大学生社会性发展迟滞产生重要影响。

此外，还有多位学者对时代背景、文化、性别、归因、校园氛围等因素进行了深入细致的研究。总之，关于社会性发展进行单一影响因素的分析较多，多因素影响将会是研究趋势。因此，本书将影响大学生社会性发展的多个因素按照大学生接触的四个环境分为个人因素、家庭因素、社会因素、学校因素，并对四类因素进行了实证分析，分析大学生社会性发展的主要影响因素。

三、大学生社会性发展具体影响因素的识别

（一）社会因素对大学生社会性发展影响的假设

当代大学生普遍处于多元文化背景，这种文化、价值观和意识形态会直接冲击大学生的价值观，在舆论导向下，一些负面的社会事件会影响到学生的社会性发展。例如，社会上的反智思想、腐败现象等负面现象都会动摇大学生的价值观，对其社会性发展产生负面影响。而且社会媒体也会对社会现象进行放大与扭曲，一些低级趣味的电视或网络节目会传递不良的价值观，对尚未形成成熟的价值观与自我判断的大学生产生直接的冲击，使其对一些简单的、刺激的事件感兴趣。目前社会中出现的道德滑坡使大学生并不重视中华传统文化倡导的美德，反而只求一种浮躁、物质的价值观，过度计较

① 张杉杉、郑日昌：《507名理工科大学生择业效能感现状分析》，《中国心理卫生杂志》，2002年第11期。

② 李松林：《论教学交往与学生的社会性发展》，《山西师大学报(社会科学版)》，2008年第5期。

个人利益的得失。因此本书提出如下假设：

H1：文化传递深度对大学生社会性发展有正向显著的影响。

H2：新媒体思政教育影响程度对大学生社会性发展有正向显著的影响。

H3：社会支持度对大学生社会性发展有正向显著的影响。

H4：核心价值观教育程度对大学生社会性发展有正向显著的影响

(二)学校因素对大学生社会性发展影响的假设

1.专业及年级差异对大学生社会性发展的影响

大学生社会性发展水平会因不同专业而存在极其显著的差异，有学者认为文科和商科专业的大学生社会性发展水平要优于理科、工科的学生。[①]一般而言，文、商科会集中于人文、社会方面知识的教育和素质的培养，而理、工科则比较注重物质、客观的世界，而缺少对人文社科的研究，因此使得该专业的大学生社会性发展经验较少。同时，大学生社会性发展水平也会随着年级的变化而呈现出不同的差异。一方面与学生自身年龄、经验增长有关，另一方面与所受教育时间长短有关，往往认为高年级的大学生社会性发展要优于低年级的大学生社会性发展。因此本书提出如下假设：

H5：不同专业的大学生社会性发展水平有显著差异。

H5a：文科、商科专业的大学生社会性发展水平高于理工科专业的大学生。

H6：不同年级的大学生社会性发展水平有显著差异。

H6a：高年级的大学生社会性发展水平高于低年级的大学生。

2.学校氛围对大学生社会性发展水平差异的影响

校园氛围往往被定义为一种稳定的、长期的环境特征，能够对校园中的成员的体验与行为产生影响。有学者研究发现学校氛围对大学生的社会性

① 张杉杉、郑日昌：《507名理工科大学生择业效能感现状分析》，《中国心理卫生杂志》，2002年第11期。

发展和学业成绩产生显著影响，也有学者发现学校氛围对学习能力产生显著影响，这是因为当学生能够从学校中获得同学、老师的支持，并有一个积极的、有安全感的环境时，学生往往更有学习动力与意志力，并促进学业成就的提升。而对于社会性发展迟滞的学生，在学校风气较为消极，班级氛围比较紧张的时候，会很难从班级、校园中获得能量、感受温暖，并缺乏来自老师、同学的关怀与支持。因此本书提出如下假设：

H7：良好的学校氛围对大学生社会性发展水平有正向显著的影响。

3.教学目标与方式对大学生社会性发展水平差异的影响

教学目标与方式对大学生社会性发展有重要影响，不当的学校教育模式，会抑制大学生的个性发展，比如过度严格的规范化管理，过度强调服从与统一，会在某种程度上对学生的个性发展与自我意识产生压抑或否定的影响，阻碍学生的社会性发展。学校的教育目标若只局限于书本知识，脱离实际生活，内容陈旧，教材不合社会发展时宜，无助于学生社会化所需的知识结构，将对学生个性和社会性的发展产生消极影响。另外，洛里·西蒙（Lori Simons，2006）[①]等人主要针对142名参与服务课程的学生建立服务课程影响的评估体系。结果表明，参与社区自我效能以及公民参与度的分数越高，对学生的学术学习、个人发展和人际关系发展越有利，也就是说，服务学习有助于学生课业学习以及其个人社会情感和社会性发展。因此本书提出如下假设：

H8：大学教育的目标性对大学生社会性发展水平有正向显著的影响。

H9：大学生对大学教育方式的认可程度对其社会性发展水平有正向显著的影响。

① Lori Simons，Beverly Cleary，The Influence of Service Learning on Students' Personal and Social Development，*College Teaching*，No.54（4），2006，pp.307-319.

4.良好的人际关系对大学生社会性发展水平差异的影响

学术界普遍认为，支持性的师生关系和同学关系对学生社会性发展非常有利，郑淮（2007）[①]通过对大学生的调查研究发现，学生与教师的亲近程度与大学生社会性发展水平往往呈正相关的关系，而且主要体现为社会认知、社会情感、社会交往和社会适应这四个维度的得分较高，促进效果最明显。老师和学生之间融洽的关系，班级、校园内部良好的学习、生活氛围能够显著地影响大学生社会行为、道德、自尊心等维度的发展。毛小玲等[②]对大学生寝室内部人际关系特点的分析、研究发现，寝室的人际互动、人际关系会对大学生的社会性发展产生重要影响。可以说，良好的师生关系是大学生社会性良好发展的基础之一，并能够及时地为大学生提供心理教育指导。因此本书提出如下假设：

H10：良好的师生关系对大学生社会性发展水平有正向显著的影响。

H11：良好的同学关系对大学生社会性发展水平有正向显著的影响。

5.社团活动参与度对大学生社会性发展水平差异的影响

有研究认为，户外拓展运动可以促进大学生的社会性发展。[③]因为，在户外拓展运动中有花样繁多的能够挑战自我和促进团队协作的活动，一方面这些拓展活动可以提升学生的意志品质，引导学生不断超越自我，另一方面团队活动也能增强学生的团队合作意识和精神，培养学生的团队合作能力。另外，各类校园社团活动与户外拓展活动有异曲同工之妙，可以培养学生的社会技能，提升学生的社会性发展水平。因此本书提出如下假设：

H12：社团活动参与度对大学生社会性发展水平有正向显著的影响。

H13：户外拓展运动参与度对大学生社会性发展水平有正向显著的影响。

---

① 郑淮：《场域视野下大学生社会性发展研究》，西南大学博士研究生学位论文，2007年。

② 毛小玲、里宏翰、张建梅：《大学生宿舍人际关系的特点》，《中国心理卫生杂志》，2005年第7期。

③ 朱亚云：《户外拓展运动促进大学生社会性发展的研究》，《才智》，2014年第34期。

6.职业认同对大学生社会性发展水平差异的影响

大学生在选择自身专业时会受到职业兴趣的影响，进而大学生社会性发展也会受大学生自身职业兴趣的影响。罗锡莉等[①]提出大学生职业成熟度的理论构想并编制了大学生职业成熟度问卷。结果表明大学生职业成熟度与大学生社会性发展具有相关性。同样,张杉杉、郑日昌[②]对大学生择业效能感现状的研究发现择业效能感水平存在显著的年级差异，并有男生高于女生的倾向。职业成熟度与职业效能感等因素都归结为大学生对于自身职业的认同情况，大学生的职业认同度与大学生社会性发展之间的关系值得研究。因此本书提出如下假设：

H14:职业认同度对大学生社会性发展水平有正向显著的影响。

(三)家庭因素对大学生社会性发展影响的假设

1.独生子女与非独生子女大学生在社会性发展水平上的差异

独生子女问题一直是各领域的研究热点之一，其优势与劣势也一直争论不休,主流观点以消极态度为主。根据中国青少年中心的调查可以证明,目前大部分的中小学教师认为独生子女不利于青少年的社会性发展。包蕾萍[③]通过文献资料检索手段发现,在2000—2004年间,共有53篇关于独生子女的报道,其中负面报道有35篇,中性报道有11篇,正面报道7篇。但近些年随着研究的深入，也有学者认为独生子女的发展状况要优于普遍的预期。风笑天[④]的研究发现在职业适应方面,独生与非独青年并没有显著的差

① 罗锡莉、张进辅:《大学生职业成熟度结构及问卷编制》,《心理学探新》,2008年第2期。

② 张杉杉、郑日昌:《507名理工科大学生择业效能感现状分析》,《中国心理卫生杂志》,2002年第11期。

③ 包蕾萍:《独生子女公众观的变迁:一种刻板印象的社会心理溯源》,《当代青年研究》,2008年第6期。

④ 风笑天:《独生子女:媒介负面形象的建构与实证》,《社会学研究》,2010年第3期。

异。20世纪90年代中后期之后,对于独生子女在人格、性格等方面的定性与定量研究表明独生与非独生在上述方面并不存在显著差异,甚至后者在某些情况下还会优于前者。独生子女在家庭中能享受到更多的教育资源,从而使独生子女在社会适应性、个性发展、自我认知等方面都不逊于非独生子女。因此本书提出如下假设:

H15:独生对大学生社会性发展有正向显著的影响。

2.家庭结构对大学生社会性发展水平差异的影响

失衡的家庭结构是否会对大学生社会性发展产生负面的影响?目前学术界普遍认为单亲家庭会对大学生社会性发展产生负面的影响,其教育偏失主要体现在育人的期望、目标、内容、行为等方面,这对子女的社会性发展会造成不良影响。比如,在一些单亲家庭,家长很容易将孩子视为精神支柱,将其对自身的期望折射到子女身上,希望子女能够取得他们所希望的成就,而未考虑到孩子自身的能力和特点,这种行为会限制孩子自身的心理发展,阻碍其社会化进程。而且在单亲家庭中,由父亲和母亲组成的传统家庭环境发生变化,性别角色和家庭角色的缺失导致家庭关系的失衡,此时家长单方面的负面情绪等因素所带来的负面影响会扩大,对家庭氛围产生负面影响。而且由于个人精力等原因,单亲家长往往会过多地将精力放在认知领域,而忽略了情感和技能的培育,抑制了子女的社会性发展。有数据显示,在对单亲子女的调查中发现有48%的子女有自卑心理,有40%的子女表现出性格孤僻和脆弱,有25%的单亲子女的情感波动较大。因为家庭对子女的情感、品德、意志等素质的影响较大,因此父母离异会对孩子产生较大的冲击,对比标准家庭结构的孩子,更容易出现心理失衡现象。因此本书提出如下假设:

H16:家庭结构对大学生社会性发展有显著的影响。

H16a:核心家庭对大学生社会性发展有正向显著的影响。

H16b:单亲家庭对大学生社会性发展有负向显著的影响。

H16c:主干家庭对大学生社会性发展有负向显著的影响。

3.家庭教育对大学生社会性发展水平差异的影响

除了家庭结构,家庭教育也是重要的影响因素之一,父母的言传身教会对大学生社会性发展产生重大的影响。[①]家庭教养方式往往是指家长的教养态度、行为及非言语表达的集合。Baumrind[②](1971)的研究表明,放任型父母教养出来的孩子,更多地表现为任性、自私、依赖性强、不能独自解决问题,而专制型的教养方式,易使孩子形成畏缩、焦虑的性格特征,有碍于社会适应能力的发展。另外,不安全的亲子依恋关系也会影响个体的社会性发展,Jeffrey[③]等(2004)研究表明,表现出更多自信的个体,往往其父母也有较强的依恋关系,这种自信与信任会帮助培养出儿童更好的社交素质。因此本书提出如下假设:

H17:父母的控制程度对大学生社会性发展有负向显著的影响。

H18:子女与父母的亲密程度对大学生社会性发展有正向显著的影响。

H19:父母对子女的教育期望值对大学生社会性发展有负向显著的影响。

H20:父母教育目标的全面性对大学生社会性发展有正向显著的影响。

H21:父母有效教育行为的频率对大学生社会性发展有正向显著的影响。

---

① 辛浩力:《国外现代亲子关系理论观点回顾》,《教育改革》,1997 年第 5 期。

② Baumrind D.,The influence of parenting style on adolescebt competence and substance use,*The Journal of Early Adolescence*,No.11(1),1991,p.56.

③ Jeffrey Jensen Arnett,*Emerging adulthood*,Oxford University Press,2004,pp.201–204.

(四)个人因素对大学生社会性发展影响的假设

1.大学生社会性发展水平的性别差异

陈建文、王滔(2003)[①],杨青(2000)[②]等关于大学生心理的研究结果表明,总体上男生的社会性发展水平显著高于女生,但对于不同的社会性发展领域,女生会在情感层面发展程度高于男生,男生会在认知层面发展程度高于女生,而在行为层面则未表现出明显差异。相较于女性,男性往往表现出更为独立、稳定、理性等心理特征,其更为关注外部世界,具有较高的成就动力,对事业、地位、金钱等外在物质就有较强的欲望。而相较于男性,女性往往表现为感性、幻想和激情等心理特质,其更关注于内心世界,更具有同理心,情绪稳定性也较弱。[③]以上对于男女性别的心理特质的差异导致了男女大学生社会性发展可能会有所区别,在实证研究中,也有一些研究表明,在情境认知方面,男性大学生的发展水平优于女大学生。而女大学生往往表现为优秀的情感感知能力,更为敏感、细腻和关注情感与评价,这就表现出较高的人际交往能力,在人际关系、情感认知方面具有更好的发展水平。因此本书提出如下假设:

H22:男性大学生的社会性发展优于女性大学生的社会性发展。

2.个人归因风格对大学生社会性发展水平差异的影响

个人的归因风格会对大学生社会性发展产生深远影响,归因风格往往分为消极和积极两种。具有积极归因风格的人往往把积极事件归因于内部

① 陈建文、王滔:《关于社会适应的心理机制、结构与功能》,《湖南师范大学教育科学学报》,2003年第4期。

② 杨青:《关于深圳大学学生心理适应水平的研究》,《内蒙古师范大学学报(哲学社会科学版)》,2000年第2期。

③ 谌红桃、高晓琴:《大学生人生观、价值观性别差异调查及其原因探析》,《中国电力教育》,2010年第15期。

原因引起的，并将其视为长久的、普遍性的行为；而将负面事件归因于外部原因，并将其视为暂时的，由特殊情境引起的。Carlyou（1997）[①]研究发现，人格特征、低社交倾向等内部原因是导致其社交失败的主要原因，而机遇等外部、不可控因素则是其社交成功的关键。消极的归因风格容易使个体对自身产生负面的评价，在遇到负面事件时容易消极地接受后果、抱怨、推卸责任，否定努力的意义。这些行为会阻碍社交自我效能感和社交能力的形成。因此本书提出如下假设：

H23：积极的个人归因风格对大学生社会性发展有正向显著的影响。

3.社交技能掌握程度对大学生社会性发展水平差异的影响

社交技能是生活中的必备技能之一，在获取社会支持、建立人脉关系等方面都具有重要意义。有研究证明，如果父母、学校不干预个体社会技能缺乏的问题，一方面会影响个体的学习情况，另一方面也会影响个体的适应性，导致严重的心理问题。如果一个大学生的社会性发展迟滞，那么他可能表现为对社交策略使用无效，少言寡语，缺少有效的沟通与交流，对交往行为的控制力较弱，行为较为古板，不能根据情境的变化对社交策略进行调节。而且社会性发展迟滞的大学生，不能理性地解释他人的情绪，会引发特定的社会或人际交往问题；不能准确地用行为或语言表达自己的情绪或思想，很难对他人的行为做出适当的回应，往往会产生人际交往困难，被孤立，难以获取有效的社会支持。因此本书提出如下假设：

H24：个人社交技能掌握程度对大学生社会性发展有正向显著的影响。

4.自我伦理观念对大学生社会性发展水平差异的影响

心理学家皮亚杰、柯尔伯格等学者的许多经典性研究表明，自我伦理观念的发展与人类社会化发展息息相关并有正向的促进作用。皮亚杰的理论

---

① Carlyon W. D., Attribution Retraining: Implications for Its Integration into Prescriptive Social Skills Training, *School Psychology Review*, No.26(1), 1997, pp.61-73.

认为自我伦理观念发展程度是评价个体社会性发展水平的参照系。[①]而俞国良的研究表明自我伦理观念是个性心理的一种表现，可以体现个体的社会性发展水平。[②]可以说，一方面自我伦理观念的发展能够促进社会性发展，有积极的正向作用；另一方面自我伦理观念与社会性发展水平具有同一性，是其标志之一，可以用来衡量社会性发展的状况。因此本书提出如下假设：

H25：自我伦理观念对大学生社会性发展有正向显著的影响。

5.团队依恋对大学生社会性发展水平差异的影响

目前学者认为团队依恋对大学生社会性发展水平差异有影响。[③]人是群居性生物，需要在群体社会中生活。大学生往往在团队依恋上获取情感的寄托，并从团队中获得关心、尊重、归属感，通过在团队中表现、奉献自我而达到自我价值的认同与实现。团队依恋有利于提高大学生心理健康的水平，有利于提高大学生的人际交往能力，有利于提高大学生的社会实践能力，有利于提升大学生的公民意识。积极的团队氛围和团队依恋现象能够对大学生社会性发展产生积极影响。相反，消极的团队环境、暴力、不健康的团队文化与思想会使学生形成冷漠、逃避的心理，这种不健康的团队依恋会对大学生的社会性发展和成长产生不利影响。对一个有着错误的价值观、人生观的团体产生依恋，也会对个体造成错误的导向作用。不健康的团队依恋抑制大学生社会性发展良性的团队依恋。[④]因此本书提出如下假设：

H26：团队依恋对大学生社会性发展有正向显著的影响。

---

① ［瑞士］皮亚杰：《发生认识论原理》，王宪钿译，商务印书馆，1981年，第109~116页。

② 俞国良：《品德与社会性》，《教育科学研究》，2003年第5期。

③ 韦耀阳：《团队依恋对大学生社会性发展的影响和启示》，《吉林工商学院学报》，2013年第1期。

④ 李同归、李嘉等：《大学生依恋类型对心理健康的影响》，《中国心理卫生杂志》，2008年第10期。

第二节　问卷设计检验与样本选择

一、问卷设计与内容

由于问卷设计科学性、合理性的要求，问卷按照以下原则进行设计：①合理性原则，问卷应该与研究主题有密切联系：②一般性原则，问卷的设置应有普适性和代表性；③逻辑性原则，问卷有很好的逻辑性，各题项之间有严谨的逻辑关系；④非诱导性原则，受调查人员可以独立完成问卷、不受问卷选项和其他信息的干扰；⑤明确性原则，确保各题项应该明确、清楚，具有易读性，能够很容易地被理解。

《大学生社会性发展影响因素调查问卷》主要有以下两个部分：第一部分是问卷说明部分，介绍问卷的调查目的，解释问卷中的疑难点并介绍问卷的填写方式；第二部分是问卷的主体部分，内容包括社会、学校、家庭、个人四个方面的调查。

二、问卷信度及效度分析

大学生社会性发展影响因素调查问卷能够通过内部一致性检验 Cronbach's α 系数来分析各测量指标的信度。大样本总体的 α 系数值为 0.899，明显大于 0.7，表明本问卷总体上具有较高的信度。

大学生社会性发展影响因素调查问卷多采用单维度变量，适合采用专家法对问卷进行效度分析，主要分析问卷的题项是否与研究内容相符，并邀请具有相关研究经验的专家分析问卷内容的有效性，检测题项能够代表研究内容。经过有关专家判断，本问卷具有较高的内容效度。

三、样本的选择与统计

大学生社会性发展影响因素的调查与大学生社会性发展的现状调查是同步进行的，样本的选择一致。从大连地区随机抽取约 3000 名大学生参与问卷调查，采用网上及现场发放问卷的方式，回收有效问卷 2881 份，有效回收率为 96.03%。具体的统计数据如表 3.41 所示。为保证调查的客观性，在样本选择过程中，尽量保持样本的性别、年级、专业等基本条件均衡。样本总量为 2881，其中男性大学生有 1465 人，女性大学生有 1416 人；大一的学生有 748 人，大二的学生有 731 人，大三的学生有 743 人，大四的学生有 659 人；调查对象包含了工科、理科、商科、文科四类专业的学生，有 76.12%的大学生来自核心家庭，有 73.65%的大学生是独生子女。

第三节　大学生社会性发展影响因素的差异性分析

一、学校因素的差异性分析

（一）专业的差异性分析

将样本按专业分为工科、理科、文科、商科四组进行统计分析，由表 4.1 可知，文科专业的大学生社会性发展水平最低，而商科专业的大学生社会性发展水平最高。

表 4.1　专业统计分析表

H5 专业	均值	标准差
工科	3.4830	0.52629
理科	3.3893	0.79400
文科	3.3180	0.63192
商科	3.5221	0.26757
总计	3.4194	0.63285

由表 4.2 可知,专业对大学生社会性发展并无显著差异。显著性系数均大于 0.05,说明专业对大学生社会性发展并无明显影响。一般认为,文科生因为专业课程设置以及未来工作要求，更善于与人打交道。但随着素质教育的开展,学生的全面发展、综合性人才的培养越来越受到重视,各专业对于人才的培养有了新的看法和做法。当前各大高校通过多种途径,积极鼓励学生跨学科选课、重视文理融合、重视人文素养的提升以及前沿科技的科普,使得不同专业的学生综合水平逐渐提高,不同专业之间的学生社会性发展趋同。因此,假设不同专业的大学生社会性发展水平有显著差异不成立,则假设文科、商科专业的大学生社会性发展水平高于理工科专业的大学生,也不成立。

表 4.2　专业 ANOVA 分析表

	平方和	df	均方	F	显著性
组间	0.459	3	0.153	0.374	0.772
组内	37.989	2878	0.408		
总数	38.447	2881			

(二)年级的差异性分析

将样本按年级分为大一、大二、大三、大四进行统计分析,由表 4.3 可知,随着年级的增长,大学生社会性发展水平也随之提高。

表 4.3　年级统计分析表

H5 专业	均值	标准差
大一	3.2286	0.72619
大二	3.3405	0.31827
大三	3.5288	0.58514
大四	3.6341	0.42012
总计	3.4194	0.63285

由表 4.4 可知，年级对大学生社会性发展有显著差异。显著性系数为 0.039，小于显著性水平 0.05，说明年级对大学生社会性发展有明显影响。随着学生自身年龄的增长、生理的日趋成熟、社会经验的不断增长，人生阅历的逐渐丰富，大学生社会性发展水平也会随之提升，另一方面通过大学教育的不断渗透，大学生社会性发展往往有一个显著的提升。因此，假设不同年级的大学生社会性发展水平有显著差异成立。

表 4.4　年级 ANOVA 分析表

	平方和	df	均方	F	显著性
组间	2.938	3	0.979	2.564	0.039
组内	35.510	2879	0.382		
总数	38.447	2881			

将大一和大二设置为低年级组，大三、大四设置为高年级组进行独立样本 t 检验，得到的结果如表 4.5 所示，方差方程的 Levene 检验的 Sig.值为 0.042，小于显著性水平 0.05，拒绝方差相等的假设，可以认为高年级和低年级的大学生社会性发展水平存在显著差异；另外，t 检验的相伴概率小于 0.05，表明拒绝原假设，也就是说，高年级和低年级的大学生社会性发展水平的均值存在统计学意义上的显著差异。另外，样本的置信区间并没有跨 0，这也说明高年级和低年级的大学生社会性发展水平的均值存在显著差异。因此，可以说明高年级和低年级的大学生社会性发展水平的均值存在显著差异，且结合表 4.4 的分析结果可以得到，假设高年级的大学生社会性发展水平高于低年级的大学生成立。

表 4.5 独立样本 t 检验

<table>
<tr><th rowspan="3" colspan="2"></th><th colspan="2">方差方程的 Levene检验</th><th colspan="7">均值方程的 t 检验</th></tr>
<tr><th rowspan="2">F</th><th rowspan="2">Sig.</th><th rowspan="2">t</th><th rowspan="2">df</th><th rowspan="2">Sig.(双侧)</th><th rowspan="2">均值差值</th><th rowspan="2">标准误差值</th><th colspan="2">差分的 95% 置信区间</th></tr>
<tr><th>下限</th><th>上限</th></tr>
<tr><td rowspan="2">大学生社会性发展水平</td><td>假设方差相等</td><td>24.266</td><td>0.042</td><td>−2.157</td><td>238</td><td>0.035</td><td>−0.40548</td><td>0.18799</td><td>−0.78179</td><td>−0.02918</td></tr>
<tr><td>假设方差不相等</td><td></td><td></td><td>−2.694</td><td>229.705</td><td>0.010</td><td>−0.40548</td><td>0.15049</td><td>−0.70779</td><td>−0.10318</td></tr>
</table>

二、家庭因素的差异性分析

(一)独生与否的差异性分析

将样本分为独生子女和非独生子女两组进行统计分析，由表 4.6 可知，独生子女大学生社会性发展水平均值为 3.4164，非独生子女大学生社会性发展水平均值为 3.4268；独生与非独生发展性水平的均值差异为 0.0104，差异较小。

表 4.6 独生与否统计分析表

H1 独生子女		大学生社会性发展水平
否	均值	3.4268
	标准差	0.60351
是	均值	3.4164
	标准差	0.64865
总计	均值	3.4194
	标准差	0.63285

根据单因素方差分析的结果及表 4.7 可得，显著性系数均大于 0.05，说

明独生与否对大学生社会性发展并无明显影响。

表 4.7　独生与否 ANOVA 分析表

		平方和	df	均方	F	显著性
大学生社会性发展水平	组间	0.002	1	0.002	0.005	0.942
	组内	38.45	2880	0.405		
	总数	38.47	2881			

因此对于假设独生对大学生社会性发展有正向显著的影响，单因素方差分析结果为不成立。独生与否与大学生社会性发展没有显著的差异，从另一方面反映了人们对独生子女的刻板印象并没有得到统计数据的支撑。近些年，越来越多的学者研究发现，独生子女与非独生子女之间的差异并不显著，在个性、人格、社交、适应性等方面并没有统计学概念上的显著差异。而且随着经济的发展，独生子女与非独生子女均能在家庭中享受到足够的资源。因此，假设独生对大学生社会性发展中社会性情绪与情感发展有正向显著的影响不成立。

（二）家庭结构的差性分析

将样本按家庭结构分为核心家庭、单亲家庭和主干家庭三组进行统计分析，由表 4.8 可知，三类家庭的大学生社会性发展水平均值分别为 3.44、3.24、3.49，其中来自单亲家庭的大学生社会性发展水平最低，而主干家庭的大学生社会性发展水平最高。

表 4.8　家庭结构统计分析表

H2 家庭结构	均值	标准差
核心家庭	3.4407	0.63486
单亲家庭	3.2386	0.78095
主干家庭	3.4915	0.39928
总计	3.4194	0.63285

由表 4.9 可知，显著性系数均大于 0.05。因此，假设家庭结构对大学生社

会性发展有显著的影响不成立。

表 4.9　家庭结构 ANOVA 分析表

	平方和	df	均方	F	显著性
组间	0.515	2	0.258	0.638	0.530
组内	37.932	2879	0.404		
总数	38.447	2881			

单亲家庭是指只有母亲(或父亲)与未婚子女所组成的家庭。一般认为，相比于核心家庭和主干家庭，单亲家庭的不完整性、单亲父亲(母亲)对另一方的埋怨和排斥等父母的负面情绪会影响孩子的正确认知。单亲家庭对子女社会性发展的负面影响还可能会来源于过高的期望，因为单亲父母往往容易把子女作为唯一的支柱和关注点，对子女赋予了极高的期望值，希望子女获得较高的成就，但这些成就并不一定与其子女的自身能力相匹配，这种期望会给孩子过多的压力，对其各方面能力及心理发展产生负面影响，并不利于孩子的个体社会性发展。但是本书的统计结果并不支持上述论点，随着家庭教育的发展，单亲家庭的孩子的教育环境已经有了大大的改善，对大学生社会性发展的负面影响有所降低。通常来说核心家庭的成员之间沟通会更为顺畅，有利于孩子的社会性发展。主干家庭人数相对较多，年龄差异大，生活在这种家庭的孩子自幼需要学会与不同年龄、性别的人打交道，社会性发展会相对较好。但现如今，无论何种类型的家庭，家庭成员基本上对于孩子的关爱教育都放在相对重要的位置，孩子在家庭中受到较多关注。因此，本书的假设核心家庭对大学生社会性发展有正向显著的影响不成立，单亲家庭对大学生社会性发展有负向显著的影响不成立，主干家庭对大学生社会性发展有负向显著的影响不成立。

三、个人因素的差异性分析

个人因素的差异性分析主要体现在性别上。将样本分为男和女两组进行统计分析,由表 4.10 可知,男性大学生社会性发展水平均值为 3.4098,女性大学生社会性发展水平均值为 3.4407;从均值来看女性的社会性发展水平要优于男性,但并不意味着性别差异会对大学生社会性发展水平产生影响,还需要进行方差分析,从而进行进一步的检验。

表 4.10 性别统计分析表

H12 性别		大学生社会性发展水平
男	均值	3.4098
	标准差	0.71655
女	均值	3.4407
	标准差	0.39570
总计	均值	3.4194
	标准差	0.63285

根据单因素方差分析的结果及表 4.11 可得,显著性系数均大于 0.05,说明性别对大学生社会性发展并无明显影响。

表 4.11 性别 ANOVA 分析表

		平方和	df	均方	F	显著性
大学生社会性发展水平	组间	0.515	2	0.258	0.638	0.530
	组内	37.92	2879	0.404		
	总数	38.47	2881			

传统观念认为,男性的社会性发展水平要高于女性,认知方面男生高于女生,而在情感上女生高于男生,行为领域男女生没有显著性差异。而本书则认为性别对于大学生社会性发展并没有显著的差异,因为随着社会的发展,男性与女性可以更好地表现自我,而不是禁锢于性别角色中,性别带来

的社会性发展水平差异逐渐减少。因此,对于假设男性大学生的社会性发展优于女性大学生的社会性发展不成立。

第四节　大学生社会性发展影响因素的影响分析

一、社会因素的影响分析

相关分析(Correlation Analysis)能够研究变量之间的相关程度,并通过双尾检验进行显著性检验。通过相关分析来验证大学生社会性发展水平与社会因素各变量之间是否具有相关性以及相关程度。本书的相关性分析结果如表4.12所示,根据H1—H4的检验结果发现,所有影响变量与大学生社会性发展之间均有显著的相关关系,能够进一步运用回归分析来检验H1—H4假设。

表4.12　社会因素相关分析

		大学生社会性发展水平	H1	H2	H3	H4
大学生社会性发展水平	Pearson 相关性	1	0.314**	0.558**	0.340**	0.420**
	显著性(双侧)		0.002	0.000	0.001	0.000
H1	Pearson 相关性	0.314**	1	0.608**	0.331**	0.553**
	显著性(双侧)	0.002		0.000	0.001	0.000
H2	Pearson 相关性	0.558**	0.608**	1	0.579**	0.569**
	显著性(双侧)	0.000	0.000		0.000	0.000
H3	Pearson 相关性	0.340**	0.331**	0.579**	1	0.336**
	显著性(双侧)	0.001	0.001	0.000		0.001
H4	Pearson 相关性	0.420**	0.553**	0.569**	0.336**	1
	显著性(双侧)	0.000	0.000	0.000	0.001	

注:**.在0.01水平(双侧)上显著相关。

本书首先构建了大学生社会性发展和社会因素各变量的回归模型，以文化传递深度、新媒体思政教育影响程度、社会支持度、核心价值观教育程度为自变量，以大学生社会性发展为因变量，结果如下：

一般认为 R 方在 0.8—1.0 的方程具有较高的可信度，而 R 方 0.6 以上方程的拟合优度也可以接受，如表 4.13 所示，回归方程的 R 方为 0.633，说明方程具有一定的可信度，可以进行回归分析。

表 4.13　社会因素 R 方分析

模型	R	R 方	调整 R 方	标准估计的误差
1	0.777a	0.633	0.604	0.52791

如表 4.14 所示，回归方程的 ANOVA 分析，发现 Sig.值为 0.00，说明方程整体是有效的，可以进行回归分析。

表 4.14　社会因素 ANOVA 分析

	模型	平方和	df	均方	F	Sig.
1	回归	12.808	4	3.202	11.489	0.000a
	残差	25.640	2879	0.279		
	总计	38.447	2881			

当代大学生处于多元文化背景下，社会价值观、意识形态、舆论传导会对大学生的社会性发展产生直接的影响。根据回归分析结果表 4.15，文化传递深度对大学生社会性发展有负向的影响，新媒体思政教育对大学生社会性发展有正向影响，社会支持度对大学生社会性发展有正向影响，核心价值观教育程度对大学生社会性发展的正向影响，但变量文化传递深度的 Sig.值为 0.381，大于 0.05，系数不显著，因此拒绝原假设文化传递深度对大学生社会性发展有正向显著的影响。其他变量的 Sig.值分别为 0.00，0.042，0.039，均小于 0.05，因此系数均显著。所以，假设新媒体思政教育影响程度对大学生社会性发展有正向显著的影响成立，假设社会支持度对大学生社会性发展有正向显著的影响成立，假设核心价值观教育程度对大学生社会性发展有正向显著的影响成立。

表 4.15 社会因素回归分析

模型		非标准化系数		标准系数	t	Sig.
		B	标准误差	试用版		
1	（常量）	1.359	0.346		3.924	0.000
	H1	-.075	0.085	-0.100	-0.880	0.381
	H2	0.414	0.107	0.503	3.865	0.000
	H3	0.014	0.071	0.021	0.200	0.042
	H4	0.154	0.092	0.182	1.664	0.039

二、学校因素的影响分析

通过相关分析来验证大学生社会性发展水平与学校因素各变量之间是否具有相关性以及相关程度如何。本书相关性分析结果如表 4.16 所示，根据 H7—H14 的检验结果发现，所有影响变量与大学生社会性发展之间均有显著的相关关系，能够进一步运用回归分析来检验 H7—H14 假设。

表 4.16 学校因素相关分析

		大学生社会性发展水平	H7	H8	H9	H10	H11	H12	H13	H14
大学生社会性发展水平	Pearson 相关性	1	0.388**	0.312**	0.386**	0.395**	0.660**	0.468**	0.427**	0.413**
	显著性（双侧）		0.000	0.002	0.000	0.000	0.000	0.000	0.000	0.000
H7	Pearson 相关性	0.388**	1	0.556**	0.765**	0.489**	0.482**	0.404**	0.361**	0.374**
	显著性（双侧）	0.000		0.000	0.000	0.000	0.000	0.000	0.000	0.000
H8	Pearson 相关性	0.312**	0.556**	1	0.651**	0.441**	0.519**	0.462**	0.517**	0.567**
	显著性（双侧）	0.002	0.000		0.000	0.000	0.000	0.000	0.000	0.000
H9	Pearson 相关性	0.386**	0.765**	0.651**	1	0.451**	0.452**	0.386**	0.423**	0.358**
	显著性（双侧）	0.000	0.000	0.000		0.000	0.000	0.000	0.000	0.000
H10	Pearson 相关性	0.395**	0.489**	0.441**	0.451**	1	0.485**	0.428**	0.459**	0.523**
	显著性（双侧）	0.000	0.000	0.000	0.000		0.000	0.000	0.000	0.000
H11	Pearson 相关性	0.660**	0.482**	0.519**	0.452**	0.485**	1	0.445**	0.571**	0.419**
	显著性（双侧）	0.000	0.000	0.000	0.000	0.000		0.000	0.000	0.000

续表

		大学生社会性发展水平	H7	H8	H9	H10	H11	H12	H13	H14
H12	Pearson 相关性	0.468**	0.404**	0.462**	0.386**	0.428**	0.445**	1	0.573**	0.365**
	显著性(双侧)	0.000	0.000	0.000	0.000	0.000	0.000		0.000	0.000
H13	Pearson 相关性	0.427**	0.361**	0.517**	0.423**	0.459**	0.571**	0.573**	1	0.312**
	显著性(双侧)	0.000	0.000	0.000	0.000	0.000	0.000	0.000		0.000
H14	Pearson 相关性	0.413**	0.374**	0.567**	0.358**	0.523**	0.419**	0.365**	0.312**	1
	显著性(双侧)	0.000	0.000	0.000	0.000	0.000	0.000	0.000	0.000	

注:**.在 0.01 水平(双侧)上显著相关。

本书以良好的学校氛围、大学教育的目标性、大学生对大学教育方式的认可程度、良好的师生关系、良好的同学关系、社团活动参与度、户外拓展运动参与度、职业认同度为自变量,以大学生社会性发展为因变量,构建了大学生社会性发展和学校因素各变量的回归模型。

一般认为 R 方在 0.8—1.0 的方程具有较高的可信度, 而 R 方在 0.6 以上方程的拟合优度也可以接受,如表 4.17 所示,回归方程的 R 方为 0.680,说明方程具有一定的可信度,可以进行回归分析。

表 4.17　学校因素 R 方分析

模型	R	R 方	调整 R 方	标准估计的误差
1	0.707a	0.680	0.661	0.46467

如表 4.18 所示,回归方程的 ANOVA 分析,发现 sig 值为 0.00,说明方程整体是有效的,可以进行回归分析。

表 4.18　学校因素 ANOVA 分析

	模型	平方和	df	均方	F	Sig.
1	回归	19.231	8	2.747	12.724	0.000
	残差	19.217	2873	0.216		
	总计	38.447	2881			

根据回归分析结果表 4.19，良好的学校氛围对大学生社会性发展的正向影响，且变量的 Sig.值为 0.001，小于 0.05，因此系数均显著。良好的校园风气与团结友爱的班级氛围，能够使学生在校园中体验到安全感或受到他人关怀以及适当的支持，进而表现得更加自信，能够以一种较为成熟的方式在校园中开展社交活动。假设良好的学校氛围对大学生社会性发展水平有正向显著的影响成立。

表 4.19　学校因素回归分析

模型		非标准化系数		标准系数	t	Sig.
		B	标准误差	试用版		
1	（常量）	0.955	0.303		3.150	0.002
	H7	0.010	0.081	0.015	0.125	0.001
	H8	0.145	0.074	0.213	1.952	0.044
	H9	0.102	0.078	0.167	1.295	0.009
	H10	0.032	0.071	0.043	0.453	0.002
	H11	0.484	0.084	0.586	5.785	0.000
	H12	0.143	0.057	0.241	2.499	0.014
	H13	0.015	0.073	0.021	0.200	0.842
	H14	0.055	0.033	0.016	0.310	0.002

根据回归分析结果表 4.19，大学教育的目标性对大学生社会性发展有促进作用，对大学教育方式的认可程度也对大学生社会性发展有正向影响，且两个变量的 Sig.值为 0.044 和 0.009，均小于 0.05，因此系数均显著。教学目标与方式能够影响大学生社会性发展，约束、管教式的教育方法会抑制学生的个体主体意识，导致学生只知道遵守学校的规则而没有自己独立的思考，对学生进行社会化和发展个性产生阻碍。反观全面的教育，结合实际社会发展的教育目标，被学生广泛接受的教育方式，有助于学生建立社会化所需的知识结构，对学生个性和社会性的发展产生积极影响。所以，假设大学教育的目标性对大学生社会性发展水平有正向显著的影响成立，假设学生对大学教育方式的认可程度对大学生社会性发展水平有正向显著的影响成立。

根据回归分析结果表 4.19，良好的师生关系对大学生社会性发展会产生正向影响，良好的同学关系也会对大学生社会性发展产生正向影响，且两个变量的 Sig.值为 0.002 和 0.000，均小于 0.05，因此系数均显著。本书的结论与学术界的普遍观点一致，人际关系是大学生在大学生活中面临的重要问题，人际关系分为师生关系和同学关系，同学关系包含寝室同学、班级同学等。大学里积极健康的人际关系能为大学生社会性发展提供良好的心理准备和教育指导基础。良好的师生关系和同学关系会让大学生感受到集体生活的温暖和乐趣，能够得到更多的社会支持和帮助，更容易接受老师的教诲和同学的影响，这对于大学生接受主流价值观和传承主流文化都具有十分重要的意义。而大学生人际关系不良会直接影响学生的情绪，导致学生形成孤僻、极端、暴躁、抑郁等性格，这都不利于大学生社会性发展。假设良好的师生关系对大学生社会性发展水平有正向显著的影响成立，假设良好的同学关系对大学生社会性发展水平有正向显著的影响成立。

根据回归分析结果表 4.19，社团活动参与度对大学生社会性发展会产生正向影响，变量的 Sig.值为 0.014，小于 0.05，系数显著，而户外拓展运动参与度也对大学生社会性发展产生正向影响，但 Sig.值为 0.842，大于 0.05，因此系数不显著。校园的各类社团活动有各种各样挑战自我和团队协作的项目，可以培养学生的竞争意识、意志力和团队协作精神，学生可以通过各项活动提高其社会技能，提升社会性发展水平。不同类型的社团活动都对增加大学生社会交往次数和能力，为大学生接受社团文化的影响提供了有力帮助，从而促进了大学生社会性发展。假设社团活动参与度对大学生社会性发展水平有正向显著的影响成立，假设户外拓展运动参与度对大学生社会性发展水平有正向显著的影响不成立，参与户外拓展运动对大学生社会性发展水平的影响不显著。

根据回归分析结果表 4.19，职业认同度对大学生社会性发展会产生正向影响，且变量的 sig 值为 0.002，小于 0.05，因此系数均显著。本书的结论与学术界的普遍观点一致，大学生对职业的认同度越高，大学生社会性发展水平往往就越高。假设职业认同度对大学生社会性发展水平有正向显著的影响成立。

三、家庭因素的影响分析

本书运用相关分析来验证大学生社会性发展水平与家庭教育各变量之间是否具有相关性以及相关程度如何。本书相关性分析结果如表 4.20 所示，根据 H17—H21 的检验结果发现，所有影响变量与大学生社会性发展之间均有显著的相关关系，能够进一步运用回归分析来检验 H17—H21 假设。

表 4.20 家庭因素相关分析

		大学生社会性发展水平	H17	H18	H19	H20	H21
大学生社会性发展水平	Pearson 相关性	1	0.476**	0.425**	0.317**	0.360**	0.437**
	显著性（双侧）		0.000	0.000	0.002	0.000	0.000
H17	Pearson 相关性	0.476**	1	0.136	0.181	0.305**	0.311**
	显著性（双侧）	0.000		0.186	0.075	0.002	0.002
H18	Pearson 相关性	0.425**	0.136	1	0.498**	0.543**	0.599**
	显著性（双侧）	0.000	0.186		0.000	0.000	0.000
H19	Pearson 相关性	0.317**	0.181	0.498**	1	0.457**	0.355**
	显著性（双侧）	0.002	0.075	0.000		0.000	0.000
H20	Pearson 相关性	0.360**	0.305**	0.543**	0.457**	1	0.570**
	显著性（双侧）	0.000	0.002	0.000	0.000		0.000
H21	Pearson 相关性	0.437**	0.311**	0.599**	0.355**	0.570**	1
	显著性（双侧）	0.000	0.002	0.000	0.000	0.000	

注：**.在 0.01 水平（双侧）上显著相关。

本书以父母的控制程度、子女与父母的亲密程度、父母对子女的教育期望值、父母教育目标的全面性、父母有效教育行为的频率为自变量，以大学生社会性发展为因变量，构建了大学生社会性发展和家庭教育各变量的回归模型,结果如下：

一般认为R方在0.8—1.0的方程具有较高的可信度，而R方在0.6以上方程的拟合优度也可以接受,如表4.21所示,回归方程的R方为0.651,说明方程具有一定的可信度,可以进行回归分析。

表4.21 家庭因素R方分析

模型	R	R方	调整R方	标准估计的误差
1	0.701α	0.651	0.610	0.56238

如表4.22所示,回归方程的ANOVA分析,发现Sig.值为0.00,说明方程整体是有效的,可以进行回归分析。

表4.22 家庭因素ANOVA分析

	模型	平方和	df	均方	F	Sig.
1	回归	9.666	5	1.933	6.113	0.000a
	残差	28.781	2876	0.316		
	总计	38.447	2881			

根据回归分析结果表4.23，父母的控制程度对大学生社会性发展有负向的影响,子女与父母的亲密程度对大学生社会性发展有正向影响,父母对子女的教育期望值对大学生社会性发展有正向影响,父母教育目标的全面性对大学生社会性发展有正向影响,父母有效教育行为对大学生社会性发展有正向影响,且所有变量的Sig.值分别为0.00,0.031,0.037,0.010,0.042,0.033,均小于0.05,因此系数均显著。因此,假设父母的控制程度对大学生社会性发展有负向显著的影响成立,假设子女与父母的亲密程度对大学生社会性发展有正向显著的影响成立,假设父母对子女的教育期望值对大学生社会性发展有正向显著的影响成立,假设父母教育目标的全面性对大学生社会性发展有正向显著的影响成立,假设父母有效教育行为的频率对大学生社会性发展有正向显著的影响成立。

表 4.23　家庭因素回归分析

模型		非标准化系数		标准系数	t	Sig.
		B	标准误差	试用版		
1	（常量）	1.759	0.377		4.661	0.000
	H17	–0.046	0.058	–0.077	–0.791	0.031
	H18	0.108	0.080	0.172	1.361	0.037
	H19	0.090	0.088	0.111	1.020	0.010
	H20	0.060	0.085	0.086	0.706	0.042
	H21	0.182	0.084	0.270	2.170	0.033

综上所述，家庭教育是影响大学生社会性发展的重要因素之一，家庭教育包含很多方面，父母的教养态度、行为及非言语表达等都对大学生社会性发展产生重要影响。放任型和专制型的教养方式都不利于社会适应能力发展，另外，不安全的亲子依恋关系也会影响个体的社会性发展。本书的研究结论也证实了，父母的控制程度、子女与父母的亲密程度、父母对子女的教育期望值、父母教育目标的全面性、父母的有效教育行为的频率都对大学生社会性发展产生显著影响。父母对子女过多的控制，会抑制个体自我的发展进而对其社会性发展产生负面的效应，而亲密的亲子关系、合理的教育期望值、全面的教育目标并结合有效的教育行为则有利于个体表现自我，更为自信也更容易信任别人，能发展良好的社会交往能力，有利于大学生的社会性发展。

四、个人因素的影响分析

通过相关分析来验证大学生社会性发展水平与个人因素各变量之间是否具有相关性以及相关程度如何。相关性分析结果如表 4.24 所示，根据 H15 的检验结果发现，思想品德的显著性水平为 0.01，其他变量 H23、H24、H26的显著性水平均小于 0.05，说明个人因素所有变量与大学生社会性发展之间均有显著的相关关系，能够进一步运用回归分析来检验 H23、H24、H26 假设。

表 4.24 个人因素相关分析

		大学生社会性发展水平	H23	H24	H25	H26
大学生社会性发展水平	Pearson 相关性	1	0.433*	0.457**	0.360*	0.609**
	显著性(双侧)		0.001	0.000	0.001	0.000
H23	Pearson 相关性	0.433**	1	0.410**	0.188	0.140
	显著性(双侧)	0.001		0.000	0.065	0.170
H24	Pearson 相关性	0.457**	0.410**	1	0.262**	0.410**
	显著性(双侧)	0.000	0.000		0.010	0.000
H25	Pearson 相关性	0.360*	0.188	0.262**	1	0.220*
	显著性(双侧)	0.010	0.065	0.010		0.030
H26	Pearson 相关性	0.609**	0.140	0.410**	0.220*	1
	显著性(双侧)	0.000	0.170	0.000	0.030	

注：**.在 0.01 水平(双侧)上显著相关。
*.在 0.05 水平(双侧)上显著相关。

本书以个人归因风格、个人社交技能掌握程度、自我伦理观念、团队依恋为自变量，以大学生社会性发展为因变量，构建了大学生社会性发展和个人因素各变量的回归模型。

一般认为 R 方在 0.8—1.0 的方程具有较高的可信度，而 R 方在 0.6 以上方程的拟合优度也可以接受，如表 4.25 所示，回归方程的 R 方为 0.633，说明方程具有一定的可信度，可以进行回归分析。

表 4.25 个人因素 R 方分析

模型	R	R 方	调整 R 方	标准估计的误差
1	0.758a	0.633	0.608	0.48691

如表 4.26 所示，回归方程的 ANOVA 分析，发现 Sig.值为 0.00，说明方程整体是有效的，可以进行回归分析。

表 4.26　个人因素 ANOVA 分析

	模型	平方和	df	均方	F	Sig.
1	回归	16.636	4	4.159	17.542	0.000a
	残差	21.811	2877	0.237		
	总计	38.447	2881			

根据回归分析结果表 4.27，积极的个人归因风格对大学生社会性发展有正向的影响，且变量的 Sig.值为 0.049，小于 0.05，因此系数均显著。本书的研究结果与大部分研究者的结论相同，认为消极的归因风格会使个体自我评价趋向消极，通常处于自我否定的状态，或者遇到困难或挫折不会从自身寻找原因，而是将责任推给他人，这都阻碍他们形成良好的社交自我效能感和社交能力，对个体的社会性发展产生不利影响；反之，积极的归因风格能使个体勇于面对现实，正确看待事情原委并勇于承担后果，更好地展现自信心和社交能力。假设积极的个人归因风格对大学生社会性发展有正向显著的影响成立。

表 4.27　个人因素回归分析

模型		非标准化系数		标准系数	t	Sig.
		B	标准误差	试用版		
1	（常量）	1.187	0.311		3.822	0.000
	H23	0.135	0.052	0.179	1.679	0.049
	H24	0.178	0.066	0.255	2.698	0.008
	H25	0.069	0.059	0.096	1.165	0.047
	H26	0.346	0.061	0.491	5.653	0.000

根据回归分析结果表 4.27，个人社交技能掌握程度对大学生社会性发展的正向影响，且变量的 Sig.值为 0.008，小于 0.05，因此系数均显著。假设个人社交技能掌握程度对大学生社会性发展有正向显著的影响成立。社交技能不仅是指对语言的理解与习得，还包含对语言和行为的恰当运用及社交知识体系和风俗习惯的理解与运用。良好的社交技能有助于大学生更好地建立自己的人脉圈子，能够更好地感知和获取社会支持，而社会性发展迟滞

的大学生往往不具备良好的社交能力,缺乏语言的沟通和交流,并不能有效地控制人际交往的行为,无法判断当前的形势,不能正确理解他人的行为及语言的含义,甚至不能准确表达自己的意思,很难做到随机应变,也很难针对实际情况并进行调整。对社交技能的学习和掌握能够促进大学生社会性发展水平。假设个人社交技能掌握程度对大学生社会性发展有正向显著的影响成立。

根据回归分析结果表 4.27, 自我伦理观念对大学生社会性发展的正向影响,且变量的 Sig.值为 0.047,小于 0.05,因此系数均显著。自我伦理观念是道德在个体上的体现,是个性心理中的一种特殊表现,往往认为自我伦理观念强的大学生具有较高的自我伦理观念和自我约束, 而具备这些特质的大学生往往具有更高的社会性发展水平, 良好的自我伦理观点会使人对其行为进行约束,更符合社会性发展的需求,自我伦理观念与社会性发展具有同一性,良好的自我伦理观念有助于个体社会性发展水平的提高。假设自我伦理观念对大学生社会性发展有正向显著的影响成立。

根据回归分析结果表 4.27,团队依恋对大学生社会性发展的正向影响,且变量的 Sig.值为 0.000,小于 0.05,因此系数均显著。在学校中,大学生很容易受到各种团队的影响,生活、娱乐、学习等活动都在宿舍、班级和社团等各式各样的道德团体中展开,自然而然就会形成团队依恋。团队依恋是指同一团体中成员之间在不断交往、相处的过程中,在情感上存在的一种相互影响、相互依赖的心理状态。而积极的团队依恋和向上的团队有助于大学生形成正确的人生观、世界观、价值观,更适应社会发展的需要,能够促进社会性发展水平的提高。假设团队依恋对大学生社会性发展有正向显著的影响成立。

第五节 影响因素统计分析结果的总结

经过实证分析，本书在文献研究的基础上提出了诸多影响因素对大学生社会性发展的影响因素识别，并通过回归分析等统计手段进行了检验，现将检验结果汇总起来，如表 4.28 所示：

表 4.28 检验结果总结

编号	内容	检验结果
H1	文化传递深度对大学生社会性发展有正向显著的影响	不成立
H2	新媒体影响程度对大学生社会性发展有正向显著的影响	成立
H3	社会支持度对大学生社会性发展有正向显著的影响	成立
H4	核心价值观教育程度对大学生社会性发展有正向显著的影响	成立
H5	不同专业的大学生社会性发展水平有显著差异	不成立
H5a	文科、商科专业的大学生社会性发展水平高于理工科专业的大学生	不成立
H6	不同年级的大学生社会性发展水平有显著差异	成立
H6a	高年级的大学生社会性发展水平高于低年级的大学生	成立
H7	良好的学校氛围对大学生社会性发展水平有正向显著的影响	成立
H8	大学教育的目标性对大学生社会性发展水平有正向显著的影响	成立
H9	大学生对大学教育方式认可程度对其社会性发展水平有正向显著的影响	成立
H10	良好的师生关系对大学生社会性发展水平有正向显著的影响	成立
H11	良好的同学关系对大学生社会性发展水平有正向显著的影响	成立
H12	社团活动参与度对大学生社会性发展水平有正向显著的影响	成立
H13	户外拓展运动参与度对大学生社会性发展水平有正向显著的影响	不成立
H14	职业认同度对大学生社会性发展水平有正向显著的影响	成立
H15	独生对大学生社会性发展有正向显著的影响	不成立
H16	家庭结构对大学生社会性发展有显著的影响	不成立
H16a	核心家庭对大学生社会性发展有正向显著的影响	不成立
H16b	单亲家庭对大学生社会性发展有负向显著的影响	不成立
H16c	主干家庭对大学生社会性发展有负向显著的影响	不成立
H17	父母的控制程度对大学生社会性发展有负向显著的影响	成立
H18	子女与父母的亲密程度对大学生社会性发展有正向显著的影响	成立

续表

编号	内容	检验结果
H19	父母对子女的教育期望值对大学生社会性发展有正向显著的影响	成立
H20	父母教育目标的全面性对大学生社会性发展有正向显著的影响	成立
H21	父母有效教育行为的频率对大学生社会性发展有正向显著的影响	成立
H22	男性大学生的社会性发展优于女性大学生的社会性发展	不成立
H23	积极的个人归因风格对大学生社会性发展有正向显著的影响	成立
H24	个人社交技能掌握程度对大学生社会性发展有正向显著的影响	成立
H25	自我伦理观念对大学生社会性发展有正向显著的影响	成立
H26	团队依恋对大学生社会性发展有正向显著的影响	成立

第五章　大学生社会性发展迟滞原因分析

社会性发展是由外在干预到内化提升的动态过程，是建立在社会实践的基础上的，在教育者与所处环境的双重影响下，使个体内在的思想、道德等因素转化为外在的行为表现。这一过程，既包括外在环境干预和指导的步骤，又包括个体对外在教育的吸收内化、反思与反馈。外在环境所提供的教育起引导作用与受教育个体的自我教育起内化作用相辅相成，缺一不可。个体出现社会性发展迟滞，是教育者、受教育者、环境三者之间的不协调导致的。本章是在第三章和第四章研究成果的基础上，针对大学生社会性发展现状中表现出来的社会性情绪与情感、社会行为与能力、自我意识与自我认知三方面迟滞，利用第四章大学生社会性发展影响因素，详细分析大学生社会性发展迟滞的原因，为第六章提出促进大学生社会性发展的有效路径奠定基础。

第一节　自我意识与自我认知迟滞原因分析

自我意识是不断地对自我身心活动的觉察，主要包括自我心理特征的变化与对自我和其他人之间关系的认知，体现了大学生对自身的认识程度，对自我的评价以及自我控制能力。社会性发展就是要实现大学生和谐全面的发展，大学生自身也是社会性发展的重要组成部分。只有实现了自我悦纳，对自己有客观评价，采取正确的归因方式，树立自尊心和自信心，实现行为和情绪的自我调控，才是真正实现了自我意识与自我认知的构建。

一、家庭教育方式偏激影响大学生的自尊心和自信心

《国家中长期教育改革和发展规划纲要(2010—2020年)》明确提出了家庭教育的地位和作用，要求充分发挥家庭教育在子女成长过程中的重要作用。家长要树立正确的教育观念，知晓家长是孩子的启蒙老师；掌握科学理想的教育方法，因人施教，注重个性；尊重子女的健康情趣，多问多听少教条；培养子女的良好行为习惯，在相处中潜移默化地影响其行为养成；与此同时要加强与学校的多方面沟通配合。必须站在振兴中华的高度，重新审视家庭教育发挥的重要作用，给家庭教育应有的定位，努力改善家庭教育现状，切实把家庭教育抓好。

“家庭是人生的第一个课堂，父母是孩子的第一任老师。孩子们从牙牙学语起就开始接受家教，有什么样的家教，就有什么样的人。”[①]家长的家庭

① 习近平:《在会见第一届全国文明家庭代表时的讲话》，人民文学出版社，2016年，第4~5页。

教育水平与孩子在校优等生比例成正比。[①]家庭作为最基本的社会初级群体，对每个人来说都有着不同寻常的意义，不仅时刻体现着人类的生物潜能，更是我们社会性发展的起点。从社会功能和作用看，家庭可以看作社会最基本的组织单位，在联通个人与社会之间发挥着巨大的作用，是一个人从自然人成长为社会人的基础。家庭中的个人与家庭成员之间的关系，都是个体与社会的缩影。

如果家庭成员尤其是家长受到儒家文化的影响较深，将会呈现出传统的家庭教育理念，认为“棍棒底下出孝子”，家庭交往中的民主几乎不存在，“身体发肤受之父母”等观念也让这部分父母的教育充满着单方面性，这样的家庭灌输的教育方法会非常普遍。这类父母会以长者自居，居高临下地命令子女做一些事情，让子女畏惧父母，子女在父母面前辩驳常常显得无力甚至会招来打骂，这对于大学生自尊心和自信心的培养有百害而无一利。

相反，在家庭中，父母不以长者自居，不将孩子看作自己的私有物，不向子女发号施令，而是让子女参与讨论、决策的过程，父母的民主会帮助子女更好地理解他人的意见。父母的情感温度对于子女是不可或缺的精神支持，有些父母认为自己已经为孩子提供了良好的外界条件，一旦孩子稍微犯错，便会感到失望、生气，加之以责骂，这样的行为是十分不利于孩子身心发展的。父母应当学会细心观察，耐心交流，努力寻找孩子身上的闪光点，提供环境去激发孩子的潜能，给予他们及时的关注和鼓励，让他们感受到取得成功，获得认可的喜悦，也许自己的孩子不是一个天才，但是我们可以把他们培养成为一个快乐的人。在子女遇到困难时，家长一定要学会因材施教，用欣赏的目光对待孩子，民主的父母会帮助子女寻找解决的办法，帮助其调控自我行为和情绪，而不是一味地苛责，这对大学生自尊心和自信心的培养至关重要。

---

① 教育部关心下一代工作委员会《新时期家庭教育的特点、理念、方法研究》课题组:《我国家庭教育的现状、问题和政策建议》,《人民教育》,2012 年第 1 期。

二、自我控制能力差影响大学生行为及情绪的调控能力

自我控制能力是自我行为判断后进行的理性行为。大学生都处在气血方刚的年龄，对现实状况更多的是感性的判断，行为控制和情绪控制能力相对较弱，比如遇到事情不分青红皂白就生气，这是失去行为及情绪控制的表现，而有自我控制力就是凡事先经大脑分析，做出明确判断之后再对现状进行处理。

自我控制能力是自我意识的重要组成部分，它是个人对于自身在心理上和行为上的主动掌握，是个体在没有外界监督督促的情况下，自觉地去选择既定目标，并适当地控制与调节自己的行为，比如抵制诱惑、抑制冲动、延迟满足，坚持不懈地保证目标实现的一种综合性的能力，表现在认知、情感、行为等方面。良好的自控能力是大学生所必须具备的素质。情绪的调控能力是大学生针对主观世界的，是通过思想意识的控制而达到控制自身心理和行为的能力。行为的控制能力是针对客观世界的，是大学生通过自我控制，冷静分析客观现实以后，采取的具体措施。自我控制能力可以帮助大学生运用合理发泄、迁移环境、注意力转移等方法，将情绪及时地释放出来，从而保持情绪稳定，避免冲动。

自我控制是个体克制自身的欲望、需求而改变固有的行为、思维方式以达到与外部环境和谐相处的能力。[①]自我控制能力较好的大学生会在面对选择时做出合理化判断，比如在面对自身利益与国家社会利益发生冲突时，自我控制能力较好的大学生会明晰自身定位，将国家与社会的利益放于首位，先注重社会效益再满足自身需求；在校园中，自我控制能力较好的大学生更

① 谭树华、郭永玉：《大学生自我控制量表的修订》，《中国临床心理学杂志》，2008年第5期。

加注重学校的规定与要求，身为一名学生，遵守校园纪律是本分，会在遵守的基础上再去创新与发挥自身优势；在涉及自身利益需求时，自我控制能力较好的大学生会在大是大非面前表现得较理性，会在充分考虑到事情发展状况的同时进行决策。自我控制能力较差的大学生就会与此相反，在对一件事情进行决策时往往表现出非理性与自我中心。比如在面对自身利益与国家社会利益发生冲突时，自我控制能力较差的大学生就会表现出先以自身利益为主的状态，置国家与社会的利益于不顾，甚至为了自己的欲望而损害国家的利益；在校园中，自我控制能力较差的大学生会因为一些校规校纪没有达到自身的需求而不服从甚至违反与打破，不仅与规定发生冲突还有直接与教师发生正面冲突的现象存在，控制不住自己的行为与言行，造成不必要的伤害；正处于青春期的大学生，也会因为自我控制能力较差而控制不住自己，因自身的需求与欲望的驱使，会使大学生在处理问题时以自我为中心，在进行选择时多会以自身的利益为主线，不管不顾他人的看法与利益，这势必就会造成一定的伤害，这样的不良风气一旦形成就会造成越来越大的消极影响。

三、物质文明与精神文明发展不同步影响大学生归因风格

我国在经济体制和政治体制改革的道路上不断前进，在短短的几十年时间里取得了其他国家几百年的成就。但是随着物质财富的不断积累，改革开放成果在中国落地生根后，忽略精神发展的弊端便逐渐显现出来，物质条件的充裕导致个体归因风格偏向于消极，社会性情绪就会降低。多数大学生的身体素质虽然有着很大的提升，但是心理素质平均水平非常低，情绪调控能力较差，耐挫能力和承受压力的能力较差，逆反心理较强，虚荣和自卑情绪较强，没有积极、稳定的情感和坚强的意志，对事件发生的原因分析习惯

倾向于消极方面。

物质文明与精神文明发展的不同步，主要表现在精神文明的发展跟不上物质文明的脚步。物质文明的极大丰富反而阻碍精神文明的发展。物质至上的观念不断影响着大学生，很多大学生的盲从选择造成内心的困惑与迷茫。在改革开放、市场经济的交汇融合大环境下，正处于身体与心理成长转折时期的大学生面临严峻的考验，在个人主义与享乐主义等负面因素的影响下，部分大学生会控制不住自身的行为而不免沾染某些恶习与陋习。另外，市场经济体制的优越性给大学生注入新的活力的同时，也带来了相应的负面影响，部分大学生对群体中会出现重视个人而轻视社会的功利思想。加之家庭的溺爱，社会消极现象和部分人思想的异化等，导致了部分大学生艰苦奋斗精神不断削弱，社会责任感不断降低，遇事调节情绪的能力大大降低，更愿意将失败归结于外部因素。很多大学生没有坚定的理想信念，没有明确的人生目标，缺乏艰苦创业勇敢创新的精神，贪图安逸享乐，攀比浪费，这种现象反过来又导致部分大学生归因风格并不因为主体意识的增强而增强，反而在不断弱化。

当代大学生自我认知没有完全建立起来，自我归因变成了空中楼阁。部分大学生由于判断能力较差，受到部分思潮的蛊惑，在行为上受错误思潮的影响，追求自我的时尚，宣扬消极的思想。部分大学生在自我归因时，往往会产生归因偏差，人为地扩大或者缩小某些挫折原因，把一些客观的不可控因素视为主要因素，进而为自己的可控的主观内因进行开脱，比如，把考试不及格归因于试题太难，身体不适等，却从不在自己复习的时间太少，上课不认真听讲上寻找原因。而部分大学生对于政治的情感表现出热情与冷漠、务实与功利、稳定与冲突等多样共存的表现。部分大学生只注重个人的成长，不关心国家的利益，不关心个人政治素养的提升，政治情感淡漠、政治立场动摇，存在“事不关己，高高挂起”的心态，缺少社会责任感和时代精神。当代大学生多为90后、00后独生子女群体，其缺乏将心比心与换位思考或设身处地为他人着想的能力，往往存在排斥他人，享受权利而不履行义务的现象。目前有相当一部分大学生，不能将自我教育、自我管理内化于自身的主观能动性之中，不能将群体规范作为要求自我的标准，不能正确看待困难和挫折。

四、个性差异影响大学生自我认知能力

个体差异不仅仅是个性差异，更重要的是指一个人在认识、情感与意志等心理活动过程中表现出来的相对稳定而又不同于他人的心理、生理上的差异。主要表现在质和量两个方面，质的差异指心理生理特点的不同及行为方式上的不同，量的差异指发展速度的快慢和发展水平的高低。①大学生的自我认知能力主要体现在各自的能力水平、思维方式、性格、气质等方面。由于个性差异，大学生自我认知能力不同，但都对未知社会充满好奇心和求知欲，容易产生自身难以解决的社会性发展问题的认知和心理困惑。

由于个人家庭背景、成长环境的不同，大学生在能力水平上有着很大的差异。能力没有一种确定的评价标准，却是个体适应社会、完成某些社会要求所必备的技能。大学生对自身能力的了解程度，包括处理与其他人竞争与合作的技能、解决人际关系的技能、生存技能与职业技能等都是自我认知的体现。不同大学生掌握的能力数量不同，掌握的能力质量不同，不同学生的发展时间不同，发展快慢上有所差异，且当代大学生处于信息高速发展的时期，受环境影响较大，他们的内心世界较为复杂，致使出现各种观念并存的状态。从大学生的思想状况来看，由于地区、年级、专业的不同，也会存在一

① 朱智贤：《心理学大词典》，北京师范大学出版社，1989年，第233页。

些不同的特点，甚至同一班级的学生思想也是不同的，其个性特征极为浓厚。特别是在当今市场经济的大背景下,大学生们受到来自社会各界纷繁多样的影响,他们正处于自我意识日益增强的状态趋势下,多因素造成大学生思想向多样性发展,个体差异日益明显。

思维是人脑对于客观事物和其内在联系的主观反应。大学生的思维方式发展是基于人的自由发展而进行的。思维方式的形成除了先天的自然形成,还有后天的活动养成,可以通过对大学生情感、认知、价值观、行为、认知等进行引导。思维方式不同的大学生,在面对问题时个人的理解不同,从中汲取的属于自己的养料也不同,这样就会导致大学生自我认知不同。对不同思维方式的学生,要顺应其内在发展,才能有相应的外在表现。

性格是一个人对一定的态度体系与相应习惯了的方式的结合，是在个体社会化过程中逐步形成的个人面对社会的稳定的个体特征，是个体区别于他人的核心特征,也是最重要的个体差异。性格主要体现在对待不同个体的方式不同;在处理不同事情过程中所表现出的意志力的不同;在不同活动中展现出的行为方式的不同;在不同情形下的理智程度不同。气质是个体比较稳定的心理特征,主要表现为个体在不同情况下的情绪掌控能力、意志力的强弱等,气质为每个个体在心理活动过程中添上了属于个体差异的外衣,展现出了自己的动力特点,个人的气质多数是由于先天遗传,部分是受到后天的影响。大学生性格和气质已经有所定型,因此在社会性发展过程中,要考虑大学生性格和气质在社会性发展过程中产生的影响。

五、校园文化对大学生引导力不足

校园文化在大学生社会性发展过程中同样起到不可忽视的作用。校园文化作为大学精神文化的核心,对高校教师、学生主体都有着影响和渗透的作用,在大学生社会化的过程中,校园文化发挥着潜移默化的作用。但当今校园文化中掺杂着多种多样的消极影响,既受到西方消极影响,又受到老乡会、社团等群体的互相影响,使得校园文化的积极影响大打折扣。

在大学生亟须综合能力开发的情况下，很多高校并没有高度重视校园文化方面的建设,尤其是理工类院校,只注重培养学生的学术研究能力。这些都不利于学生未来的良好发展。作为大学生成长的外部环境,校园的人文环境极其重要,因为它能在日常生活中不断产生潜移默化的影响,好的人文环境能在四年的时间中培养出学生健全的人格,有利于提升学生的自信心,培养学生的自尊心,加强学生对行为和情绪的自我调控,对思想政治教育与大学生社会性的培养有着重要的促进作用。

高校作为意识形态的前沿阵地,多种价值观在校园中不断进行交锋、交流与交融,同时借助不断发展的互联网技术,多元的文化价值观不断地流入校园当中,对高校校园文化产生了很大的冲击。同时一些消极腐化的价值观念也不断影响着当代大学生,大学生中也出现了理想信念模式化、政治信仰模糊、价值取向扭曲等现象。高校要主动把握校园文化的主导地位,加强主流文化的主导作用。校园文化应以精神文化为核心,其他文化融为一体,具有时代特征。大学生在受到校园文化的影响过程中,对社会化过程有着主动选择、批判和创造的功能,不断推进或者阻碍校园文化的发展,因此在校园文化和学生不断互动的过程中,也能促使二者不断进步。

校园文化在大学生社会性发展中有着不可动摇的核心地位，以爱国主义为核心、社会主义和集体主义为主旋律的积极校园文化能够对当代大学生起到重要的引导作用,大学生能在受教育过程中树立正确的理想信念,坚定爱党爱国爱社会主义的初心,对大学生的成长成才有着重要的引领作用;而借助国家和国际重大时事开展高雅文化活动、丰富的第二课堂的校园文化更是能够帮助大学生扩展国际视野，将自身的小个体置于国家的大局观中考虑,更能培育大学生的民族认同感与国家荣誉感,在处理与国家社会利益时就会将国家利益放于首位,拥有大局观,更加成熟理性地分析局势,为祖国的建设添一分力量。但不可忽略的是,在社团、老乡会等学生自发群体作为大学生社会化的另一个主要场所,容易传播不利于校园文化健康发展的消极观念。大学生在这样的组织中会产生同乡情怀,会结识志同道合的朋友,会更愿意相信彼此的话,这样一来虽然促进了友谊但是也会使消极的观念迅速传播,个体的消极想法会潜移默化地影响整体的建设,不良风气一旦形成,就会造成无法避免的影响,不利于个人的发展,也不利于组织的建设。所以,充分利用校园文化引导大学社会性发展非常重要。

第二节　社会性情绪与情感维度迟滞原因分析

在组织内部,人际关系和谐的程度与彼此之间相互尊重、信任和关怀的程度成正比。社会性情绪是个体多种感觉、思想和行为综合产生的心理和生理状态,社会性情感是个体较复杂而又稳定的生理评价和体验。社会中的个体时时刻刻都在对其所经历的各种事物做出相应的心理反应,情绪与情感是人们在社会与组织中进行信息传递的途径之一,通过情绪的表达与情感的共鸣能够向组织或社会中的其他成员表达内心的感受,也能通过观察他人所传达出来的情绪及情感信息来判断他人的状态,这种信息的流动是双向的,依赖于人们对情绪与情感的认知,且具有个体差异。

一、不和谐的家庭氛围影响大学生情绪状态的稳定

家庭作为最基本的社会设置之一，是人类最基本最重要的一种制度和群体形式。家庭作为人生的根据地，也是人从出生到老去不可割舍的重要部分。家庭氛围是家庭成员间互动形成的人际关系和心理氛围，以及家庭成员的道德观念、价值取向、审美情趣等，是家庭中占优势的一般态度和感受。[①]家庭是子女成长的重要场所，对家庭中的子女来说，家庭氛围对他们今后的健康成长尤其重要。家庭氛围从子女与父母的亲密程度中得以表现。在氛围和谐的家庭中，子女与父母更加亲密，交流更加频繁，反之亦然。因此家庭氛围对情绪状态的影响不可小觑。

在和谐的家庭环境中，子女对于积极的情绪体验积攒相对较多，更能够乐观、积极、辩证地看待事情的发展。和睦的家庭氛围与和谐的家庭生活能够营造良好的家庭环境，催生子女温良谦让的生活态度与积极的情绪状态。遇到事情主动沟通并积极解决问题的家庭可以让子女学习到在特殊情况下如何控制情绪、合理表达观点，进而提高子女的情商与逆商。亲子关系融洽、管教合理得当、父母善于包容的家庭氛围可以培养子女较强的社会责任感，进而平衡好学习生活、家庭生活与社会生活三者的关系。此外，家庭中的和睦关系能够让子女对社会更具可亲性，对待社会就像对待自己的家庭一样，对自己负责、对家庭负责、对社会负责、对国家负责，积极主动进行沟通，并伴随较强的安全感与良好的行为习惯，促进子女健康成长。

相反，不和谐的家庭氛围会阻碍子女保持良好的情绪状态，子女在特殊情况下找不到合理宣泄情绪的途径，导致情绪失控。在压抑、消沉的家庭氛

① 徐燕：《浅谈家庭教养方式、家庭氛围对青少年成长的影响》，《管理观察》，2009年第6期。

围中生活的子女,很难摆脱消极的阴影,影响社会性情绪与情感发展。由于处于不和谐的家庭氛围中,子女没有安全感,缺少家庭的温暖,很难获取积极良好的家庭氛围,进而会造成性情孤僻,处事冷漠,自卑敏感,怯懦胆小,不敢和人有冲突,害怕吵架,更害怕互相伤害,具有悲观主义思想,经常出现消极、负能量的表现。不良的家庭氛围还会影响子女恋爱观与择偶,家庭氛围的不和谐往往能够延续到子女成年以后,由于经常目睹不良的家庭氛围相处方式,他们很难对异性产生信任,也不知道该如何和爱人相处,比较消极悲观。同时,不良的家庭氛围还可能导致子女行为放任,自私狭隘,很难与他人友好相处。家庭中互相推诿责任,会让子女的担当意识十分薄弱,更谈不上对他人情绪的理解,缺乏共情他人的能力。时刻生活在这种家庭氛围中的子女,一般情绪状态比较暴躁,甚至有暴力倾向,在特殊情绪状态下更容易失控,并造成严重后果。不和谐的家庭氛围使子女很难从别人的角度出发考虑问题,也很难与他人沟通、合作、理解、支持,并与他人获得情感上的共鸣。

二、错误的家庭示范影响大学生社会责任感的建立

社会责任感是每个人在心理和感觉上对其他人的伦理关怀和义务,是对其他人负责,对社会负责的责任感。教育始于家庭。家庭示范作用是子女社会责任感形成的基础,社会责任感的形成与发展都离不开家庭的影响。人类除了自我反省以外,更多的是观察和学习,子女通过对父母行为的观察和学习,逐步形成了自己的行为准则,这也是家庭带给子女的一种潜移默化的教育及影响。家教、家风对于一个人社会责任感的培育都具有不可替代的作

① 刘玉飞:《家风促进当代中国家庭道德教育研究》,哈尔滨理工大学博士研究生学位论文,2015年。

用。[①]除了试误式学习，人类在成长过程中更多地通过观察、模仿和学习进行成长。子女所有的认知都是基于对家庭示范的反馈来改进的，有时虽然会感到疑惑，但家庭示范还是决定了其最初的社会责任感。

家庭示范作用是通过父母对子女的教育期望、父母教育目标的全面性、父母有效的教育行为来实现的。父母是对孩子影响最大、接触最深的人，是孩子模仿最早、最多的对象。在家庭中，陪伴子女成长的监护者（往往是父母）的社会责任感往往决定着子女的社会责任感，只有正确的家庭示范，才会培养子女强烈的社会责任感。父母从孩子降生起就陪在子女身边，他们的一言一行、价值观、道德规范对子女有着潜移默化的影响。在观察学习和模仿学习中，班杜拉将观察学习分为注意、保持、动作再现以及动机过程。子女从小是在对父母不断地进行模仿和观察中形成自己独特的行为模式，并且不断地通过与外界的互动加强自己的行为模式，逐步锻炼在合适的场合做出合适的举动。

如果父母的教育期望是功利主义、利己主义，或者过于物质，金钱至上，而忽略了对子女道德修养上的培养，就很可能造成子女重利轻义思想的错误价值观[①]。如果父母坚持重智育轻德育，重应试轻品德的教育目标，采用过分溺爱或爱的缺失这种两极化教育模式，在生活中，把本应该属于孩子承担的责任转移到了家长身上，就会造成部分大学生对父母、亲人的付出只知道索取而没有考虑回报，对家庭的责任感减弱甚至缺失，使子女本身的思想品德水平与社会所要求的思想品德之间出现不协调，直接影响到大学生社会责任感的养成。如果父母对于社会规范的遵守程度不高，会让子女从小就在心里养成“规范可以被打破”的潜意识，在遇到规则与自身需求冲突时，便下意识地选择违反规则。如果父母对子女的要求是一套标准，自己却总是按照

① 刘玉飞：《家风促进当代中国家庭道德教育研究》，哈尔滨理工大学博士研究生学位论文，2015 年。

另一套行为模式执行，或者很早就将成人世界烦琐的规则强加给子女，尤其是相互矛盾的、错误的价值观，则是无效的教育行为，会让子女不能很好地分析行为的后果，这样的家庭示范只会让子女产生矛盾的心理。一方面，子女希望按照父母要求发展自我，但另一方面又受到父母言行上的影响，加重了子女内心的迷茫，最终导致子女的社会责任感缺失。家庭之中和谐的责任分工也为子女社会责任感的养成起到较强的奠基作用。

三、政治社会化进程缓慢影响大学生亲社会能力的提升

亲社会能力是大学生自觉自愿地采取行动，以期为他人和社会带来利益。亲社会能力是个体通过解读外在环境调整自我认知和行为，最后达到保持与外在环境一致性的目的。政治社会化是大学生通过多种途径的学习与实践，形成符合社会发展需要的政治态度、政治信念、政治准则和政治价值观的过程。政治社会化是培养大学生亲社会能力的基础。

随着我国经济发展水平的显著提升，在经济全球化趋势的推动下，工业化、网络化、城市化等要素对大学生的政治社会化产生深远影响，使得大学生的亲社会能力发生了一定的转变。大学生易受市场经济趋利特质的影响，不能辩证地看待大学生的社会角色，从而制约了自我的人格认识，限制了亲社会能力的发挥。

我国正处于深化改革的关键时期，比历史上任何时期都要接近中华民族的伟大复兴，而社会中的各种思潮对大学生进行着全方位的渗透，导致部分学生丧失了理想信念。部分大学生没有人生发展的方向，不懂也不关心政治，放松对自我世界观的改造，动机不端正，得过且过处于“混日子”的消极状态。

大学生的政治观还未完全形成，要完成大学生的政治社会化，就必须进

行属于中国特色政治观的社会化，包括政治学习、政治参与等方式，不断内化社会价值观，形成社会所希望的政治认知以及参与政治活动的意识，逐步培养亲社会能力。对大学生个体来说，在政治观形成的过程中，内化了政治思想、政治规范和政治信仰以及政治观念，在传承社会意识认知、主流文化的过程中起到主力军的作用，并且通过政治角色的扮演及参与政治活动，将所认知的社会行为与政治思想融入个人的日常生活中。

大学生的亲社会情感的培养主要是通过课堂教学和社会实践两个途径，课堂教学是显性教育，社会实践是隐性教育。枯燥死板的课堂知识，不能从根本上促进学生对社会的了解，缺乏实践课程，一切理论都是纸上谈兵。目前部分高校对于学生实践课程开设较少，多数还是学生自主进行实践，无法系统地让学生通过实践了解社会， 也不能对社会中的各种事情做出正确的价值判断和道德选择，无法增强大学生对社会的亲近感。部分教师还坚持陈旧的教育教学方法，总体以被动接受为主，师生互动较少，课程多数为专业课，这样就会导致学生对高校教育方式及内容的认可程度较低，对大学生政治社会化发展起到了阻碍的作用， 进而对大学生亲社会情感的培养起到负面影响。相反，灵活的授课模式和紧跟时代步伐的课程内容对学生有着有形与无形的影响，可以开阔视野，增加阅历，而学术讲座和讲坛可以提升知识涵养、陶冶情操，丰富知识体系。这些都会促进大学生亲社会情感的培养。

四、新媒体的错误利用影响大学生移情能力的培养

移情能力可以提升大学生对他人情绪的理解能力，分享别人的情绪，是促进人际关系和谐的一种重要能力。随着科技的发展，新媒体的普及，当代大学生不仅有现实生活的交往，更有网络世界的交往，不仅面临现代文化与传统文化的冲突，而且还面临现实社会和虚拟世界的矛盾，网络交往使得社

会性发展有着相当的复杂性，大学生不仅需要适应真实社会，还需要适应网络虚拟社会，网络的伪装性使得大学生揣摩他人情绪情感的难度加大。在新媒体环境下，阅读方式碎片化、人际关系淡漠、表达能力下降、弱化亲属感情、沉迷封闭的虚拟环境，严重破坏了大学生的师生关系和同学关系，网络的相对封闭性使得大学生师生关系和同学关系淡漠，新媒体带来的弊端已经影响了大学生移情能力的培养。

新媒体的普及为人类社会提供了一个非常好的学习机会，大学生是新媒体使用中的主要群体，是网络世界中的重要组成部分。近年来，新媒体飞速发展，在开放的、无地域空间限制的网络环境下，各种信息得以飞速传播。面对新媒体这把双刃剑，新媒体的广阔空间和创新思维为大学生提供了求知学习的新平台，凡是能够主动获得知识的大学生都将拥有学习的权利和机会，并利用新媒体进行互动转化，不同地区的区域性被新媒体的全球性所打破，构成了新媒体的全球化时代。同时，新媒体使大学生综合素质得到提高，课堂的教学内容已经仅仅是大学生获取知识的传统渠道，利用新媒体获取和转化知识，增强了创新知识和探究未知的信心，从而更有利于大学生创造性思维的发挥。但新媒体也为西方势力传播不利言论提供了便利条件。一些西方势力通过新媒体将一些不利的言论灌输给当代大学生，形成偏颇的价值观，优秀的传统文化、光荣的革命成果被动摇。[①]新媒体虚假报道、模糊事实、断章取义的态度也对大学生认知产生消极影响。

大学生缺少社会经验，心智尚未成熟，对于新兴事物盲目尝试且不考虑后果，在网络环境下，更容易形成偏激的观点，不能冷静客观地分析现实问题，不能理解他人的情绪，导致大学生个体思维空间发展片面化，尤其是缺乏逻辑概括能力和探求事物抽象本质的精神。另外，大学生过多地消费现成

① 崔丽娟、刘琳：《互联网对大学生社会性发展的影响》，《心理科学》，2003 年第 1 期。

的网络文化,会形成他们思维的被动和僵化。大学生可塑性很强,个人情感、自我意识等发展不平衡,很容易受到网络舆论中很多言论的影响,大学生对网络信息仅仅在接收,而并没有消化和回旋的余地,便没有了自己的见地,一旦热情被激起,他们就会成为批判的武器,这种情况使他们的移情难度大大增加。网络沟通方式具有隐匿性、可利用性,沟通内容具有可加工性,这些都影响了大学生自我展现与自我表露的可控性,从而影响大学生的移情能力。①

第三节　社会行为与能力维度迟滞原因分析

社会行为与能力是个体社会化发展过程中形成的行为习惯和能力方法的总和,是大学生社会性发展评价指标中居于基础性地位的维度。在社会交往中,大学生之间总要发生一定形式的交往和联系,在交往和联系的过程中,大学生相互作用、相互影响,产生了各种行为模式。大学生的社会行为和能力是对外界刺激及自身感受的反应。社会行为与能力迟滞说明大学生在规范社会行为及社会适应方面存在一定的问题。因此,培养社会行为与能力就是要不断培育大学生形成一定的行为习惯和解决问题的能力,从而达到促进大学生社会性发展的目的。

一、父母控制程度强导致大学生自我照料和独立解决问题的能力差

弗洛伊德曾提出,成人期的行为特点根植于生命的头五年。家庭对于子

① 纪海英:《网络沟通对青少年社会性发展的影响》,《南京师大学报(社会科学版)》,2012 年第 2 期。

女的教育是从出生就开始的,只有不断得到积极的反馈,子女才能认为自己的行为是正确的,是符合他人需求的,如果家庭不对子女进行去中心化教育,养成子女与周围环境互动的行为习惯,那么子女的独立程度就会大大降低,进而影响社会性发展进程。

当代大学生容易受到家庭“重点保护”,导致社会化进程的延迟。长期以来,我国的家长过于重视对子女的知识、教育上的投资,却不重视对子女的社会化学习与教育。为了让孩子能够专心读书,部分父母过分地限制了孩子们的自由,甚至不允许孩子与社会接触,从而保证子女不会受到外界的不良影响。父母可以帮助子女完成一些工作,但是不能为其做所有事情,这事关子女的生活自我照料能力的培养以及独立解决问题能力的培养。部分父母溺爱子女,过分关爱日常生活,导致很多大学生的自理能力、对环境的适应能力以及人际交往能力不足,让子女失去了独立解决问题的能力,对家庭产生依赖心理,影响其个体的独立性,导致子女不能脱离父母。部分父母对子女实行百分百控制,他们重视孩子的教育,但试图操控子女的全部人生,要求子女必须符合自己的要求,往往导致子女以自我为中心解决问题,对于环境无法适应,对于困难无法进行克服,对于行为无法进行坚持,遇到选择无法果断地抉择,这对子女社会化程度起到了非常大的负面影响。在家养成的“小皇帝”“小公主”的习惯,这都是父母的过度控制、对子女的自我中心意识未及时纠正造成的。在子女探索世界的过程中,只关注个人的小世界,无法理解自己与他人的关系。

相反,我们应当提倡家长们重视对子女自立能力的培养,在日常生活中,应当尽量让孩子做到自己的事情自己做,降低父母的控制程度,放手让子女独自解决问题,会培养子女的独立意识,帮助子女适应社会生活,更重要的是可以让他们在日常生活中养成独立自主的意识、习惯和自我照料的能力。大学生在刚入校后,没有了高考如千军万马过独木桥的压力,家长应注重孩子创新能力的培养，注重大学生发现问题、提出问题、解决问题的能力，注重对语言能力、政治认知能力的锻炼。脱离了父母控制的大学生，其自我照料能力在逐渐增强，行为的坚持性、克服困难的能力、独立解决问题的能力也都在不断加强。其实，在家庭教育方面的价值取向上，如何使子女的个性得到充分发展并且满足社会需要是最重要的。作为家长，不能有所偏颇，必须从根本出发，从实际出发，不能操之过急，期望值过高，甚至采用主观主义的教育态度和方法，这样只会揠苗助长；更不可以不管不顾，采取放任主义的态度和方法。作为家长，应当根据社会的需要，人才培养的层次，孩子身心发展的不同阶段以及个别差异，对子女给出合情合理的教育期待值，并根据子女身心发展的状态特点因材施教。

二、角色定位偏差影响大学生社会适应能力和行为坚持的能力

角色定位是大学生了解社会期望后，对角色要求规范的接受程度。大学生在社会性发展的过程中都要承担一定角色期待，并且遵守一定的角色规范，通过日常学习和生活完成角色的转换，进而适应社会要求。当大学生了解社会对其自身角色的期望后，是否接受对自身的角色规范，是否愿意按照角色规范履行责任与义务，是否能坚持角色要求的社会行为，能反映出大学生的社会性发展水平。大学生需要对自己的价值观、个性特征、动机目的、期望有一个正确而全面的认识和评价，因为他们只有充分并且全面地认识自我，才能从中认识到现实自我和理想自我的差距，也才能据此确定自己的角色目标，进行正确的角色定位，进而调控自我、发展自我、完善自我。大学生在社会化发展的不同阶段，接受社会规范是有差异的，一些大学生不仅不能认识到时代赋予的责任，而且不能坚持社会要求的行为。

在社会性发展的过程中，大学生在不同阶段有着不同的自我认知和角

色要求，而大学生的社会性发展过程也正是对这些要求的不断掌握。角色定位不同的大学生往往有着不同的适应能力。不同的大学生认识到自己的角色期待并且遵守角色规范，在社会性发展的过程中不断学习、不断进步，最终与社会发展相适应。有些大学生能够将对角色的情感和自己的未来联系起来，在其中注入积极的情感，完成从角色到自我的转变，而有些大学生却需要不断地进行这个过程，直到完成自我蜕变。大学生的角色实践能力也不同，有些学生在实践中真正表现出自己角色的言行举止，而有些学生却不能直接定位于实践，必须从头做起，坚持自身行为，一步一步地成长。

角色定位的教育培养主要可以分为四个方面。第一是政治角色定位教育，要求作为社会主义未来建设者的大学生应对自己的理想信念进行定位，应该加强对学生的爱国主义教育，使学生树立主人翁意识。第二是人格角色定位教育，培养大学生的社会责任感，宽容和尊重他人，关心他人和社会，提高大学生的心理调整适应能力以及社会适应能力，积极进取，敢于面对人生中的挑战。第三是事业角色定位教育，建立并加固健康的功利观，这样不仅会使大学生有更充足的学习动力，还可以为他们毕业之后的发展打下良好的心理基础。第四是职业生涯规划教育，进行专业教育，强化专业意识，开设职业生涯规划教育课程，培养大学生职业认同和团队依恋，大学生最终是要通过职业选择融入社会的，提高大学生的职业认同度，就是提高了大学生对自身社会角色的认同度，帮助大学生实现准确的角色定位。团队依恋可以帮助大学生在团体中找到归属感，有助于大学生理解和接受团体规则，进而理解和接受社会的规范，提高自身的社会适应能力和行为的坚持能力。对大学生进行角色定位教育，可以帮助他们树立起正确的角色意识，理解社会对他们的期待，进而激发他们的事业上进心、责任使命感，提高他们的道德修养。

三、社会竞争加剧影响大学生克服困难的能力

大学生社会性发展并不仅仅是个人自我能力的增长，根本上来说还是个人与社会的协调程度。虽然社会总体上是和谐的，但是现如今我国社会发展十分迅速，改革开放也在进一步推进，竞争也越来越激烈。激烈的竞争会使得大学生面临更多的困难，压力也越来越多，这就要求大学生要具有更强的克服困难的能力。

大学生所处的时期是心理成长的重要时期，称为“心理断乳期”，自身思想观念还不够成熟，在如今快节奏的生活状态下对于竞争性和合作性的把握不够完善，缺乏对良心竞争和过度竞争的区分，过度竞争态度较为明显。所谓的良心竞争是指热衷于在与他人的合作中实现自我，完成目标，这是有益于大学生身心健康发展的。而过度竞争则表现为个体为了在竞争中取得胜利而不择手段，甚至牺牲他人的利益来达到自己的目的。由于当代大学生自身阅历和经验上的不足，只关注竞争的结果而忽略了竞争对自我成长的促进作用，处理不好竞争和合作的关系；只关注竞争的严峻性和残酷性，忽略了自身做人和学习的成长。另外，随着社会竞争的加剧，大学生面对困难投机取巧，诚信意识淡薄，焦虑、恐慌等情绪不断增长，且竞争失败易产生负面情绪，如挫败感、疲惫感、冷漠感，这些负面情绪如果没有得到很好的释放，容易产生焦虑、自卑、偏执、恐惧、逃避等各种适应性障碍，不仅会影响大学生的个人职业发展，也会对人生价值的实现造成影响。

随着改革开放进程的不断深入，各种外来文化不断冲击着我国的传统文化，与国内社会政治、经济、环境复杂交融，推动着大学思想的解放和观念的更新，在优越条件下成长起来的大学生，明显表现出艰苦奋斗精神弱化，克服困难能力淡化的问题，这也导致很大一部分大学生不能吃苦，害怕困

难，心理脆弱，缺乏社会责任感等，严重影响了大学生的身心健康。随着对外交流合作机会的进一步扩大，国际竞争也摆在了大学生面前，中华优秀传统文化受到了西方社会思想文化的冲击与侵蚀，对我国大学生的道德教育环境产生了很大的影响，强大的社会舆论严重影响了学生的认知，也导致大学生的价值观与世界观产生了偏差，造成大学生缺乏自我意识和对他人的责任感，没有了一个大学生应该拥有的时代精神。并且部分学生人际交往的目的逐渐走向功利化，将个人利益放在很高的位置。激烈的国际竞争也会导致大学生们理想信念淡漠，忽视了命运共同体的时代使命。大学生克服困难的能力，在面对世界竞争中逐渐形成。当今社会竞争激烈，新生代的大学生必须要不断寻找自己同社会的差距，要拥有强烈的危机意识和进取精神，不断提升自身面对困难的能力，增加自己的竞争资本。而高校则应重视对学生正确看待竞争与合作关系的能力和解决困难能力的培养，培养学生不甘落后，敢为人先的精神和强烈的克服困难的精神，从而为社会主义事业发展提供一大批栋梁之材。

四、社会道德规范与社会现实冲突影响大学生两难情境中的选择

人作为各种社会关系的总和，从始至终都生活在一定的群体之中。人类社会的稳定，依赖于人与人之间的相互关系以及社会秩序的相对稳定。人类社会的发展，也依赖于人与人之间的相互关系的动态和谐以及由此延续的社会生活的有序运行。为了保证集体的正常运转，就需要一定的道德规范和社会规范，才能尽量避免人与人之间的冲突，个体在这样的群体中也能得到最好的成长。随着改革的不断深化以及与世界的沟通交流，社会中出现了多种多样的影响道德规范的因素。比如，有不计回报去帮助他人的道德观，也有因为“小悦悦”事件而衍生出的世风日下，所谓“道德末日”的观点，更有精

致的利己主义者观点,还有质疑“最美司机”的怀疑主义观点,这些观点的矛盾与冲突严重影响当代大学生对社会和道德规范的理解能力以及在两难情境中的选择能力,有时还会导致大学生内心对行为结果的因果倒置的判断。

由于大学阶段是道德观形成的特殊时期，可塑性非常强，容易受到情感、意志与自我发展观念的影响,既有一腔热情,也容易被人利用。[①]随着资本主义思潮大量涌入我国，西方思潮中明显带有功利主义色彩的西方实用主义等,严重影响着中国大学生的成长环境,对当代大学生道德观的形成冲击巨大,部分西方分子打着学术研究、合作办学的名号,把在高校进行的学术活动和政治渗透结合起来,各种非主流意识形态无孔不入,让部分大学生对马克思主义信仰和社会主义信仰产生怀疑和动摇，引发了大学生对传统道德观念的质疑，严重弱化和分解了高校思想政治教育工作者为大学生辛苦搭建起来的社会主流意识认同感，有一部分大学生因此不愿受道德规范的约束和高尚道德的影响,他们认为这样会导致个性受到压抑,认为这些都只是空洞无味的说教。而利益多元化、差别优势必然导致社会道德共识的消解和改变,形成道德共识问题。大学生理想中的道德标准与社会规范和社会现实之间存在一定差异,都会严重影响大学生的判断能力。

高校应当指导学生在两难情境中做出正确的选择，引导学生建立正确的认知,转变学生的观念。在两难困境中,可以将不同的选择分为两个大类,即利己选择和道德选择。从利益相互作用的角度分析,在两难情境中的选择不能实现互利时,偏向于利己选择的表现形式为损人利己,而道德选择的表现形式为顾及他人以及社会的利益,能够实现利益最大化。如何将利己选择向道德选择转化,需要明确行为目的与手段的统一、实现动机与效果的统一以及行为意愿与社会规范的统一。学生应当明白做出选择的目的、手段以及

---

① 俞国良、辛自强:《社会性发展心理学》,安徽教育出版社,2004年,第3页。

可能带来的影响,这三大统一构成了两难情境下做出选择的逻辑链。因此,高校应该重视培养学生的集体荣誉感与社会责任感,使学生将集体利益放在更高的位置,从而在道德规范下做出符合集体、社会利益的最优选择。

第六章　思想政治教育视阈下提升大学生社会性发展水平的有效教育引导途径

当下，在我国当代大学生社会性发展方面，困境与机遇并生。因此，在坚持我国大学生社会性发展价值导向不动摇的基础上，拓展大学生社会性发展水平的路径是当务之急。全社会应当认识到思想政治教育在促进大学生社会性发展中的重要地位，建立健全以家庭教育、学校教育、个人教育和社会教育为核心的四位一体现代化思想政治教育体系。社会各方面要勇于面对困境，在辨析和对比中深刻认识大学生社会性发展困境的实质和原因，坚持以人为本，尊重客观条件和经验规律，积极从社会、学校、家庭、个人四个维度出发，超越当前面临的困境，从而探寻思想政治视阈下大学生社会性发展的新契机。

第一节　搭建社会资源在促进大学生社会性发展中的有利平台

搭建有利于促进大学生社会性发展的社会资源平台，实质上就是充分动员全社会的力量助力大学生社会性发展。在弘扬社会主义核心价值观的主旋律下，结合迅猛发展的新媒体，坚守文化传播阵地，促进当代大学生对社会主流价值观的认同和接受。通过外部社会环境的引导和内部自省，在价值选择中坚守社会主义核心价值观，从而促进大学生社会性发展水平的逐步提升。在思想政治视阈下，要将思想政治教育与大学生的思想认识、行为规范和日常生活紧密结合起来，从而使社会性发展的目标和主要内容水到渠成地转化为大学生本真的思想和行为习惯。这就要求思想政治教育必须站在社会发展的高度，充分认识到社会主义核心价值观在大学生社会性发展中的旗帜作用。具体来说，提高大学生社会性发展的积极因素既包括思想层面的价值观念、文化的宣传，如弘扬中华优秀传统文化，培育文化认同感等；又包括大学生受到的社会大环境的影响，如国际环境、社会风气、社会支持度等。

依据第四章的研究成果，社会价值观、舆论传导、社会支持度会对大学生的社会性发展产生显著的影响。与此同时，有研究认为，站在国际化视角下，弘扬和培育中华民族民族精神，能激发人民群众，包括青年大学生的自觉意识，是中华民族重要的精神家园。[①]

在对大学生社会性发展状况调查分析的基础上，本书认为深层次的核

① 彭忠珠：《大学生中华民族精神弘扬与培育的现状与路径探析》，江南大学硕士研究生学位论文，2012年。

心价值观教育能更好地发挥主旋律作用。在新媒体和社会支持度的正面影响下，这种深层次的核心价值观教育能够帮助当代大学生做出正确的价值选择。因此，积极发挥核心价值观的旗帜作用，挖掘优秀传统文化传承对大学生润物细无声的积极影响，助推新媒体思想政治教育的发展，从社会支持度层面展现国家对弱势群体的扶持力度，是大学生社会性发展实现巨大跨越的必由之路。

一、牢固树立社会主义核心价值观的旗帜引领作用

习近平强调："广大青年要自觉践行社会主义核心价值观，不断养成高尚品格。要以国家富强、人民幸福为己任，胸怀理想、志存高远，投身中国特色社会主义伟大实践，并为之终生奋斗。要加强思想道德修养，自觉弘扬爱国主义、集体主义精神，自觉遵守社会公德、职业道德、家庭美德。要坚持艰苦奋斗，不贪图安逸，不惧怕困难，不怨天尤人，依靠勤劳和汗水开辟人生和事业前程。"①

分析国外高校大学生社会性发展引导途径可以发现，各国均高度重视价值观引领。在进行教育的过程中，首先确定的便是其中的价值观，美国的自由平等、日本的劳动和创造、德国的历史与责任和新加坡的传统和修养等教育，都在教育的实行过程中起到了非常重要的作用。而社会精英的言论更加推动了主流价值观的传播，政党的纲领和非政府组织，都会在其中扮演核心价值观推动者的角色。

从思想政治教育出发，全社会必须深刻领悟社会主义核心价值观对大学生社会性发展的意义，并以时效性作为评价大学生社会主义核心价值观

---

① 习近平：《在知识分子、劳动模范、青年代表座谈会上的讲话》，人民出版社，2016 年，第 11 页。

教育的核心和最重要的指标。大学生价值观的确立往往具有画龙点睛的作用,具有指导大学生社会行为能力的功效。积极发挥社会主义核心价值观的旗帜作用，首先要将社会主义核心价值观放在引导大学生社会性发展的首要位置,将社会主义核心价值观同大学生价值选择紧密联系起来。其次,要通过不断创新载体，将社会主义核心价值观的旗帜作用与大学生实际相结合,通过社会实践等方式,引导大学生在面对人生选择、学习困境、生活抉择时能主动地站在社会主义核心价值观的角度全面客观地思考问题。在社会合力的推动下,采取深化内核、创新载体、紧密联系实际等举措,一方面不断深化社会主义核心价值观理论，另一方面引导大学生从社会主流文化层面进行自我反思,从而在促进大学生社会性发展方面达到事半功倍的效果。

实践是检验真理的唯一标准。所谓社会实践活动,是指激励大学生带着疑问走出课堂、走进社会、了解社会,以社会为课堂,在以社会主义核心价值观为指导的思想政治教育体系下，组织大学生参与并融入研讨社会主义核心价值观的现实意义的热潮中，从而使大学生在亲身实践体验中进一步体会核心价值观对个体成长的指导意义，激发他们对社会主义核心价值观的认同心理。深入挖掘社会实践在培育大学生社会主义核心价值观过程中的作用,不断结合社会需求和大学生的特点,创立多元化的有效的社会实践活动载体,从而提高社会主义核心价值观的影响力与感染力。

社会实践活动不仅是培育大学生社会主义核心价值观的有力载体,更是提升大学生社会性发展水平必不可少的工具。在将抽象的理论具体化的过程中,大学生通过社会实践活动直接参与对社会事务的反思与讨论,对于深化大学生对社会主义核心价值观的理解，提高大学生综合素质和解决问题的能力有着不可替代的作用。

二、培养大学生强烈的文化认同和坚定的文化自信

从文化认同的本质内涵来看,文化认同包含一种“自身认同”的属性。首先,某个国家、某个地区文化的精神内涵与个体存在的生命意义建构紧密关联,其伦理内涵是个体寻求价值论证的重要依据,文化认同强有力地支撑着个体对存在和存在价值的追求。其次,文化具有传承的力量,它潜移默化的影响力优先于具体的个体。通常,在“集体无意识”形式的特性下,文化先天就给个体的精神结构与人格发展建构了某种“原型”。个体在社会化逐步发展完善的过程中,成长于这种原型所对应的文化情境之中,文化上的连续性得以延续。最后,文化认同既与族群认同、血缘认同重叠,又具有其不可替代性。一个文化共同体如果具有文化认同属性,从某种意义上讲,它本身亦是一个地缘、血缘共同体。文化认同的这些特性,有效避免了不同的认同之间因相异特性而发生的矛盾甚至冲突。因此,文化认同的内核属性使它嵌入了人的精神层面。如果某大学生内心对某种文化持否定态度,那么从心理角度来分析,实际上已等同于该个体对其所属共同体的存在价值和价值选择的否定。

新加坡高校在大学生培养过程中,就高度重视文化自信的作用。具体体现在,首先,培养大学生关注、学习、吸纳儒家文化的价值理念,保证人文理想与人文修养的共同发展。其次,使大学生充分认识华人群体固有的道德观念和文化理念,探寻并逐步理解华人群体的文化根源。最后,积极培养大学生正确的人生观,培养大学生的独立意识和成熟的社会价值观,对大学生的未来发展具有重要意义。

从本质上讲,培育大学生文化自觉和文化自信的终极目标是激发当代大学生对我国优秀传统文化和社会主义先进文化发展前景的自觉自信。要

实现这一目标，全社会应当从引导大学生增进对社会主流文化的认知理解入手。对于社会舆论和宣传力量而言，通过中国诗词大会、中国成语大会等形式创新的载体，能促使大学生在认知理解的基础上，逐步增进对中国传统文化的认同感。更进一步来讲，要给予一部分大学生创造传播我国优秀传统文化和社会主义先进文化的平台和机遇，利用大学生思维活跃、勇于创新的特质，着力打造中国文化新品牌。

培育大学生文化认同感不仅要把重心置于理解、接受和融入的过程，同时也要正视多元化潮流下的文化差异。文化差异需要从文化认同的角度去理解，而文化认同也需要包容各种群体的差异性。因此，在倡导大学生树立与主流价值体系相一致的价值选择的过程中，需要引导大学生以理性、客观、全面的视角，既能从尊重包容的态度出发理解域外文化，也能站在批评和扬弃的立场上审视多元的文化特质和价值导向。因此引导当代大学生开阔视野，尊重文化多样性，致力于实现多元文化互相理解是逐步提升大学生社会性发展水平的有效途径。

三、充分发挥网络新媒体在传播正能量中的作用

习近平明确指出："我们要本着对社会负责、对人民负责的态度，依法加强网络空间治理，加强网络内容建设，做强网上正面宣传，培育积极健康、向上向善的网络文化，用社会主义核心价值观和人类优秀文明成果滋养人心、滋养社会，做到正能量充沛、主旋律高昂，为广大网民特别是青少年营造一个风清气正的网络空间。"①

当今，随着互联网技术的快速发展和移动互联网设备的普及，新媒体文

① 习近平：《在网络安全和信息化工作座谈会上的讲话》，人民出版社，2016年，第9页。

化传播方式已经成为影响大学生社会性发展的重要领域。新媒体已深深根植于社会、经济、政治、文化和生活等各个方面，从多个层面深刻影响着社会的发展。同时，新媒体促进了信息传递的速度，新媒体的迅猛发展对大学生的生活和学习潜移默化地产生了一定的影响。为适应新媒体时代所带来的变化，思想政治教育必须认识新媒体发展趋势、不断拓展创新，并深入结合新时期思想政治教育的新要求，以人为本，夯实新媒体背景下思想政治教育的根基，只有这样才能紧跟时代潮流，在日新月异的今天，把握思想政治教育的先机。

与此同时，很多学者针对互联网时代新媒体传播的特点，开展了一系列研究，纪海英[①]、崔丽娟[②]研究了网络对青少年社会性发展的影响，发现网络成瘾学生与非成瘾学生在社会交往方面有显著差异，在生活事件、网络使用、社会支持、攻击性、无序感、自我和谐等多方面均存在显著差异。他们认为网络沟通的隐匿性、可利用性与沟通内容的可加工性影响青少年自我展现与自我表露的可控性，从而影响青少年的社会性发展。同时，互联网会诱导大学生产生孤独、抑郁的情绪，而对互联网依赖显著影响了大学生主观幸福感与社会疏离感。

在思想政治视阈下，建设健康和谐的新媒体精神家园，可以充分利用新媒体传播的时效性，宣扬社会中的正能量。通过虚拟网络空间与现实实践相融合的优势，在融合中积极发挥网络精神家园对大学生社会性发展的指导作用。要创建新媒体精神家园，必须与当代大学生紧密契合，从实际出发，以调研为基础，客观反映大学生学习、生活的实际情况，在加强思想引领的同时要适当地给予大学生应对学习生活困境的建议，从而保障新媒体精神家

---

① 纪海英：《网络沟通对青少年社会性发展的影响》，《南京师大学报（社会科学版）》，2012 年第 2 期。

② 崔丽娟等：《网络成瘾对青少年的社会性发展影响研究》，《心理科学》，2006 年第 1 期。

园来自大学生，依靠大学生，而并非独立的、不能有效地反馈实际需求和指导现实行动。

当前网络环境下，尚未健全完善的网络监督制度是导致大学生频繁发生网络不文明行为的重要因素之一。因此，制定强有力的监督制度是保证大学生健康使用网络，获取有价值信息，并实现素质教育的重要保障。通过健全网络传播，特别是新媒体传播的检查监督制度，建立信息监督制度等方式，对各类传播路径上五花八门、鱼龙混杂的信息进行必要的监控和过滤，能有效维护媒体传播领域，特别是新媒体传播领域的绿色纯净，为大学生社会性发展提供一个良好的外部环境和积极向上的社会氛围。在互联网特别是移动互联网引发社会变革的今天，思想政治教育工作者必须了解互联网，了解互联网中的大学生群体，从而针对当代大学生的特殊属性，从大学生社会性发展的社会性情绪与情感、社会规范认知能力、自我认识与意识等方面进一步客观评价大学生社会性发展水平，才能有效地做好思维引领，优化外部环境。

四、努力营造向上向善的社会风气

社会风气是指在某种社会心理的驱动下或某种价值取向的引导下，表现出的一种普遍流行的社会行为，是直接外化或体现社会意识的客观活动，是社会历史态势的指标。大学生社会性发展是一个外部环境激励与大学生内部自省相结合的过程。在外部环境中，社会风气将直接成为影响大学生树立社会价值观的要素。当今中国，受多元化文化因素的影响，处于社会转型期的我们面临“拜金主义”“贪图享乐”“急功近利”等不良风气的冲击，在这样的背景下，只有引发全社会的关注，结合舆论宣传的力量，不断积极探索，才能为大学生社会性发展营造一个良好的社会氛围，使大学生在自我意识建立的过程中,在社会环境中汲取正能量。

良好的社会风气能够为大学生构建更好的社会支持格局。从社会行为性质来讲,社会支持定义为一种能够长期促进、帮助、扶持特定群体的行为或过程。良好的社会风气首先为全面构建大学生社会支持格局奠定了基础。而全面系统搭建大学生社会支持格局不仅能凝聚社会共识，形成多方面合力,还能优化促进大学生社会性发展的各个方面的资源配置,更是开拓促进大学生身心全面健康发展新途径的有力手段。从不断拓展大学生社会支持度方面入手研究大学生社会性发展水平，能更加清晰地认识到对大学生支持力度不足的方面,例如家庭教育的缺失、高校思想引领的不足等,从而抓住制约大学生社会性发展的要点。在挖掘促进大学生社会性发展途径的过程中,做到有的放矢,有所侧重,责权明确。因此,良好的社会风气处在构建良性发展社会支持格局的中心地位,社会各方面要凝聚力量、抓住重点、把握中心,有效推动大学生思想政治教育不断改革创新,始终站在时代发展的浪潮上。

营造良好的社会风气,弘扬社会正能量是关键。正能量源自良好的社会风气,又能反馈于社会风气。从榜样人物、英雄事迹中,广大人民群众,特别是具有一定理想主义色彩的大学生能够感受到精神的激励。倡导符合社会主流文化的价值观是培育大学生公民意识的重要手段之一。

第二节　发挥高校教育在促进大学生社会性发展中的积极作用

学校要把德育放在更加重要的位置,全面加强校风、师德建设,坚持教书育人。让学生都能得到倾心关爱和真诚帮助,让社会主义核心价值观的种子在学生心中生根发芽。[①]应当认识到,高校思想政治教育是影响大学生社会性发展最为重要的手段,发挥高校教育在促进大学生社会性发展中的积极作用,具有深远的现实意义。明确树立高校思想政治教育在社会性发展中的主体地位,要从优化高校教育氛围入手。具有良性引导作用的高校教育目标,积极活泼的校园活动,轻松包容的文化氛围是高校营造有利于提升大学生社会性发展水平的重要方法。当代高校要敢于追求独立与创新,优化高校教育氛围,为引导大学生树立积极进取的价值观奠定了基础。

从第四章的研究成果可以看出,第一,大学教育的目标性对大学生社会性发展具有显著的正向影响。其中,约束力过强的教育模式将会压抑学生个体主体意识的发展,不利于学生社会化以及个性特色的发展。反之,在全面发展的教育目标的指引下,教育目标只有充分联系实际,才能被学生广泛接受,从而助推大学生建立社会化所需的知识结构。第二,良好的人际关系对大学生社会性发展具有正向影响。其中,支持性的师生关系和同学关系是大学生人际关系发展的重要领域。在良好的师生关系,温暖的班集体生活的基础上,积极健康的人际关系能为学生社会性发展提供良好的心理背景和教育指导。第三,从大学生对高校思想政治教育氛围的反馈来看,社团活动参与度对大学生社会性发展具有正向影响,而户外拓展运动参与度对大学生社会性发展的影响不显著。大学校园中各类学生组织如学生会、社团等主办的课外活动具有鲜明特色,有助于培养学生的竞争意识和团队协作精神;大学生在活动中的参与度是衡量各类学生活动是否迎合学生需求的重要依据。

① 习近平:《从小积极培育和践行社会主义核心价值观》,《人民日报》,2014年5月31日。

一、将大学生社会性发展纳入高等学校教育目标

营造良好的高校教育氛围有利于高校结合社会现实需求、学校发展定位和学生个性化差异等条件，将学科发展、大学生社会性发展和科学研究衔接起来，确立适当的战略目标和规范制度，在人才培养上与科学研究有效融合，促进大学生人才培养实现长效、健康、可持续发展。

首先，确立高校教育目标，必须要坚持中国立场下的教育目标。国际化浪潮下的中国高校，必须紧密联系中国优秀传统文化与马克思主义先进文化，站在全局高度，理性客观地处理好教育目标国际化与本土化之间的关系。一方面，中国大学的转型跨越发展，需要不断开拓国际视野，从而借鉴、吸收西方先进思想和教育管理理念。过度强调本土化，甚至盲目地抵制国际化趋势，是一种新时代下的“闭关锁国”，必然会限制所培养大学生在学术视野、思想境界层面的发展水准。另一方面，我国高校要充分地认识到国际化过程带来的双重影响。在我国高校提升学术竞争力和创新能力的过程中，必须兼顾本民族优秀文化，引导大学生深入挖掘我国优秀传统文化的历史底蕴和创新价值。

其次，确立高校教育目标，必须构建学生自主学习模式。当下，社会经济发展迅猛，应当积极培养大学生的终身学习态度和终身学习理念。高校教师一方面应当开拓大学生的视野，增强大学生面对竞争的紧迫感，增强大学生自主学习的主观能动性；另一方面高校教师应当积极做好领路人，为大学生提供解决问题的方式或思路，提出可行性建议，而不是以往的填鸭式教学。与此同时，要充分利用信息化时代下的网络平台优势，搭建资源共享与学科互助平台，开拓大学生获取教育资源的多种渠道，提供培育大学生自主学习能力的有效途径。

最后，确立高校教育目标，必须坚持学生全面发展的目标。大学生全面发展的核心主要是能力的全面发展。人的全面发展不仅仅是能够从事物质生产活动，更重要的是从事科学、艺术、管理等社会活动。全面发展不仅仅有着理工科的技术发展，更有着人文社科的精神发展，不同学校对于文理科的重视程度会限制大学生全面发展的力度。在育人为本、德育为先的理念指导下，大学生不仅仅要进行专业技能和文化知识的学习，更要学习在竞争和合作中如何正确处理竞争性和合作性的关系，如何解决人际问题，要将思想政治教育纳入高等教育的考核评价体系，更加突出思想政治教育对大学生社会性发展和综合素质提升的主渠道作用，不论是专业知识的教育还是思想政治教育，都应该加强对学生人文素质的提升，尤其是在理工科院校中，对于人文素质的提升应更加注重把握时代性和先进性，引导大学生主动增强自我修养，培养人文精神，夯实和丰富大学生教育和社会化过程中的全面性。

二、重视高校文化建设在大学生社会性发展的引导作用

高校文化建设是许多学者关注的要点问题。唐华生[①]认为大学文化建设在价值引导规范、情感激励凝聚、精神熏陶感染方面都具有巨大的作用，加强观念文化、精神文化、制度文化、物质文化建设都是推进大学生社会性发展的有效途径。美国的高校十分重视利用大学文化潜移默化地影响大学生社会性发展，教师充分尊重学生的个人想法和个性，学生的个性发展、创新意识是其大学录取的标准之一。以大学为主要载体，融汇主流价值观和社会主流文化，是大学文化的基本特质。基于此，大学文化既是社会文化、社会风气的一种反馈，又必须依据大学自身的客观发展规律和历史条件。概括来

① 唐华生：《大学文化建设与学生的社会性发展》，《北华大学学报（社会科学版）》，2004年第8期。

讲，高校文化是以高校长期教育办学的客观实践为基础，在历史的积淀、外部环境等因素的互相作用下，逐步发展形成的一种个性鲜明的社会文化形式。

首先，加强高校文化建设，要明确大学文化建设统领全局地位。大学文化建设是高校思想政治建设最为重要的内容之一。不仅要把大学文化建设纳入高校未来发展规划和工作日程中，更要将其作为中国高等学校“双一流”建设的核心要素，作为高校深化改革和促进新的发展动力的源泉之一。与此同时，高校应当通过有力的宣传工具，使高校文化建设深入每一位大学生心中，促使他们在积极维护高校校园文化的基础上，将校园文化所崇尚的精神特质内化为个人人格特征，从而助推大学生社会性发展。

其次，加强高校文化建设，要不断加强大学的思想建设。思想认知水平决定着大学文化建设的高度，大学文化道德体现了大学文化建设的质量。学术大师辈出的大学必然有浓厚的学术思想氛围，有思想的大学能潜移默化地提升大学生思想认知水平。目前，社会主流对大学的各种评价、各种排名，往往只是大学办学规模和数字化科研水平的综合，缺乏关于大学人文主义精神关怀的排名。高校应当树立大师典范，挖掘学术大师孜孜以求的科研精神，为大学生树立榜样，从而营造良好的校园文化氛围。

最后，加强高校文化建设，将“通识教育”和“素质教育”紧密结合。在高校教育中，应当不断追求人文关怀、科研能力和创新能力的统一；坚持教育中知识体系、能力水平和素质发展的协调一致；人文理念教育、科学能力培养、实践技能训练的协调统一以及教育学生树立做研究、处事与为人在精神层面的协调一致。

在这样的现实要求下，高校应当不断加大教育改革力度，使中国的大学在多元文化浪潮中，逐步形成基于中国传统文化精髓之上的与马克思主义先进文化相结合的现代大学文化精神。与此同时，要培育大学生在开放包容的环境氛围下，运用马克思主义哲学观理性看待历史，客观看待世界，增强民族自信心、文化认同感和历史责任感。在这一过程中，要坚持事物发展的客观规律，认清发展方向，落实具体举措，汲取先进国家的经验教训，走中国特色的发展道路，从而培养社会性发展水平较高、综合素质较高的人才，使中国大学文化建设成为我国高校的特色品牌。

三、改革教育方式以提高大学生对高校教育的认可度

高校教学、育人体系处于高校教育的核心地位，这就意味着高校教育的所有活动都必须服务于高校教学与育人的根本目标。大学生的首要职责是学习先进的科学文化知识，与时俱进改革高校的教育方式是大学生提升专业素养的有力保障。坚持改革和完善高校教育方式，要统筹兼顾课堂教学与第二课堂，促进两者之间的协调发展。

新加坡作为世界上政治稳定、经济高度发达的国家，其高校人才培养方式紧密结合大学生社会性发展这一目标，取得了一定的成就。新加坡高校创立融汇中西方价值观的教育发展理念，不断创新其精神内涵，始终把握青年人发展动向，结合大学生社会性发展目标的内在需求，紧紧把握大学生社会性发展趋势，特别注重创新教育教学方法技巧。遵循由表及里、循序渐进的理念，建构了一套有利于本国大学生发展的体系，以达到提升大学生道德修养和社会性发展水平的目的。

（一）课堂教学是大学生获取知识的主要渠道

课堂教育以人才培养方案为蓝本，实现教学计划规定内的系统性必修与选修课程。科学理论、知识体系的教育是课堂教学的重心。它是一种以概括性、全面性地讲解本学科、本专业知识为教学核心，以知识体系的建设为中心的教学。课堂教学培养的是学生的思维能力、理解能力，强调的是对书

本知识、专业系统知识的学习理解和基本运用，更加注重塑造大学生对科学问题的敏感性及基础性的科研素养。在高校教育中，培养大学生掌握一定的专业基础知识是最根本的要求之一。洛里·西蒙[①]等人通过对参与服务课程的学生建立服务课程影响的评估体系展开了一系列研究。结果表明，参与社区服务公民参与度的分数越高，学生的学术研究、个人发展和人际关系发展越有利，也就是说，服务学习有助于学生课业学习以及其个人社会情感和社会性发展。

良好的课堂教学还应建立科学的学生评价体系。科学有效的学生评价体系能有效激发学生的求知欲望，刺激大学生进行探索，收获成就感。在对大学生提出更高要求的过程中，科学的学生评价体系能最高效地引导学生带着疑问和兴趣进行学习，更好地发挥学生的潜能。例如，将创新型大作业划入课程评分体系中，引导大学生以小组合作的形式，通过开题答辩、中期审核、成果展示等评价形式，能使大学生初步感受研究生阶段的学习过程。

（二）重点发挥第二课堂对课堂教学的延伸拓展作用，深入挖掘第二课堂在高校教育改革中的核心功效

从功能上来讲，第二课堂能够有效补充课堂教学的理论学习，同时也为当代大学生提供了实现知识需求以外的其他教育需求的机会。第二课堂是现代教育理念在新的社会发展形势下具有创新意义的教育途径。随着当代教育中高校逐步树立以人为本的教育理念，并通过多种渠道进行创新与实践，在高校教育体系中，第二课堂已经成为助推大学生综合素质全面发展的有效手段。

第二课堂活动内容丰富，主要包括体育活动、各类比赛、社会实践、学术

---

① Lori Simons, Beverly Cleary, The Influence of Service Learning on Students' Personal and Social Development, *College Teaching*, No.54(4), 2006, pp.307–319.

研究等各项活动，丰富多彩的第二课堂教育实践活动是课堂教学的有益补充和外延。在第二课堂教育活动中，学生可以相对自主、独立灵活地参加各种学习活动，做好时间规划。从助力学生克服传统单一课堂教学模式的局限性和片面性，到全方位培养学生由感知到认知、由感性到理性的学术认知能力的目标出发，高校第二课堂的开展为学生探讨课堂教学中所遇到的问题，并实现兴趣导向，自我主动地进行探究性学习提供了一个平台。

第二课堂活动具有三种属性：一是灵活多样的教学形式；二是以兴趣为主导；三是与实践紧密相关。结合大学生追求独立自主的特点，第二课堂给予大学生一定的自主空间，有利于发挥他们的学习主动性。与此同时，第二课堂提供了这样一个机会，使那些具有相同兴趣、爱好的学生，在学习的过程中可以进行一系列更深层次的探索和问题探讨。从这一层面上讲，第二课堂学习教学对大学生的主观能动性要求较高，同时，对指导大学生进行第二课堂教学的任课教师的专业素养也提出了较高的要求。

（三）着力发挥社会实践的积极作用

将中国传统教育思想与马克思主义先进文化相结合，重视实践与认知的关联作用。通过社会实践的方式了解社会、了解国情，能使大学生对课堂中传授的理论知识进行更好地消化吸收，增长才干、磨炼毅力，从而逐步增强社会责任感，培育奉献社会的品质。因此，高校必须建立相应的大学生社会实践保障体系，尊重客观事实的基本规律，积极探索社会实践的育人模式，从而让大学生成为综合掌握理论素养与实践能力的高素质人才，实现社会性发展。

（四）培育“三全育人”格局

“三全育人”即全员育人、全过程育人与全方位育人，是各大高校正在推行的育人模式，但是不同高校对于“三全育人”有着不同的理解和执行力度，这样就使大学生社会性发展的系统培训受到影响。高校的育人对象是在学校的每一个学生，高校的育人主体是全体教职员工，所有教师都具有育人职责。全员育人力度、全员参与度是三全育人的起点。高校辅导员是大学生进行思想政治教育的骨干力量，但实际上，部分高校辅导员、班主任事务性工作较多，无法专心对大学生进行思想政治教育，也就无法体现“三全育人”的优势所在。“三全育人”作用的发挥会影响大学生社会性发展的有效性。高校中所有教师都具有育人职责和育人功能，这一理念是根植于所有教师脑中并不断付诸实践的。“三全育人”格局，就是要协调好家庭、学校、社会之间的育人关系，并且经常开展互动，引导学生主动寻求家庭和社会的帮助，培养大学生良好的自我发展习惯。这样，既能做好大学生社会性发展工作，更能让大学生思想政治教育有生根发芽的土壤。各部分之间加强互动与合作、互通有无是“三全育人”的保障，不让彼此成为互相工作的掣肘。健全的“三全育人”格局是一个不断发展的大学生社会性培养系统。

四、建立良好人际关系以促进大学生社会性发展水平

许多学者从大学生人际关系角度开展研究，探讨良好的大学生人际关系对其社会性发展水平的促进作用。孙崇勇[①]认为大学生社会性发展迟滞的表现之一体现在人际关系紧张上，社会性发展迟滞的大学生在人际相处中存在人际交谈、交际交往、待人接物和异性交往四个方面的困扰。大学生人际关系主要包括师生关系、同学关系。在同学关系中，寝室关系因其在大学生人际关系中的特殊地位，受到了学者们的广泛关注。

① 孙崇勇：《师范类大学生人际关系行为困扰的调查研究》，《中国特殊教育》，2007 第 10 期。

引导大学生建立良好的人际关系，首先要发挥教师对学生的指导性作用。高校专业教师、辅导员老师首先应当充分尊重大学生的独立思想，在与大学生沟通交流的过程中，以平等的态度对待他们。应当认识到，大学生遇事容易冲动，情绪上也具有一定的不稳定性，高校教师要通过多种方式加强引导，促使大学生学会以客观理性的态度面对生活和学习上的压力。例如，高校班主任老师应当不定期召开班级例会，积极了解大学生心理动向，解答大学生在专业选择、就业方向等方面的困惑；必要时，对于一些学习落后的同学，要经常进行学业监督，走寝交流，让他们尽快走出心理困境，在尝试与进步中重塑学习的动力和信心。与此同时，在传授专业知识之余，高校教师应当对心理学知识进行简单的了解，从而在应对大学生突发性心理事件时能够有的放矢。

大学是独立精神的发源地之一，良好的集体意识也有助于大学生社会性发展。培育大学生集体意识，要重点加强大学生班级文化建设。班级文化建设的核心之一就是班级同学之间的人际关系。一方面，班主任老师及辅导员要充分了解各个班级学风建设情况，抓住学习这个大学生的根本任务，另一方面，基层团组织应当发挥在班集体文化、学风建设方面的积极作用，以比赛评比、资金援助的方式，营造大学生参与班集体活动的氛围。

促进同学关系发展的另一个重要层面是维护良好的寝室关系。维护良好的寝室关系的难点是室友可能来自不同的地区，在行为习惯、生活方式、教育背景等方面存在显著的差异。这些基础性的差异会引发室友之间在认知角度、处事风格层面的巨大差异。因此，应当引导大学生以包容、理解的态度看待问题，以换位思考的态度对待寝室其他同学。

五、挖掘社团活动在大学生社会性发展中的积极影响

学生社团本质上是非营利组织。我国学生社团旨在实现会员的共同目标和满足个人兴趣爱好的需求，是自愿成立并按照一定的章程开展活动的群众性学生组织。许峰调研了社团活动的类型对大学生社会性发展起到的不同作用。①夏勇子将社团活动对大学生的影响放在大学生个人发展的视角上，研究认为社团活动可以使大学生主动发现个人缺点和不良行为习惯，从而有利于其社会性发展。②他们都将社团活动作为推动大学生社会性发展的有力手段。

美国高校也非常重视学生社团在大学生社会性发展中的重要作用。学生社团一直是美国提高学生综合素养的教育途径，种类多样、管理专业、形式多元一直是美国高校学生社团的重要特征。美国高校学生社团深入大学生群体日常生活，据统计，平均每13个大学生就有一个社团组织。其中哈佛大学、耶鲁大学等知名学校更将大学生社团作为实现大学生“第二课堂”教育的重要推手，作为推动大学生社会性发展的重要途径。学生社团为学生个人能力得到充分的发展，更为全面地接触社会，更好地实现对社会角色的认同提供了平台和机会。美国高校充分利用社团活动深入挖掘学生多方面的潜力，努力实现课堂内科学文化学习和课外社会实践的紧密联系，强调“第二课堂”的育人作用。社团文化具有一种“第二课堂”的性质，对大学生社会性发展水平的提升作用是不可低估的。

进一步提高社团活动对大学生社会性发展的促进作用，要综合学生发展、导师素养和高校支持三方面，并注重挖掘高校支持的重要作用。从推动

① 许峰：《高校学生社团活动对大学生综合素质的影响》，《黑龙江教育学院学报》，2010年第3期。

② 夏勇子：《论高校社团文化的思想政治教育功能》，《湖北交通职业技术学院》，2012年第3期。

学生群体、指导教师、高校支持三方面相辅相成的发展角度入手，才能利用社团活动积极引导当代大学生逐步掌握基本的社会职业技能和社会交往准则，并客观地看待社会分工。

一是提高大学生自觉参与学生社团的意识，“走出寝室，走出网络，走向操场”，积极引导大学生意识到提高自身社会性发展水平的必要性，并将这种内在意识转化为现实行动和行为习惯，积极在形式多样的社团活动中开阔眼界，增长才干。

二是建立社团指导教师队伍建设体系，强调指导教师责任意识、大局意识和方向意识，加强学生社团顶层建设，搭建更为广阔的社团活动平台。指导老师的核心任务是推动大学生政治观念、行为准则的确立，在促进大学生群体强化沟通弱化差异的同时，营造社团积极、团结、进取的氛围。

三是加大对社团各方面发展的支持力度，学校必须认识到为大学生创造良好的社团活动氛围对促进大学生社会性发展的重要作用。首先，必须加强马克思主义的指导地位，科学处理社团发展中的各项问题，创新社团运营机制。其次，高校应当软件与硬件两手齐抓，在时间、经费、场地等多方面为社团争取资源。从根本上讲，必须将倡导大学生积极向上的人生观和价值观作为第一目标，从确保社团活动顺利开展、推动社团活动科学化的规划管理两方面来推动高校社团长效发展，使大学生社会性发展水平得到有效提升。

纸上谈兵是高校思想政治教育的大忌。坚持以人为本的思想政治工作出发点和落脚点，不仅要始终贯彻大学生在高校思想政治教育中的主体地位，更要从大学生对高校思想政治教育的反馈入手，积极寻求思想政治工作中的缺陷和不足。广泛听取大学生的建议和心声，深入挖掘高校思想政治教育层面的主要矛盾，并运用马克思主义矛盾论的主要观点分析问题，是探寻大学生社会性发展新契机的重要渠道。

相比家庭教育和社会引导，教育氛围是高校教育在大学生社会性发展领域的重要优势。大学校园中轻松包容的气氛是大学生心智成熟以及社会技能培养的有机沃土。在此基础上，深入挖掘高校课堂教育体系的核心地位，引导大学生在处理好人际关系的过程中保持自尊自信，学会沟通交流，是大学生社会性发展水平不断提升的必由之路。

第三节　打牢家庭教育
在促进大学生社会性发展中的基础地位

2015 年 2 月 17 日，习近平在春节团拜会的讲话中讲道："不论时代发生多大变化，不论生活格局发生多大变化，我们都要重视家庭建设，注重家庭、注重家教、注重家风，紧密结合培育和弘扬社会主义核心价值观，发扬光大中华民族传统家庭美德，促进家庭和睦，促进亲人相亲相爱，促进下一代健康成长。"[①]习近平的讲话深刻地阐明了家庭这一基本单元，在国家发展、民族进步、社会和谐中具有极其特殊的重要性，也明确地指出了家庭教育对于培育和弘扬社会主义核心价值观，发扬光大中华民族传统家庭美德的特殊重要性，为把培育和弘扬社会主义核心价值观融入家庭教育指明了方向，为我们进一步明确认识家庭教育的重要地位指明了方向。习近平还指出：家庭教育涉及很多方面，但最重要的是品德的教育，是如何做人的教育。作为父母应该把美好的道德观念从小就传递给孩子，引导他们有做人的气节和骨气，长大后成为对国家和人民有用的人。

大学生家庭教育作为大学生所受教育的重要组成部分，对思想政治教育既有重要的补充和强化作用，同时也有一定的弱化和消解作用。父母的言

① 习近平：《在 2015 年春节团拜会上的讲话》，新华网，2015 年 2 月 17 日。

传身教和耳濡目染，对个体思想品质以及价值观的形成起着基础性的定型化作用。因此,从家庭教育维度出发,探索提高我国大学生社会性发展水平的路径,对相关领域的研究,具有重要的借鉴意义。

第四章的研究结果表明,当代大学生如果处于亲子关系更为亲密、教育期望值合理、教育目标全面客观的家庭中,在其大学阶段的成长过程中,就能较好地表现自我,在社会交往中往往处于优势位置。因此,抓住亲子关系的核心位置,将形成融洽、亲密的亲子关系的目标统一于教养方式、教育期望、教育目标三个维度,从而形成良好的家庭教育氛围,能更为全面地引导大学生高效地实现社会性发展目标。主动把握家庭教育的核心和主线,对打牢家庭教育在促进大学生社会性发展中的基础地位具有重要的指导意义和现实价值。

一、建立良好的家庭亲子关系

首先,亲子关系是家庭教育的核心因素。从亲子关系层面,家庭教育的实质是父母与子女通过各种方式互动交流的全过程，这一过程中首先需要父母做到尊重信任子女。父母给予子女持续性的肯定和褒奖,能促使个体在成长发育的过程中更加自信,以更为积极进取的态度参与到学习竞争、校园生活的方方面面,为个体在人际互动、自我认知、社会角色等方面的社会性发展奠定基础。

其次,良好的亲子关系有助于形成尊重、理解、包容、平等的家庭氛围。如果将家庭教育与一般性的化学反应进行类比，大学生社会性发展水平的提升是这一“化学反应”的主要产物,子女的个人反思、自我意识与父母的教育作为“反应物”只有在一定的条件下才能进行“分子有效碰撞”,从而实现这一化学反应。亲子关系是联系子女自我意识与父母教育的纽带,是自我意识与家庭教育互相促进过程中实现个体社会性发展最为重要的“反应条件”。良好亲子关系带来家庭教育中的尊重、理解、包容、平等等因素，可以较好地类比化学反应中的“催化剂”。如果家庭教育中缺失尊重、理解、包容、平等等因素，子女自我意识与家庭教育相辅相成作用下的个体社会性发展将会变得极为缓慢，甚至致使当代大学生长期处于社会性发展水平较低的阶段，对其个人成长发育产生一定的制约。

最后，在良好亲子关系形成的过程中，也需要子女认同并理解父母的教育。如果子女能够在家庭教育中与父母保持良好的沟通，并对父母的教育管理做出积极的反馈，从而在家庭教育中产生促进亲子关系向更为友好融洽方向发展的“良性因子”，不仅有利于构建新时代亲密的家庭氛围，更有助于“良性因子”进一步放大家庭教育对青少年特别是大学生社会性发展的积极影响，从而助推高校思想政治教育引领当代大学生树立符合中国特色社会主义核心价值观的世界观和人生观。

因此，在家庭教育中应当始终把亲子关系放在核心位置上。家庭教育的其他各个方面应当紧密围绕亲子关系这一中心，并将教养方式、教育期望、教育目标三个层次的最终目的与构建良好的亲子关系相统一，在家庭教育的过程中，以不毁灭性破坏亲子关系为底线，关注亲子关系的发展，努力弥补亲子关系上的不足，逐步优化家庭教育方式方法。家长应当积极挖掘并不断发挥融洽的亲子关系对家庭教育各个层面的“催化作用”，从而为大学生社会性情绪与情感的成熟打好情感教育的基础，在良好的情感教育基础上，当代大学生更容易适应社会，建立正确的社会规范认知，树立积极的社会价值观。

二、避免错误的家庭教养方式

许多学者的实证研究说明，教养方式是父母对子女控制程度的体现之一，在某种意义上，教养方式反映出亲子关系在家长主导下通过亲情培养、教育指导等具体方式与子女在日常生活中互相作用的一个侧面。美国心理学家戴安娜·鲍姆林德[①]是研究家庭教养方式领域的集大成者。她认为，从父母对儿童的要求和控制程度进行划分，若家长处于容许端，则对子女放任宽容，家庭教育频率较低；如果家长处于控制端，对子女有一定的约束和要求，在子女成长发育的过程中，则会为其制定较高的标准。根据鲍姆林德的理论系统，综合情感维度与控制维度的相关因素，可以形成权威型（接受+控制）、专断型（拒绝+控制）、放任型（接受+容许）和忽视型（拒绝+容许）四种主流的教养方式。

如果父母采取放任型的教养方式，一定程度上，大学生因为获得自由成长空间，自适应情况较好，在社会化情绪与情感方面，能较快地从消极情绪中抽离出来，具有一定的优势。但大学生正处于社会化发展的重要阶段，在自我意识认知、社会规范认识方面仍存在很多不足，缺失家庭教育的引导，将会为大学生社会化发展埋下隐患。父母采取专制型教养方式下的青少年，在其性格养成与认知确立的过程中，父母的参与支持较少，而强加干涉和消极控制最多。父母过多的行为和心理控制会产生一系列不利影响，在将子女隔离于外界风险的同时，也限制了其在社会交往方面获得社会性发展的机会，致使他们社会能力不能得到充分发展。

在教养方式中，家长首先要明确自己的主导作用，从平衡亲子关系中情

---

① 转引自宋大成：《耦合点：儿童社会化的家庭因素和社会因素》，《教学与管理》，2009 年第 9 期。

感维度与控制维度的角度，审视在营造家庭教育氛围、保持子女个人空间等方面的不足。其次，家长要以与子女的情感培养为主，在家庭教育的具体细节上，要给予子女一定的自由空间而又不过分放任子女的成长。在子女面临成长的困境时，通过情感维度的引导，促使子女自主审视个体行为，激发子女建立良性的归因风格。应当认识到，家庭教育是培育子女良性的归因风格的重要外部环境，在良好的家庭氛围下，子女能在家长的诱导下更坦然面对个人过失，理性认识自我，这也体现出家庭教育在思想政治教育中的重要地位。

三、树立理性客观的教育期望

有学者在研究中发现，教育期望对青少年特别是大学生的教育获得有非常强的作用。教育期望对父母的教育行为具有强化作用，并促使他们更关心子女的发展。但是教育期望发挥积极作用的前提是家长充分认识到子女的生理与智力条件，将家庭期望的建立与家庭经济条件相统一。

父母良好的教育期望通过融洽的亲子关系和符合主流文化的教养方式，将会高效地转化为子女的成就动机，并通过一系列的教育实践来增强子女的自信心。但是作为家长，必须认识到过高的期望会造成子女的心理压力，严重的话，会导致他们自卑，挫伤子女学习新事物的好奇心和动力。若是父母教育期望过高，超出子女承受的极限，会使孩子长期处于焦虑的情绪中，对个体成长发育的各个方面产生负面影响；但是过低的教育期望，可能浪费孩子的天赋，未能充分挖掘其潜力，使得他们的获得学习成就感的喜悦降低，使之未能得到完全的发展，将不利于当代大学生综合素质的提高，制约大学生社会性发展水平的提升。

当代大学生大部分时间处于高校教育环境中，与家庭、家长接触的时间比中学阶段大大减少。因此,要探索家庭教育在促进大学生社会发展的新契机,更要将重点放在可以持续性"左右"大学生心智发展,自我认识发展的要素上。从这一角度出发,在促进大学生社会性发展领域,长期性的教育期望引导具有先天优势,教育期望引导是一个循序渐进的过程,急功近利的说教只能流于形式,难以引发真正的心理认同。而通过家长以身作则的榜样行动,平等尊重的沟通交流以及家庭氛围对子女耳濡目染的熏陶作用,教育期望才能引发子女的个人教育期望,最终转化为大学生积极的个人追求。家长只有基于现实基础提出适当较高的教育期望,并在子女基础教育阶段通过一系列生动的教育实践与长期化的思想引导,才能化家庭教育为春风细雨,并以教育期望为媒介,将理想与奋斗,文化认同与人文底蕴融汇于教育期望中,真正实现家庭教育中亲子关系、教养方式、教育目标的密切联系。

四、明确全面发展的教育目标

教育目标即所培养的人才应达到的标准。在家庭教育中,应努力提升子女在认知领域、情感领域的发展水平,明确全面发展的教育目标。家庭教育目标的确立要紧密联系社会主流价值体系。社会主流价值体系对大学生社会性发展有着正向的影响,将家庭教育目标统一于社会主流价值体系,能进一步明确家庭教育内核,大学生在接受家庭教育潜移默化影响的同时,为其树立正确的人生观、价值观奠定了基础。

积极的家庭教育目标为家长培育具有现代化综合素质的大学生提供了道路和方向,明确辨析家庭教育各个方向的优势与不足,促使家长综合家庭教育的各个层面的优势,从而更好地弥补家庭教育的缺陷,逐步消除制约大学生社会性发展的消极因素。

此外,家庭教育目标不能独立于家庭教育期望与家庭教养方式。在关注子女成长过程中,应当将目光更多地集中在子女心理发育、价值选择偏向等方面,积极挖掘家庭教育对孩子的基础性作用,要在家庭教育的各个方面齐头并进,避免家庭教育某个方面差距较大而带来的木桶效应,在各个因素相辅相成的互相作用下提升大学生社会性发展水平。

第四节　重视学生个体在其社会性发展过程中的关键作用

在大学生社会性发展路径探析的过程中,要始终坚持以人为本,在思想政治视阈下,要充分尊重人的内在因素,调动人的主观能动性。大学生群体因其个人成长环境,成长背景的差异,不同大学生之间具有显著的差异性。学生个体之间的差异性,既保证了大学生群体的丰富多样,是大学生创新精神和创新意识的一种侧面体现。个人层面的思想政治教育应当紧抓大学生个体差异,对大学生个体之间归因风格差异、自我意识发展水平差异以及职业规划水平差异等问题做出理性分析,提出有效建议。从大学生社会性发展路径探析的视角审视学生个体内在因素,探讨在现今育人条件下,学生个体的差异化为其社会性发展带来的挑战。分析个体差异的作用方式和内在规律,可以引导大学生通过优化个人归因、培育自我意识等方式,逐步培育团队依恋情结,培养成熟的人际关系处理准则,从而形成健全的人格,在社会实践中及时做好职业规划,实现个人价值。

结合第四章的研究成果,积极的个人归因风格、良好的自我伦理观念、有利于促进自我意识发展的团队依恋对大学生社会性发展具有显著的促进作用。更进一步，不少学者研究了人格类型对大学生社会性发展的影响途径，唐纳伦[①]等人分析不同人格类型的个体在经历重大生活事件后的创伤程度，重点考察了人格类型对个体心理与行为的影响。

当代大学生有追求个性与独立的趋势，从学生个体层面探索促进其社会性发展的道路，首先应当认识到大学生群体中个体的差异。深入剖析大学生群体个体差异对其社会性发展的作用方式，能从根本上认识到在不同地域、不同年龄、不同水平的高校大学生之间社会性发展不平衡的原因。探索提升大学生社会性发展的路径，着重考量大学生团队依恋程度与社会交往能力发展水平，并对大学生职业认同与职业规划提出指导性的建议，具有重要的意义。

一、培育大学生积极的个人归因风格

归因被认为是个体在长期的归因过程中形成的一种认知风格。对大学生而言，归因认知过程往往存在很大的内在稳定性。结合第四章的研究结果，大学生社会性发展水平总体在性别、专业类别、独生与否都不存在显著差异。但本书发现，不同年级的大学生社会性发展水平存在差异。大学生通过行为或事件的结果，进行自我反思，是大学生实现社会性发展的重要方式之一。归因风格差异是大学生社会性发展差异在个人层面最主要的表现之一。良好的归因风格基于行为或事件结果，在相对客观的视角下，更为积极地在自身内部寻求经验教训，从而有利于个人在思维视角和行为方式上的提升。应当注意，不同大学生归因风格之间的差异表现在归因是否稳定，是否具有特殊性，是本性的还是情境的。

从归因风格的定义来看，它是大学生社会性发展中外部环境和内部自

---

① Donnellan M.B.,& Robins R. W.,Resilient,overcontrolled,and undercontrolled personality types: Issues and controversies,*Social and Personality Psychology Compass*,No.4(11),2010,pp.1070-1083.

省的联系纽带。一方面,不同大学生的受教育背景、成长环境差异较大,在外部成长环境持续性的影响下和受教育背景的引导下，其个人归因风格可能会形成极大的偏差。另一方面,归因风格与大学生内部自省以及自我意识、人格特质的形成紧密关联，良好的归因风格可以促进大学生自我意识的确立、人格特质的形成。

树立良好的归因风格,首先,要从主流文化中汲取养分,价值观的偏差会诱发不良的归因,例如考试失败的怨天尤人、经营失败的报复社会等极端行为。其次,社会应当从外部环境、教育氛围和人格引导三个方面倡导理性客观的归因风格,将理论与实际相结合,促使大学生从良好的归因角度出发面对生活的挑战。最后,良好的归因风格并不是指一味地将事件的发生都归因于内在的、自身的、稳定的原因。在归因中,不宜妄自菲薄,更要坚决避免在失败打击下忽视外界因素,非理性地将原因归结为个人能力不足,从而产生持续性沮丧、自卑等情绪。

二、提升大学生自我意识发展水平

在日常生活经验的基础上，当代大学生自我意识中已有一些基于感性的独立意识性的观察、分析、解决问题的能力。他们往往更愿意站在自身的思维层次去看待社会并解释问题,不愿受他人粗暴蛮横的干涉。大学生处于自我评价趋于成熟的阶段,并意识到自己在社会中应当承担一定的角色,履行一定的义务。

从本质上讲，接受社会影响并将这种影响内化为自身素质的一部分是大学生提高和完善自我意识水平的根本路径。因此,大学生自身是决定其自我意识发展水平与社会性发展水平的关键要素。在这个过程中,大学生所受社会影响的内容、方式以及受教育背景等都会以直接或间接的方式影响到大学生的自我意识是否可以在矛盾运动中顺利整合。当代大学生可以通过正确地认识自我、积极地悦纳自我、有效地自我调控等方式促进自我意识的发展。其中,调动主观能动性定向改造自我的过程,即自我调控是大学生健全自我意识和完善自我的根本途径。

与此同时,大学生要培养良好的自我意识还可以在与人交往中,强化自身的合作意识,正确处理竞争关系,在与同辈人群的交流中了解自我、认识自我。当代大学生自我意识中普遍存在的理智与情感、理想与现实、强烈的青春个性意识与社会规范的普遍要求之间的矛盾，这就要求在提高大学生自我管理意识,推动素质教育健康发展的道路上开拓新的渠道。

综合上述观点,大学生需要时刻站在理性客观的位置上,审视自身的外部氛围,并将所接受的教育理念同社会主流认知体系进行全面复杂的比较。只有全面审视个体微观环境中的优劣得失,学会利用外部环境条件,根据实际情况进行自我规划,才能强化大学生自我意识,最终提升个人社会性发展水平。

三、促进大学生形成团队依恋情绪

团队依恋是指团体之间在情感上存在的一种相互影响、相互依赖的心理状态。大学里存在班级、社团、学生会等各种团体,都或多或少影响着大学生的社会性发展。许多学者将团队依恋放在思想政治视阈下进行研究。比如,洪艳萍①等人利用团队依恋量表的方式,研究了大学生团队依恋对班级凝聚力的影响。韦耀阳②则提出团队依恋能从大学生心理健康发展水平、公

① 洪艳萍、蒋霞霞、周兴高:《大学生团队依恋、人际关系以及班级凝聚力的关系》,《中国健康心理学杂志》,2013 年第 6 期。

② 韦耀阳:《团队依恋对大学生社会性发展的影响和启示》,《吉林工商学院学报》,2013 年第 1 期。

民素养、社会实践能力等角度提升大学生社会性发展水平的论点。

首先,大学生团队依恋情绪与大学生心理状态紧密联系。团队依恋与大学生心理状态相辅相成,互为作用。在大学生正常的心理状态下,天然的期待与志趣相投的同龄人分享经验与感悟的心态，这样的心态能催生出团队依恋的情绪;另一方面,良好的团队依恋情绪能使大学生心理状态长期保持在一个适当水平,有利于大学生心理健康发展。

其次,大学生团队依恋情绪能反映大学生团队意识的发展水平。良好的团队合作意识是大学生社会性发展水平较高的体现之一。良好的团队依恋情绪能促进大学生在团体活动中更好地相互理解,弱化矛盾。从思想政治教育视角来看,团队依恋是反映大学生心理状态,社会情绪发展水平的重要指标之一,也是培育大学生团队合作意识的重要因素。因此,思想政治教育工作者应当采取必要的手段,及时了解并掌握大学生群体团队依恋发展水平,并通过有效的方式方法与大学生进行沟通，对其思维认知和行为习惯进行引导与纠正。从而促进大学生逐步形成团队依恋的情绪,助推大学生社会性发展水平的提升。

四、引导大学生遵守社会交往准则

大学生社会交往技能和准则主要来源于实践，但不能忽视大学生自身反思、环境因素以及外力引导的作用。如果将大学生成熟的社会交往技能和准则作为社会化发展的“果实”,则社会交往的实践是支撑“果实”的枝干,环境因素是重要的“土壤”,外力引导扮演着“花粉传授”这一催化作用,大学生自身反思如同汲取养分的内部通道。因此,思想政治教育工作者应当认识到大学生社会交往技能和准则的逐步成熟是多方面因素共同作用的结果。

成熟的社会交往准则往往包括以下几方面:表达能力:能否有效地沟通,

能否通过礼貌适当的形式表达自我的内在需求;情境认知能力:在不同的社交情境中,要求掌握一定的社交礼仪;互相尊重,自尊自信;社会规范认知能力,了解并遵守社会交往的行为规范。

毫无疑问,在评价大学生社会化发展水平的过程中,大学生是否具有成熟的社会交往技能和准则是最为重要的指标之一。大学生形成较为成熟的社会交往技能和准则能促使大学生在社会交往的过程中更好地认识自我,认清自己的优势和不足。与此同时,大学生的一些情绪情感问题,例如失恋、家庭重大变故等,往往与大学生不够成熟的社会交往准则紧密关联,因此成熟的社交准则有利于大学生成功处理心理困惑,避免恶性事件的发生,以积极阳光的心态面对学习生活,从而实现全面发展。

从思想政治教育的视角来看,不能忽视大学生的主体地位,在确保大学生人身财产安全的前提下,应当充分调动大学生在社交方面的主观能动性。要做到引导大学生培养成熟的社会交往准则必须建立在充分认识大学生个体差异的基础上,因材施教,营造良好的社会交往环境,积极创造社会交往机会,从高校校园、社会实践、社区挂职等多个方面入手,开拓大学生社会性发展的新局面。

五、加强大学生就业指导及引导

随着社会的发展, 大学生对于美好生活的不断追求和对自身的未来规划也提出更高要求,就业是大学生走向社会的起点,是融入社会的方式,也是由学习劳动向就业劳动的角色转换。促进大学生社会性发展就是要引导大学生积极就业,合理就业。研究新时代背景下大学生就业引导策略,帮助大学生树立正确的就业价值取向,有助于促进大学生社会性发展。

(一)引导大学生把准政治方向

第一,教育引导大学生响应国家号召。习近平总书记在天津考察工作时讲道:当代大学生要志存高远、脚踏实地,转变择业观念,坚持从实际出发,勇于到基层一线和艰苦地方去,把人生的路一步步走稳走实,善于在平凡岗位上创造不平凡的业绩。同时,习近平总书记多次强调青年一代是国家的前途、民族的希望,大学生是青年一代的优秀成员,这就要求大学生应该做到将自身的利益追求与祖国的利益紧密结合,将国家与社会利益放在首位,明晰自身的发展进步是为了祖国的繁荣,自身的价值追求,应该为实现伟大复兴的中国梦增添力量。

第二,教育引导大学生适应社会需求。大学生在进行职业选择时,不能仅仅满足于自身的短期利益追求而置国家社会的大局观于不顾,应该看到社会的不断进步要求大学生做到将自身的职业追求与社会的发展相关联。大学生虽然以个体存在,一个人的力量不足以影响社会风气,但是将视野放大于整体中,大学生的集体力量足以支撑整个社会的需求。在对大学生进行就业教育引导时,应该注重将个体置于整体中,从大局观的角度进行分析,引导大学生将社会效益放在首位,将自身的价值与潜力充分发挥到社会主义建设中。

第三,教育引导大学生紧跟时代步伐。大学生在进行职业选择时,不仅要响应国家号召、适应社会需求,还应该考虑到与时代同行。中国特色社会主义进入新时代,站在新的历史起点上,时代的发展需要新鲜血液的注入,大学生作为与时代共同成长的新一代青年应该将自身的发展与时代的进步紧密结合,教育引导大学生明晰自身在时代进步中的价值是必不可少的一环。与此同时,也应该将民族精神与时代精神相关联,在进行民族精神教育的同时进行时代精神教育,紧跟时代步伐。在新时代的历史条件下,摆正大学生就业观，在爱党爱国爱社会主义的前提下，在满足社会需要与时代进步需求的同时，将自身价值发挥到最大。

（二）引导大学生端正就业态度

第一，帮助大学生重视就业问题。在职业规划过程中，及时为学生提供建议和支持，引导学生对自身进行合理的定位，要从长远发展考虑问题，充分认识自身的条件，抓紧就业机会，消除“慢就业”“不就业”的消极态度。加强大学生就业心理问题的关注和应对，帮助学生完成职业理想。

第二，宣传相关就业政策。学校可以通过班会、沙龙等形式对政策进行宣传，指导大学生从国家、民族、个人多角度认识就业的意义，并通过演讲、辩论、小班讨论等形式，确保相关政策发挥实效。提倡大学生发扬艰苦奋斗，敬业奉献的精神。

第三，强化家庭的引导功能。积极与学生家长联系，通过家长的言传身教，引导子女树立积极向上的就业观，注意对子女责任意识、独立意识、吃苦耐劳精神的培养，营造轻松愉快的家庭氛围，鼓励子女理性选择职业，实现职业理想。

第四，加强思想政治教育的作用。要改变以往就业指导过程中工作对象重点是即将毕业的学生这种情况，将就业指导贯穿学生在学期间的全程。要改变传统观念，结合思政工作的内容及内涵，发挥思想引领的作用，以理想信念教育和核心价值观教育为核心，构建全面系统的指导体系。

（三）提升大学生职业认同

第一，把握新时代大学生的特性。首先，学校要通过多种方式与学生建立有效沟通，了解其对专业的满意度与适应度，获知其对自身成长的想法，在职业能力、性格特质、职业心理测评等，通过不同层面的反馈、测评与分析,充分了解大学生的情况,剖析大学生就业优势和劣势。其次,通过建立学生个人信息档案,收集个人兴趣、爱好专长、发展意愿等内容,做好学生的供求分析。最后,将学生大学阶段的成长轨迹予以记录载档,为他们提供科学清晰的职业规划,并为就业单位人才的匹配度提供翔实有针对性的参考依据。

第二,兼顾好不同阶段大学生的成长需求。绝大多数大学生在就业之初都会具备强烈的事业心和进取心,所以在制定职业生涯规划时,务必深入分析学生在不同发展时期的成长规律与成长需求,为大学生提供更多实践、培训、深造的机会。与此同时,建立起系统完善的专业竞赛和评奖评优体系,使学生在成长的过程中看到希望,获得认同,激励其不断成长。

第三,创新实践载体,满足新时代大学生的职业获得感。正所谓"干一行,爱一行,精一行",这说明一个人的职业情感能对他的事业有帮助、有贡献。充满热情的工作就是一种具有向上力的职业认同感,职业认同感是一种从职业中获得幸福的表现,同时也说明一种积极向上、充满热情的奋斗精神对职业认同是很有帮助的。在高速发展的新时代,拘泥于传统的课堂教学是远远不能满足高校大学生职业认同的,或者说只有知识的传授是远远不够的,所以学校必须立足新时代,从大学生的角度开展有关实习实践的活动,使高校学生在不同层面的情境实践中运用专业知识了解到本专业。同时,高校应发挥自身优势,增强校企交流,发挥校友优势,增强深度交流与合作,增强高校大学生的职业认同感。

(四)提高大学生就业能力

第一,从知识获取与转化中提升就业技能。就业能力的提升需要由内在向外在的转化。学校应针对专业的实操性,设立一些实验课程,增加学生外在技能的转化。针对专业的思维性,设立一些创新型课程,增加学生创新思维的转化。针对专业未来应用,设立就业指导环节,让学生从专业的领域了解就业形势，掌握就业本领，深化对专业知识的获取与转化，从而提升高校大学生的就业能力。除此之外，高校还应该丰富选修课与第二课堂的内容及设计，使学生开阔视野。

第二，在实践锻炼中提升就业技能。开展有效的实践是大学生职业规划的核心内容和关键所在，它直接关系到职业生涯中的获得感。高校要顺应时代发展需求，制定具有针对性的实践机制，实现实践内容顺应时代发展要求。高校要创新实践方式方法，整合校内外资源，完善实践评估体系，将过去单一的实践育人模式改造成引导性、渗透性和成长性相结合的实践育人模式。要针对专业发展的需要，建立拔尖创新人才孵化机制，构建“三全育人”中实践育人培养方案，完善科研实践、创新实践、社会实践、教学实践等环节，完善全员、全方位、全过程育人的资源整合，建立实践奖励机制，以提升学生的就业能力。

第七章　结论与展望

大学生正处在社会性发展的重要阶段，大学生的社会性发展在理解社会规范、适应社会要求、协调人际关系等过程中发挥着十分重要的作用。思想观念是产生行为活动的精神动力，思想政治教育的目的就是促使社会成员形成正确的思想观念、采取正确的行动，这是思想政治教育独特价值的表现，也是思想政治教育可以促进大学生社会性发展的根本原因。思想政治教育能够促进大学生成长为主动适应社会发展需求的合格社会成员和专门人才。本书以马克思人的全面发展理论为指导，将思想政治教育理论与社会性发展理论作为研究依据，把握大学生社会性发展特点，发挥思想政治教育的载体作用、育人作用、沟通作用和辐射作用，把促进大学生社会性发展作为加强和改进大学生思想政治教育的内容来加以阐释，为培养大学生的服务意识、奉献精神，提升大学生的人际交往能力，增强大学生对社会、他人和自我的认识提供了一定的参考。

第一节　研究结论

根据研究的目的和主要内容，按照研究的规范和技术要求，本书对思想政治教育视阈下大学生社会性发展问题进行了探索，可以梳理出以下几方面的结论。

第一，大学生社会性发展的内涵是大学生在人际交往和社会互动中掌握社会规范、形成社会技能、学习社会角色、控制自身行为、协调人际关系、形成符合社会发展方向的价值观、传承主流文化，成为主动适应社会发展要求的合格社会成员和专门人才的过程。大学生社会性发展复杂且抽象，大学生社会性发展评价对于掌握大学生社会性发展过程中的特点十分必要。在理论梳理基础上，本书构建了包括自我意识与自我认知、社会性情绪与情感、社会规范认知与能力、社会价值观、人际互动行为与能力、社会行为与能力6个维度的大学生社会性发展评价体系。6个维度是分别从大学生社会性发展的内在目标和外在目标两个方面对大学生社会性发展进行阐释，明确了大学生社会性发展的内涵，并能进一步转化为操作性指标，使大学生社会性发展评价更为客观。

第二，根据大学生社会性发展评价指标体系的6个维度，进一步确定了评价大学生社会性发展的30个指标，对本书样本的调查分析显示，目前大学生社会性发展总体处于中等水平。运用专家访谈及梳理文献，根据大学生社会性发展指标体系的30个具体指标，制定大学生社会性发展状况评价调查问卷的具体结构，编制大学生社会性发展状况调查问卷，并进行信度和效度的检验，形成正式的问卷。结果表明，当代大学生社会性发展水平整体处于中等水平，大学生自我意识与自我认知、社会性情绪与情感、社会行为与能力 3 个维度有所迟滞，社会规范认知与能力、社会价值观及人际互动行为与能力 3 个维度发展良好。

第三，大学生社会性发展是大学生个体在社会环境、学校环境、家庭环境的人际交往和社会互动中，通过自身努力和外界环境的辅助逐渐实现的，这一过程受到多种因素影响。本书编制了大学生社会性发展影响因素调查问卷并进行实证分析，得到当代大学生社会性发展的影响因素共 20 个，可以归纳为社会、学校、家庭、个人 4 个方面。基于文献研究，提出大学生社会性发展影响因素 26 个基本假设。通过单因素方差分析和独立样本 t 检验方法，对影响大学生社会性发展水平的分类变量进行假设检验和结果分析。通过回归分析的方法，对影响大学生社会性发展水平的连续变量进行假设检验和结果分析。实证分析结果表明，大学生社会性发展主要影响因素有社会因素方面的新媒体、社会支持度、核心价值观教育；学校影响因素的学校氛围、教育目标、教育方式、师生关系、同学关系、社团活动、职业认同度；家庭因素方面的父母控制程度、亲子关系、父母教育期望、教育目标的全面性、教育行为与频率；个人因素方面的个人归因风格、社交技能的掌握、团队依恋、就读年级。

第四，本书从实证的角度验证了大学生社会性发展迟滞现象是存在的，并从大学生社会性发展影响因素角度阐述了当前社会背景下大学生社会性发展迟滞的主要原因。第三章的实证分析结果显示，大学生社会性发展的 6 个维度中，自我意识与自我认知、社会性情绪与情感、社会行为与能力这 3 个维度存在发展迟滞的现象。利用第四章实证研究分析的大学生社会性发展影响因素，阐释自我意识与自我认知迟滞原因主要是家庭教育方式偏激影响大学生的自尊心和自信心、自我控制能力差影响大学生行为及情绪的调控的能力、物质文明与精神文明发展不同步影响大学生归因风格、个性差异影响大学生自我认知能力、校园文化对大学生引导力不足。社会性情绪与情感维度迟滞的原因主要是不和谐的家庭氛围影响大学生情绪状态的稳定、错误的家庭示范影响大学生社会责任感的建立、政治社会化进程缓慢影响大学生亲社会能力的提升、新媒体的错误利用影响大学生移情能力的培养。社会行为与能力维度迟滞的原因主要是父母控制程度强影响大学生自我照料和独立解决问题的能力、角色定位偏差影响大学生社会适应能力和行为坚持的能力、社会竞争加剧影响大学生克服困难的能力、社会道德规范与社会现实冲突影响大学生两难情境中的选择。

第五,大学生社会性发展与社会影响、学校教育、家庭熏陶以及个体差异有着密切关系,是四个方面共同作用的结果,所以,本书从思想政治教育视阈出发,将思想政治教育与大学生社会性发展特点紧密结合,提出社会、学校、家庭、个人四位一体的大学生社会性发展教育引导路径。在大学生社会性发展教育引导过程中,一是搭建社会资源在促进大学生社会性发展中的有利平台,要发挥社会主义核心价值观的旗帜引领作用,培养强烈的文化认同和坚定的文化自信,充分发挥网络新媒体的作用,努力营造向上向善的社会风气。二是营造高校教育在促进大学生社会性发展中的积极氛围,要将大学生社会性发展纳入高等学校教育目标,重视大学文化和社团活动的作用,改革教育方式,帮助大学生建立良好的人际关系。三是要打牢家庭教育在促进大学生社会性发展中的基础地位,要建立良好的亲子关系,避免错误的教养方式,树立客观的教育期望,明确全面发展的教育目标。四是重视学生个体在促进其社会性发展过程中的关键作用,要培育积极的个人归因风格,提升自我意识发展水平,增强团队依恋情绪,遵守社会交往准则,加强就业指导及引导。这四个方面相辅相成,缺一不可,可以有效促进大学生社会性发展。

第二节　创新点

第一，在理论研究的基础上，本书概括并阐释了大学生社会性发展的内涵，在进一步明确了大学生社会性发展的目标及内容的基础上，提出并论述了大学生社会性发展的6个维度。本书在全面梳理社会性发展相关理论基础上，以马克思人的全面发展理论为指导，将思想政治教育理论与社会性发展理论作为研究依据，概括并阐释了思想政治教育视阈下大学生社会性发展的内涵是大学生通过自身努力和外界环境的辅助，在人际交往和社会互动中掌握社会规范、形成社会技能、学习社会角色、控制自身行为、协调人际关系、努力适应社会现状和发展要求，形成符合社会发展方向的价值观、传承主流文化。在此基础上，本书提出大学生社会性发展的6个维度分别是自我意识与自我认知、社会性情绪与情感、社会规范认知与能力、社会价值观、人际互动行为与能力、社会行为与能力。大学生社会性发展内涵的界定及6个维度的提出有助于对大学生社会性发展的理解和定位。

第二，在文献研究基础上，构建并验证了大学生社会性发展评价体系，评价当前大学生社会性发展现状，论证大学生社会性发展在3个维度上出现迟滞的原因。构建了大学生社会性发展评价指标体系，共包括6个维度，共31个指标。在对大学生社会性发展指标进行了变量的操作性定义之后，编制了大学生社会性发展状况调查问卷，经过信度及效度检验后进行调查。调查结果表明，当前大学生社会性发展处于中等水平，且大学生的自我意识与自我认知、社会性情绪与情感、社会行为与能力3个维度发展迟滞。通过实证分析，本书验证了20个大学生社会性发展主要影响因素。从实证的角度分析大学生社会性发展迟滞现象，并从大学生社会性发展影响因素角度论证产生迟滞的主要原因。大学生社会性发展评价指标体系的构建、验证以及问卷的编制、调查,有助于评价大学生社会性发展的真实水平,迟滞原因的分析为提出切实有效的大学生社会性发展教育引导路径提供有力参考。

第三,将思想政治教育与大学生社会性发展特点紧密结合,针对大学生社会性发展的特点及现状,提出了提升大学生社会性发展水平的"社会、学校、家庭、个人"四位一体的有效教育引导途径。思想政治教育能够转变被教育者的思想观念。本书在论述思想政治教育对培育具有正确的政治观、道德觉悟、适应社会需要的合格社会成员具有非常重要的指导意义和作用的基础上,从大学生实际情况出发,将思想政治教育理论、方法、实践经验与大学生社会性发展的特点紧密结合,提出促进大学生社会性发展的社会、学校、家庭、个人四位一体的有效教育引导路径,努力实现促进大学生社会性发展的目标,进而达到思想政治教育的培养人、教育人的目的。教育引导路径的提出将为促进大学生社会性发展的具体实施提供可操作的参考。

第三节　研究展望

虽然本书针对大学生社会性发展问题尽力开展了全面、客观的探索,但必须清楚地认识到,本书对于思想政治教育视阈下大学生社会性发展的研究只是一个开始,由于自身能力、物力等原因,大学生社会性发展问题研究的深度、广度和全面性还有进一步上升的空间。未来,关于大学生社会性发展的研究还可以从以下几个方面着手。

第一,思想政治教育理论在不断创新,实践经验在不断积累,对大学生社会性发展的指导也将发挥越来越大的作用。思想政治教育是一门极具生机和活力的学科,理论的探索在不断地深入,指导价值在不断地发挥。新时代、新起点,大学生社会性发展需要站在新的高度,在进一步掌握大学生社会性发展规律和特点的基础上,紧密结合思想政治教育创新成果,充分吸收借鉴思想政治教育的经验,顺应新时代的要求,不断结合思想政治教育工作的新理论、新方法,进一步聚焦大学生社会性发展的核心内容和关键环节。

第二,大学生社会性发展的差异比较将是一个非常有意义的研究课题。社会性发展问题是普遍存在于全体大学生群体中的。由于成长环境、地域文化的不同,会呈现出比较明显的差异性。随着调查对象的进一步扩大,不同地域、不同层次的大学生之间社会性发展特点的差异及原因分析,也是一个值得研究的问题, 而对于大学生社会性发展差异性问题的探索也会对大学生社会性发展的研究起到促进作用。

第三,大学生不是一成不变的,所以对于大学生社会性发展状况也会是动态的。大学生社会性发展是个复杂而漫长的过程,并且具有非常鲜明的时代特征,所以在大学生社会性发展的研究中,应该随时吸纳心理学、教育学、社会学等学科的最新研究成果,促进大学生社会性发展的研究与心理学、教育学、社会学等学科理论及实践经验的进一步融合,力争更加准确地把握大学生社会性发展特点。

在今后的研究中, 有必要在以上几个方面进行更深入的研究探讨,以期切实提高大学生社会性发展水平,使大学生更好地适应时代和社会的要求,即使在复杂多变的社会环境中也能坚定理想信念,成长为既具备较高的科学文化素质又具备良好的心理素质,既具有完善的人格与较强的环境适应能力,又敢于面对复杂的困难与挑战的时代新人,最终实现个人的全面发展。

附录一　大学生社会性发展状况及影响因素调查问卷

一、问卷介绍

您好！感谢您参与我们的调查。该调查的目的是了解当代大学生的社会性发展状况。本调查资料全部用于科学研究，我们承诺将严格保密！请您按照自己的真实情况放心作答，衷心感谢您的真诚合作。

二、基本情况调查

1.您的家庭结构　A.核心家庭　B.单亲家庭　C.主干家庭　D.其他
2.您是否是独生子女　A.是　B.否
3.请问您的专业　A.工科　B.理科　C.文科　D.商科
4.请问您的年级　A.大一　B.大二　C.大三　D.大四
5.请问您的性别　A.男　B.女

三、大学生社会性发展状况调查问卷

以下项目测试的是您的某种态度或行为。每一项目后面的5个数字，分别代表与您的实际情况相符合的不同程度（1.完全不符合；2.不太符合；3.有点符合；4.比较符合；5.完全符合）。请选择最能反映您实际情况的数字。请注意：每个项目只能选一个数字，不要多选，也不要漏选！

我一般处于较为积极的精神状态	1 2 3 4 5
我经常感到焦虑、抑郁、暴躁等消极情绪	1 2 3 4 5
我感到快乐、幸福、兴奋等积极状态多于焦虑、抑郁、烦躁等消极状态	1 2 3 4 5
在受到打击和挫折时，我经常产生悲观、抑郁、沮丧等消极情绪	1 2 3 4 5
在受到打击和挫折后，我会消沉很久，很难走出来	1 2 3 4 5
我认为我是对社会、国家有用的人	1 2 3 4 5
我愿意为国家、社会贡献一分力量	1 2 3 4 5
我认同“天下兴亡，匹夫有责”，并按照此标准要求自己	1 2 3 4 5
我经常通过各种渠道关注国内外大事	1 2 3 4 5
我愿意帮助社会上的弱势群体	1 2 3 4 5
我能够设身处地理解他人感受	1 2 3 4 5
在别人感到快乐或痛苦是我能够感同身受并表示理解	1 2 3 4 5
我知道在什么样的场合，什么样的言谈举止是合适的	1 2 3 4 5
我会根据不同场合的要求来调整自己的行为	1 2 3 4 5
在某一团队或组织中，我能够清楚地知道该团队或组织的规矩	1 2 3 4 5
在某一团队或组织中，我能够自觉遵守团队、组织中的行为规范	1 2 3 4 5
在无人看管的情况下，我能够自觉遵守社会公共规制	1 2 3 4 5
我认为遵守规则是重要的	1 2 3 4 5
我能扮演好各种不同的社会角色	1 2 3 4 5
我知道应该如何做好一名大学生	1 2 3 4 5
我能正确理解当代社会和道德准则	1 2 3 4 5
在过往的经历中，我曾接受过道德教育	1 2 3 4 5
我清楚地知道我的行为动机并了解其带来的结果	1 2 3 4 5
我能够承担个人行为带来的后果并对其负责	1 2 3 4 5
我接受过思想品德教育	1 2 3 4 5

续表

我愿意以优良的品德约束自己的行为	1 2 3 4 5
我了解并接受当今社会主流意识形态	1 2 3 4 5
我对目前中国社会主流意识形态有很强的信心	1 2 3 4 5
我了解当前社会的主流价值观与文化	1 2 3 4 5
我接受并愿意传递当代中国主流文化	1 2 3 4 5
我对社会现象有自己的看法	1 2 3 4 5
比起占据绝对优势,我更愿意双赢	1 2 3 4 5
与人发生冲突时,我会努力调整自己的情绪,避免情况进一步恶化	1 2 3 4 5
与别人发生误会、冲突时我会积极沟通,争取消除误会和冲突	1 2 3 4 5
遇到人际关系问题,我往往能够顺利解决	1 2 3 4 5
与人交谈时,我能清楚地表达自己的观点	1 2 3 4 5
我有很好的演讲、辩论和展示的能力	1 2 3 4 5
在语言不通的情况下,我仍能通过其他方式进行沟通	1 2 3 4 5
在与人沟通时,除了语言交流,我能够与他人产生眼神交流	1 2 3 4 5
在沟通中,我能够理解别人的观点和意见	1 2 3 4 5
在沟通中,我愿意采纳他人正确的观点	1 2 3 4 5
我能够独立生活,并解决生活问题	1 2 3 4 5
我掌握了如洗衣、做饭等多项生活技能	1 2 3 4 5
在没有他人帮助的情况下,我仍然能够快速地找到解决问题的方法	1 2 3 4 5
在遇到问题时我倾向于找人帮忙而不是独立解决	1 2 3 4 5
我可以很快地融入一个新的环境	1 2 3 4 5
做任何事情我都能坚持到底,而不是半途而废	1 2 3 4 5
在做决定时,我往往陷入纠结	1 2 3 4 5
在紧急状态下,我仍然能够迅速做出有效的行为反应	1 2 3 4 5
我能够在高压环境下冷静地完成任务	1 2 3 4 5
遇到困难时我倾向于解决它而不是逃避	1 2 3 4 5
我很清楚自己的性格特点	1 2 3 4 5
我清楚自己的优势并了解自己适合什么工作	1 2 3 4 5
无论是成功还是失败,我都能够对自己的行为进行正确的归因	1 2 3 4 5
我觉得自己在很多方面都表现得比较出色	1 2 3 4 5
我经常对自己感到失望	1 2 3 4 5
我有时控制不了自己的言行	1 2 3 4 5
我能抵制诱惑、冲动,按计划完成任务	1 2 3 4 5
我能够调节我的情绪	1 2 3 4 5

四、影响因素测试

以下项目测试的是您的某种态度或行为。每一项目后面有 5 个数字,根据题目提示选择。请选择最能反映您实际情况的数字。请注意:每个项目只能选一个数字,不要多选,也不要漏选!

为您父母对您的要求和控制程度打分(控制程度越高,得分越低;容许程度越高,得分越高)	1 2 3 4 5
为您父母对您的情感态度打分(忽视程度越高,得分越低;耐心程度越高,得分越高)	1 2 3 4 5
您与父母的亲密程度(得分越高越亲密)	1 2 3 4 5
为您父母对您教育的期望值打分(得分越高期望值越高)	1 2 3 4 5
您父母对您的教育是否倾向于德智体美劳全面发展	1 2 3 4 5
您父母对您的思想政治教育是否有效(得分越高越有效)	1 2 3 4 5
您父母对您的有效教育行为频率(得分越高行为越多)	1 2 3 4 5
您认为目前国内外形势对您个人发展的影响程度(得分越高影响越深)	1 2 3 4 5
您认为您是否受当今社会风气的影响(得分越高影响越深)	1 2 3 4 5
您是否了解当今主流文化	1 2 3 4 5
您是否从社会中感受到文化传递	1 2 3 4 5
您受新媒体思想政治教育的影响程度(得分越高影响越深)	1 2 3 4 5
为目前社会对弱势群体的支持度打分(得分越高支持度越高)	1 2 3 4 5
您是否受目前核心价值观教育的影响(得分越高影响越深)	1 2 3 4 5
您倾向于将事件的发生归因于外在的、他人的、不稳定的原因(得分越高符合度越深)	1 2 3 4 5
您倾向于将事件的发生归因于内在的、自身的、稳定的原因(得分越高符合度越深)	1 2 3 4 5
您认为您的社会技能掌握程度(得分越高掌握程度越高)	1 2 3 4 5
您是否感到幸福(得分越高符合度越深)	1 2 3 4 5
您是否清楚地知道自己适合的职业(得分越高符合度越深)	1 2 3 4 5
您是否有强烈的自我伦理观念约束(得分越高符合度越深)	1 2 3 4 5
您是否对公民身份具有强烈的认同感(得分越高符合度越深)	1 2 3 4 5
您是否认为自己的工作对他人、社会是有价值的(得分越高符合度越深)	1 2 3 4 5

续表

在团队中您是否感到有所依靠(得分越高符合度越深)	1 2 3 4 5
您与同学的关系如何(得分越高越亲密)	1 2 3 4 5
您与老师之间的关系是否紧密(得分越高越亲密)	1 2 3 4 5
您是否认同您所在学校的校园氛围(得分越高越认同)	1 2 3 4 5
您所在学校、学院是否有明确的培养目标(得分越高越认同)	1 2 3 4 5
您是否认同学校、学院目前的教学方式(得分越高越认同)	1 2 3 4 5
您是否认同学校、学院目前的学校管理制度(得分越高越认同)	1 2 3 4 5
您是否认同学校、学院目前的学校课程设置(得分越高越认同)	1 2 3 4 5
您是否积极参与学校的社团活动(得分越高越积极)	1 2 3 4 5
您与舍友之间关系的密切程度(得分越高越亲密)	1 2 3 4 5
您是否积极参与学校的体育课或其他户外活动(得分越高越积极)	1 2 3 4 5
您与同学之间的关系是否紧密(得分越高越亲密)	1 2 3 4 5
您是否有明确的职业规划	1 2 3 4 5
您是否认可所学专业对应的求职岗位	1 2 3 4 5

附录二　大学生社会性发展状况调查问卷的项目分析t检验

		方差方程的 Levene 检验		均值方程的 t 检验						
		F	Sig.	t	df	Sig.（双侧）	均值差值	标准误差值	差分的 95% 置信区间	
									下限	上限
VAR 00001	假设方差相等	11.828	0.001	7.149	50	0.000	1.38462	0.19369	0.99558	1.77365
	假设方差不相等			7.149	34.548	0.000	1.38462	0.19369	0.99123	1.77801
VAR 00002	假设方差相等	10.612	0.002	7.812	50	0.000	2.61538	0.33477	1.94298	3.28779
	假设方差不相等			7.812	44.703	0.000	2.61538	0.33477	1.94100	3.28977
VAR 00003	假设方差相等	1.491	0.228	4.748	50	0.000	1.15385	0.24301	0.66575	1.64194
	假设方差不相等			4.748	49.769	0.000	1.15385	0.24301	0.66569	1.64200
VAR 00004	假设方差相等	0.006	0.940	5.244	50	0.000	1.38462	0.26402	0.85432	1.91491
	假设方差不相等			5.244	49.991	0.000	1.38462	0.26402	0.85432	1.91491
VAR 00005	假设方差相等	7.633	0.008	7.093	50	0.000	1.38462	0.19521	0.99253	1.77670
	假设方差不相等			7.093	41.084	0.000	1.38462	0.19521	0.99041	1.77882
VAR 00006	假设方差相等	27.833	0.000	6.103	50	0.000	1.50000	0.24579	1.00631	1.99369
	假设方差不相等			6.103	29.674	0.000	1.50000	0.24579	0.99779	2.00221

续表

		方差方程的 Levene 检验		均值方程的 t 检验						
		F	Sig.	t	df	Sig.(双侧)	均值差值	标准误差值	差分的 95% 置信区间 下限	上限
VAR00007	假设方差相等	7.804	0.007	3.485	50	0.001	1.03846	0.29802	0.43987	1.63705
	假设方差不相等			3.485	42.369	0.001	1.03846	0.29802	0.43719	1.63974
VAR00008	假设方差相等	35.980	0.000	4.978	50	0.000	1.42308	0.28586	0.84891	1.99724
	假设方差不相等			4.978	27.622	0.000	1.42308	0.28586	0.83716	2.00900
VAR00009	假设方差相等	28.767	0.000	7.317	50	0.000	1.69231	0.23128	1.22777	2.15685
	假设方差不相等			7.317	30.330	0.000	1.69231	0.23128	1.22018	2.16443
VAR00010	假设方差相等	21.874	0.000	4.872	50	0.000	1.15385	0.23684	0.67813	1.62956
	假设方差不相等			4.872	27.659	0.000	1.15385	0.23684	0.66843	1.63927
VAR00011	假设方差相等	14.728	0.000	5.731	50	0.000	1.30769	0.22819	0.84936	1.76603
	假设方差不相等			5.731	30.488	0.000	1.30769	0.22819	0.84198	1.77341
VAR00012	假设方差相等	17.927	0.000	5.988	50	0.000	1.30769	0.21839	0.86905	1.74633
	假设方差不相等			5.988	29.640	0.000	1.30769	0.21839	0.86146	1.75392
VAR00013	假设方差相等	11.232	0.002	5.896	50	0.000	1.38462	0.23484	0.91293	1.85630
	假设方差不相等			5.896	40.751	0.000	1.38462	0.23484	0.91027	1.85896
VAR00014	假设方差相等	26.906	0.000	5.792	50	0.000	1.34615	0.23243	0.87930	1.81300
	假设方差不相等			5.792	26.407	0.000	1.34615	0.23243	0.86875	1.82356
VAR00015	假设方差相等	19.250	0.000	6.049	50	0.000	1.34615	0.22255	0.89916	1.79315
	假设方差不相等			6.049	28.031	0.000	1.34615	0.22255	0.89031	1.80200

续表

		方差方程的 Levene 检验		均值方程的 t 检验						
		F	Sig.	t	df	Sig.（双侧）	均值差值	标准误差值	差分的 95% 置信区间 下限	上限
VAR 00016	假设方差相等	14.564	0.000	5.463	50	0.000	1.19231	0.21825	0.75394	1.63068
	假设方差不相等			5.463	28.158	0.000	1.19231	0.21825	0.74536	1.63926
VAR 00017	假设方差相等	27.975	0.000	5.631	50	0.000	1.38462	0.24591	0.89068	1.87855
	假设方差不相等			5.631	26.253	0.000	1.38462	0.24591	0.87937	1.88986
VAR 00018	假设方差相等	23.900	0.000	4.658	50	0.000	1.23077	0.26424	0.70003	1.76151
	假设方差不相等			4.658	27.116	0.000	1.23077	0.26424	0.68870	1.77283
VAR 00019	假设方差相等	30.498	0.000	5.817	50	0.000	1.30769	0.22479	0.85618	1.75921
	假设方差不相等			5.817	26.506	0.000	1.30769	0.22479	0.84605	1.76933
VAR 00020	假设方差相等	36.045	0.000	7.303	50	0.000	1.50000	0.20540	1.08744	1.91256
	假设方差不相等			7.303	26.814	0.000	1.50000	0.20540	1.07842	1.92158
VAR 00021	假设方差相等	30.189	0.000	6.225	50	0.000	1.38462	0.22241	0.93789	1.83134
	假设方差不相等			6.225	25.000	0.000	1.38462	0.22241	0.92655	1.84268
VAR 00022	假设方差相等	30.498	0.000	5.817	50	0.000	1.30769	0.22479	0.85618	1.75921
	假设方差不相等			5.817	26.506	0.000	1.30769	0.22479	0.84605	1.76933
VAR 00023	假设方差相等	21.779	0.000	5.869	50	0.000	1.34615	0.22935	0.88548	1.80683
	假设方差不相等			5.869	27.844	0.000	1.34615	0.22935	0.87622	1.81608
VAR 00024	假设方差相等	21.321	0.000	5.349	50	0.000	1.30769	0.24447	0.81667	1.79872
	假设方差不相等			5.349	26.268	0.000	1.30769	0.24447	0.80544	1.80995

续表

		方差方程的 Levene 检验		均值方程的 t 检验						
		F	Sig.	t	df	Sig.(双侧)	均值差值	标准误差值	差分的 95% 置信区间	
									下限	上限
VAR00025	假设方差相等	24.280	0.000	4.688	50	0.000	1.15385	0.24615	0.65943	1.64826
	假设方差不相等			4.688	25.000	0.000	1.15385	0.24615	0.64688	1.66081
VAR00026	假设方差相等	20.859	0.000	4.605	50	0.000	1.19231	0.25892	0.67224	1.71237
	假设方差不相等			4.605	26.128	0.000	1.19231	0.25892	0.66021	1.72441
VAR00027	假设方差相等	33.442	0.000	7.635	50	0.000	1.57692	0.20655	1.16206	1.99179
	假设方差不相等			7.635	28.548	0.000	1.57692	0.20655	1.15419	1.99966
VAR00028	假设方差相等	31.727	0.000	6.822	50	0.000	1.50000	0.21987	1.05838	1.94162
	假设方差不相等			6.822	26.577	0.000	1.50000	0.21987	1.04853	1.95147
VAR00029	假设方差相等	41.973	0.000	6.442	50	0.000	1.46154	0.22689	1.00582	1.91726
	假设方差不相等			6.442	26.478	0.000	1.46154	0.22689	0.99557	1.92751
VAR00030	假设方差相等	34.578	0.000	5.571	50	0.000	1.38462	0.24855	0.88540	1.88383
	假设方差不相等			5.571	25.000	0.000	1.38462	0.24855	0.87273	1.89651
VAR00031	假设方差相等	4.561	0.038	4.842	50	0.000	1.07692	0.22241	0.63019	1.52365
	假设方差不相等			4.842	37.137	0.000	1.07692	0.22241	0.62633	1.52752
VAR00032	假设方差相等	26.362	0.000	–0.111	50	0.912	–0.03846	0.34786	–0.73716	0.66023
	假设方差不相等			–0.111	37.019	0.913	–0.03846	0.34786	–.74328	0.66636
VAR00033	假设方差相等	2.571	0.115	–2.721	50	0.009	–0.80769	0.29683	–1.40389	–0.21150
	假设方差不相等			–2.721	45.275	0.009	–0.80769	0.29683	–1.40543	–0.20995

续表

		方差方程的 Levene 检验		均值方程的 t 检验						
		F	Sig.	t	df	Sig.（双侧）	均值差值	标准误差值	差分的 95% 置信区间 下限	差分的 95% 置信区间 上限
VAR 00034	假设方差相等	10.543	0.002	3.508	50	0.001	0.92308	0.26312	0.39459	1.45156
	假设方差不相等			3.508	35.163	0.001	0.92308	0.26312	0.38901	1.45715
VAR 00035	假设方差相等	0.539	0.466	4.187	50	0.000	1.00000	0.23883	0.52029	1.47971
	假设方差不相等			4.187	49.855	0.000	1.00000	0.23883	0.52025	1.47975
VAR 00036	假设方差相等	14.913	0.000	6.134	50	0.000	1.15385	0.18811	0.77602	1.53167
	假设方差不相等			6.134	27.177	0.000	1.15385	0.18811	0.76800	1.53969
VAR 00037	假设方差相等	10.743	0.002	8.233	50	0.000	1.38462	0.16818	1.04682	1.72241
	假设方差不相等			8.233	38.042	0.000	1.38462	0.16818	1.04417	1.72506
VAR 00038	假设方差相等	21.457	0.000	7.293	50	0.000	1.53846	0.21094	1.11477	1.96215
	假设方差不相等			7.293	31.512	0.000	1.53846	0.21094	1.10852	1.96840
VAR 00039	假设方差相等	1.149	0.289	5.852	50	0.000	1.38462	0.23659	0.90940	1.85983
	假设方差不相等			5.852	47.861	0.000	1.38462	0.23659	0.90888	1.86035
VAR 00040	假设方差相等	7.205	0.010	8.148	50	0.000	1.38462	0.16993	1.04330	1.72593
	假设方差不相等			8.148	45.995	0.000	1.38462	0.16993	1.04257	1.72666
VAR 00041	假设方差相等	4.594	0.037	6.033	50	0.000	1.46154	0.24228	0.97491	1.94817
	假设方差不相等			6.033	49.181	0.000	1.46154	0.24228	0.97471	1.94837
VAR 00042	假设方差相等	19.912	0.000	6.131	50	0.000	1.38462	0.22584	0.93099	1.83824
	假设方差不相等			6.131	29.318	0.000	1.38462	0.22584	0.92293	1.84630

续表

		方差方程的 Levene 检验		均值方程的 t 检验						
		F	Sig.	t	df	Sig.（双侧）	均值差值	标准误差值	差分的 95% 置信区间	
									下限	上限
VAR 00043	假设方差相等	14.469	0.000	4.788	50	0.000	1.11538	0.23294	0.64751	1.58326
	假设方差不相等			4.788	29.042	0.000	1.11538	0.23294	0.63900	1.59177
VAR 00044	假设方差相等	13.589	0.001	6.591	50	0.000	1.34615	0.20424	0.93592	1.75639
	假设方差不相等			6.591	34.933	0.000	1.34615	0.20424	0.93149	1.76082
VAR 00045	假设方差相等	19.118	0.000	5.299	50	0.000	1.38462	0.26131	0.85975	1.90948
	假设方差不相等			5.299	35.543	0.000	1.38462	0.26131	0.85441	1.91482
VAR 00046	假设方差相等	36.721	0.000	8.471	50	0.000	1.42308	0.16800	1.08563	1.76052
	假设方差不相等			8.471	30.525	0.000	1.42308	0.16800	1.08022	1.76594
VAR 00047	假设方差相等	1.502	0.226	−3.256	50	0.002	−1.00000	0.30711	−1.61686	−0.38314
	假设方差不相等			−3.256	48.155	0.002	−1.00000	0.30711	−1.61744	−0.38256
VAR 00048	假设方差相等	5.444	0.024	5.950	50	0.000	1.26923	0.21331	0.84078	1.69768
	假设方差不相等			5.950	47.095	0.000	1.26923	0.21331	0.84012	1.69834
VAR 00049	假设方差相等	54.233	0.000	0.591	50	0.557	0.23077	0.39027	−0.55310	1.01464
	假设方差不相等			0.591	33.628	0.558	0.23077	0.39027	−0.56267	1.02421
VAR 00050	假设方差相等	1.354	0.250	7.985	50	0.000	1.65385	0.20712	1.23783	2.06986
	假设方差不相等			7.985	37.481	0.000	1.65385	0.20712	1.23436	2.07333
VAR 00051	假设方差相等	14.323	0.000	1.429	50	0.159	0.50000	0.34989	−0.20278	1.20278
	假设方差不相等			1.429	38.497	0.161	0.50000	0.34989	−0.20802	1.20802

续表

		方差方程的 Levene 检验		均值方程的 t 检验						
		F	Sig.	t	df	Sig.（双侧）	均值差值	标准误差值	差分的 95% 置信区间 下限	上限
VAR 00052	假设方差相等	5.620	0.022	3.210	50	0.002	1.15385	0.35949	0.43180	1.87590
	假设方差不相等			3.210	44.700	0.002	1.15385	0.35949	0.42967	1.87802
VAR 00053	假设方差相等	0.000	0.982	5.410	50	0.000	1.19231	0.22041	0.74960	1.63501
	假设方差不相等			5.410	48.607	0.000	1.19231	0.22041	0.74929	1.63533
VAR 00054	假设方差相等	0.058	0.811	6.362	50	0.000	1.46154	0.22974	1.00009	1.92299
	假设方差不相等			6.362	49.711	0.000	1.46154	0.22974	1.00002	1.92305
VAR 00055	假设方差相等	0.752	0.390	6.052	50	0.000	1.53846	0.25420	1.02789	2.04903
	假设方差不相等			6.052	49.098	0.000	1.53846	0.25420	1.02766	2.04926
VAR 00056	假设方差相等	25.258	0.000	6.067	50	0.000	1.50000	0.24723	1.00342	1.99658
	假设方差不相等			6.067	31.460	0.000	1.50000	0.24723	0.99606	2.00394
VAR 00057	假设方差相等	7.753	0.008	7.186	50	0.000	1.61538	0.22479	1.16387	2.06690
	假设方差不相等			7.186	39.361	0.000	1.61538	0.22479	1.16083	2.06994
VAR 00058	假设方差相等	22.126	0.000	6.856	50	0.000	1.46154	0.21318	1.03336	1.88971
	假设方差不相等			6.856	31.364	0.000	1.46154	0.21318	1.02697	1.89611
VAR 00059	假设方差相等	16.277	0.000	−0.341	50	0.735	−0.11538	0.33855	−0.79538	0.56461
	假设方差不相等			−0.341	38.260	0.735	−0.11538	0.33855	−0.80059	0.56982
VAR 00060	假设方差相等	1.201	0.278	7.376	50	0.000	1.42308	0.19292	1.03558	1.81057
	假设方差不相等			7.376	45.199	0.000	1.42308	0.19292	1.03456	1.81159

续表

		方差方程的 Levene 检验		均值方程的 t 检验						
		F	Sig.	t	df	Sig.（双侧）	均值差值	标准误差值	差分的 95% 置信区间 下限	差分的 95% 置信区间 上限
VAR 00061	假设方差相等	0.188	0.667	5.282	50	0.000	1.30769	0.24759	0.81039	1.80500
	假设方差不相等			5.282	49.964	0.000	1.30769	0.24759	0.81038	1.80500
VAR 00062	假设方差相等	0.100	0.753	5.015	50	0.000	1.42308	0.28378	0.85308	1.99307
	假设方差不相等			5.015	49.998	0.000	1.42308	0.28378	0.85308	1.99307
VAR 00063	假设方差相等	13.176	0.001	7.851	50	0.000	1.92308	0.24495	1.43108	2.41507
	假设方差不相等			7.851	43.383	0.000	1.92308	0.24495	1.42922	2.41694
VAR 00064	假设方差相等	1.469	0.231	6.395	50	0.000	1.42308	0.22255	0.97608	1.87007
	假设方差不相等			6.395	47.170	0.000	1.42308	0.22255	0.97542	1.87074
VAR 00065	假设方差相等	7.668	0.008	-1.871	50	0.067	-0.65385	0.34956	-1.35595	0.04826
	假设方差不相等			-1.871	42.770	0.068	-0.65385	0.34956	-1.35890	0.05121

主要参考文献

一、中文文献

（一）著作

1.《马克思恩格斯选集》(第一、四卷)，人民出版社，1995年。

2.习近平:《在会见第一届全国文明家庭代表时的讲话》，人民出版社，2016年。

3.习近平:《在网络安全和信息化工作座谈会上的讲话》，人民出版社，2016年。

4.习近平:《在知识分子、劳动模范、青年代表座谈会上的讲话》，人民出版社，2016年。

5.常桦:《左手老子，右手孔子:感悟中国式做人处世智慧》，中国纺织出版社，2010年。

6.陈百君:《思想政治教育学》，大连工学院出版社，1988年。

7.陈秉公:《思想政治教育学原理》，高等教育出版社，2010年。

8.陈会昌、庞丽娟、申继亮等:《中国学前教育百科全书》(心理发展卷)，沈阳出版社,1994 年。

9.陈万柏、张耀灿:《思想政治教育学原理》,高等教育出版社,2007 年。

10.[德]齐美尔:《社会学的根本问题:个人与社会》,林荣远编译,广西师范大学出版社,2002 年。

11.[法]皮埃尔·布迪厄、华康德:《实践与反思——反思社会学导引》,李猛、李康译,中央编译出版社,1998 年。

12.冯正直:《大学生心理素质教育》,西南师大出版社,2004 年。

13.黄希庭:《当代中国大学生心理特点与教育》,上海教育出版社,2002 年。

14.康宁:《教育社会学》,人民教育出版社,2003 年。

15.李合亮:《思想政治教育探本》,人民出版社,2007 年。

16.连榕:《发展与教育心理学》,福建教育出版社,2007 年。

17.刘豪兴等:《人的社会化》,上海人民出版社,1993 年。

18.马湘桃:《大学生人际沟通能力调查研究》,湖南科学技术大学出版社,2005 年。

19.[美]G.H.埃尔德:《大萧条的孩子们》,田禾等译,译林出版社,2002 年。

20.[美]罗伯特·费尔德曼:《发展心理学——人的毕生发展》,苏彦捷、邹丹译,世界图书出版公司,2007 年。

21.[美]Laura E.Berk:《婴儿、儿童和青少年》,桑标等译,上海人民出版社,2008 年。

22.[美]约翰·杜威:《我的教育信条》,上海人民出版社,2017 年。

23.邱伟光:《思想政治教育学概论》,天津人民出版社,1988 年。

24.邱伟光、张耀灿:《思想政治教育学原理》,高等教育出版社,1999 年。

25.[瑞典]T.胡森:《国际教育百科全书》,贵州教育出版社,1991 年。

26.[瑞士]皮亚杰:《发生认识论原理》,王宪钿等译,商务印书馆,1981 年。

27.佘双好:《毕生发展与教育》,武汉大学出版社,2005 年。

28.《十八大以来重要文献选编》(中),中央文献出版社,2016 年。

29.王康:《社会学词典》,山东人民出版社,1988 年。

30.王养冲:《西方近代社会学思想的演进》,华东师范大学出版社,1996 年。

31.韦冬雪:《思想政治教育过程矛盾和规律研究》,西南大学出版社,2008年。

32.项久雨:《思想政治教育价值论》,中国社会科学出版社,2003 年。

33.谢维和:《教育活动的社会学分析:一种教育社会学的研究》,教育科学出版社,2000 年。

34.杨威:《思想政治教育发生论》,中国社会科学出版社,2009 年。

35.叶浩生:《西方心理学的历史与体系》(第 2 版),人民教育出版社,2014 年。

36.俞国良、辛自强:《社会性发展心理学》,安徽教育出版社,2004 年。

37.张耀灿、徐志远:《现代思想政治教育学科论》,湖北人民出版社,2003 年。

38.张耀灿、郑永廷、刘书林:《现代思想政治教育学》,人民出版社,2001 年。

39.郑永廷:《现代思想道德教育理论与方法》,广东高等教育出版社,2000年。

40.周宗奎:《儿童的社会技能》,华中师范大学出版社,2002 年。

41.朱清时:《21 世纪高等教育改革与发展:国外部分大学本科教育改革与课程设置》,高等教育出版社,2002 年。

42.朱智贤:《心理学大词典》,北京师范大学出版社,1989 年。

(二)报刊文章

1.[德]巴尔特斯:《毕生发展心理学——论生长和衰退的动力学》,《心理学动态》,1986 年第 3 期。

2.包蕾萍:《独生子女公众观的变迁:一种刻板印象的社会心理溯源》,《当代青年研究》,2008 年第 6 期。

3.巴雪冰、杨连生、郭驰:《社团活动对大学生社会性发展的影响研究》,《大连理工大学学报(社会科学版)》,2018 年第 01 期。

4.陈彪:《论大学公共体育自主构建课程模式下学生的社会性发展》,《南京体育学院学报》,2006 年第 7 期。

5.陈会昌:《儿童社会性发展量表的编制与常模制订》,《心理发展与教育》,1994 年第 10 期。

6.陈会昌:《儿童社会性发展的特点、影响因素及其测量——中国 3~9 岁儿童的社会性发展课题总报告》,《心理发展与教育》,1994 年第 4 期。

7.谌红桃、高晓琴:《大学生人生观、价值观性别差异调查及其原因探析》,《中国电力教育》,2010 年第 15 期。

8.陈建文、王滔:《关于社会适应的心理机制、结构与功能》,《湖南师范大学教育科学学报》,2003 年第 4 期。

9.程俊卫:《大学生主观幸福感与人格特征的关系研究》,《中国健康心理学杂志》,2006 年第 2 期。

10.崔丽娟:《网络成瘾对青少年的社会性发展影响研究》,《心理科学》,2006 年第 5 期。

11.崔丽娟:《互联网大学生社会性发展的影响》,《心理科学》,2003 年第 5 期。

12.曹怡、李伟强、张颖:《大学生社会性发展、社会支持与主观幸福感的关系》,《中国健康心理学杂志》,2015 年第 1 期。

13.邓丽芳、郑日昌:《大学生的情感变量与心理健康的探讨》,《中国心理卫生杂志》,2004 年第 1 期。

14.风笑天:《独生子女:媒介负面形象的建构与实证》,《社会学研究》,2010 年第 3 期。

15.高珊:《思想、政治教育本质研究述评》,《学校党建与思想教育》,2010 年第 6 期。

16.韩东屏:《论社会性道德评价及其现代效用》,《中州学刊》,2018 年第

6 期。

17.韩丽娜:《单亲子女的家庭教育偏失对其社会性发展的影响及对策》,《济宁学院学报》,2010 年第 5 期。

18.胡小兰:《人格特质对个体社会性发展的影响》,《科技资讯》,2009 年第 6 期。

19.洪艳萍、蒋霞霞、周兴高:《大学生团队依恋、人际关系以及班级凝聚力的关系》,《中国健康心理学杂志》,2013 年第 6 期。

20.纪海英:《网络沟通对青少年社会性发展的影响》,《南京师大学报(社会科学版)》,2012 年第 2 期。

21.金盛华、李雪:《大学生职业价值观:手段与目的》,《心理学报》,2005 年第 5 期。

22.《我国家庭教育的现状、问题和政策建议》,《人民教育》,2012 年第 1 期。

23.柯应根、胡万年:《从个体性到社会性:具身研究范式的转向》,《心理学探新》,2016 年第 4 期。

24.李春花:《以社会性发展为导向的成人教育发展路径》,《中国成人教育》,2018 年第 13 期。

25.陆翠岩、李彦秋:《论高校思想政治理论课程体系的构建》,《现代教育科学·高教研究》,2007 年第 1 期。

26.李辉:《思想政治教育价值与功能研究进展》,《思想教育研究》,2014年第 6 期。

27.刘建军:《论思想政治教育的个人价值》,《教学与研究》,2001 年第 8 期。

28.刘建榕:《大学生社会性发展迟滞的质性研究》,《当代青年研究》,2014 年第 8 期。

29.连榕:《福州市大学生社会性发展》,《中国特殊教育》,2014 年第 11 期。

30.李松林:《论教学交往与学生的社会性发展》,《山西师大学报(社会科学版)》,2008 年第 5 期。

30.李同归:《依恋理论中的几个热点问题概述》,《北京大学学报(自然科学版)》,2006 年第 1 期。

31.李同归、李嘉等:《大学生依恋类型对心理健康的影响》,《中国心理卫生杂志》,2008 年第 10 期。

32.刘新超:《独生子女社会性发展存在问题研究》,《科技资讯》,2007 年第 8 期。

33.罗锡莉、张进辅:《大学生职业成熟度结构及问卷编制》,《心理学探新》,2008 年第 2 期。

34.李旭龙、弓宇婧:《锻炼动机对大学生社会性发展的影响:锻炼坚持的中介作用与社会支持的调节作用》,《北京体育大学学报》,2018 年第 2 期。

35.李月玲、武步成:《思想政治教育价值历史回顾与展望》,《思想政治教育研究》,2012 年第 28 期。

36.马东卉:《大学生社会性发展指导》,《现代教育科学》,2007 年第 1 期。

37.缪小春:《近二十年来的中国发展心理学》,《心理科学》,2001 年第 1 期。

38.毛小玲、里宏翰、张建梅:《大学生宿舍人际关系的特点》,《中国心理卫生杂志》,2005 年第 7 期。

39.秦启文、黄希庭:《社会技能构成因素及其意义》,《心理学探新》,2001 年第 1 期。

40.仇思宁、李华晶:《亲社会性与社会创业机会开发关系研究》,《科学学研究》,2018 年第 2 期。

41.孙崇勇:《师范类大学生人际关系行为困扰的调查研究》,《中国特殊教育》,2007 年第 10 期。

42.宋大成:《耦合点:儿童社会化的家庭因素和社会因素》,《教学与管理》,2009 年第 9 期。

43.孙杰远:《论学生社会性发展》,《教育研究》,2003 年第 7 期。

44.檀传宝:《德育功能简论》,《中国教育学刊》,1999 年第 5 期。

45.唐华生:《大学文化建设与学生的社会性发展》,《北华大学学报》,2004 年第 8 期。

46.谭树华、郭永玉:《大学生自我控制量表的修订》,《中国临床心理学杂志》,2008 年第 5 期。

47.王清:《论大学生社会性发展与体育参与的关系》,《新课程研究(高等教育)》,2011 年第 5 期。

48.武晟:《社会的人和人的社会探析》,《广东社会科学》,2014 年第 3 期。

49.王瑕莉:《论思想政治教育社会性的本质规定及其在当代的彰显》,《思想教育研究》,2018 年第 1 期。

50.韦耀阳:《团队依恋对大学生社会性发展的影响和启示》,《吉林工商学院学报》,2013 年第 1 期。

51.汪宗田、傅安洲、阮一帆:《德国大学思想道德教育及其启示》,《思想教育研究》,2011 年第 4 期。

52.王志彦:《对我国高等教育目的的思考》,《长春工业大学学报(高教研究版)》,2009 年第 2 期。

53.王晓艳:《大学生的社会性发展与心理教育》,《内蒙古民族大学学报》,2008 年第 5 期。

54.许峰:《高校学生社团活动对大学生综合素质的影响》,《黑龙江教育学院学报》,2010 年第 3 期。

55.辛浩力:《国外现代亲子关系理论观点回顾》,《教育改革》,1997 年第 5 期。

56.向思雅:《大学生社会性无聊感、生命意义感与自杀意念》,《中国健康心理学杂志》,2016 年第 4 期。

57.徐燕:《浅谈家庭教养方式、家庭氛围对青少年成长的影响》,《管理观察》,2009 年第 6 期。

58.夏勇子:《论高校社团文化的思想政治教育功能》,《湖北交通职业技术学院》,2012 年第 3 期。

59.严标宾、郑雪、邱林:《社会支持对大学生主观幸福感的影响》,《应用心理学》,2003 年第 4 期。

60.叶柏森:《当代大学生社会性的构成要素与生成路向——兼论现代大学教育的社会主义核心价值观引领》,《黑龙江高教研究》,2016 年第 2 期。

61.原晨珈:《批判与超越:马克思的"社会性"范畴》,《海南大学学报(人文社会科学版)》,2018 年第 3 期。

62.俞国良:《品德与社会性》,《教育科学研究》,2003 年第 4 期。

63.尹弘飚、张莉:《生态系统理论下的儿童行为矫正观》,《教育导刊》,2002 年第 12 期。

64.杨青:《关于深圳大学学生心理适应水平的研究》,《内蒙古师范大学学报(哲学社会科学版)》,2000 年第 2 期。

65.杨世昌:《人格与社会性发展评述》,《四川精神卫生》,2015 年第 2 期。

66.于伟:《教育就是要保护天性、尊重个性、发展社会性》,《中国教育学刊》,2016 年第 3 期。

67.姚信:《大学生自我概念发展状况研究》,《中国心理卫生杂志》,2003年第 1 期。

68.张杉杉、郑日昌:《507 名理工科大学生择业效能感现状分析》,《中国心理卫生杂志》,2002 年第 11 期。

69.张二虎:《大学生社会性发展的意义和途径》,《山西高等学校社会科学学报》,2006 年第 6 期。

70.郑淮:《论学生社会性发展的研究范式转变》,《华南师范大学学报(社会科学版)》,2011 年第 5 期。

71.周琴:《市场经济条件下思想政治教育功能的若干思考》,《江西社会科学》,2000 年第 4 期。

72.赵修义:《"社会"含义和社会微观基础的和谐构建》,《毛泽东邓小平理论研究》,2005 年第 4 期。

73.张瑜、李宏翰:《大学生宿舍人际相处主观影响因素问卷的编制》,《中国心理卫生杂志》,2008 年第 3 期。

74.张耀灿:《思想政治教育学科专业创建 30 年的回顾和展望》,《思想理论教育》,2014 年第 1 期。

75.张毅翔、彭庆红:《思想政治教育过程及其规律研究回顾与展望》,《思想教育研究》,2014 年第 11 期。

76.朱亚云:《户外拓展运动促进大学生社会性发展的研究》,《才智》,2014 年第 34 期。

77.郑永廷:《思想政治教育基本规律研究——马克思主义唯物史观的科学揭示》,《思想理论教育导刊》,2001 年第 1 期。

78.朱志敏:《职业生涯管理中的三方角色》,《中国人才》,2005 年第 7 期。

(三)其他文献

1.习近平:《时代的责任赋予青年,时代的光荣属于青年》,人民网,2018 年 5 月 9 日。

2.习近平:《在中国政法大学考察时的讲话》,《人民日报》,2017 年 5 月 4 日。

3.习近平:《从小积极培育和践行社会主义核心价值观》,《人民日报》,2014 年 5 月 31 日。

4.习近平:《在纪念五四运动 100 周年大会上的讲话》,《人民日报》,2019 年 4 月 30 日。

5.习近平:《在同各界优秀青年代表座谈时的讲话》,《人民日报》,2013年5月4日。

6.习近平:《在全国高校思想政治工作会议上的讲话》,《人民日报》,2016年12月7日。

7.习近平:《在全国教育大会上的讲话》,《人民日报》,2018年9月10日。

8.习近平:《在纪念马克思诞辰200周年大会上的讲话》,《人民日报》,2018年5月4日。

9.习近平:《在同团中央新一届领导本子集体谈话时的讲话》,http://gqt.jnxy.edu.cn/info/1018/2781.htm。

10.朱西周:《中华民族精神的历史演变与时代价值》,中共中央党校博士研究生学位论文,2007年。

11.郑淮:《场域视野下大学生社会性发展研究》,西南大学博士研究生学位论文,2007年。

12.刘建榕:《大学生社会性发展迟滞的探索研究》,福建师范大学博士研究生学位论文,2012年。

13.刘晓萃:《关于某市学生社会性发展评价指标体系的研究》,《中国教育学会基础教育评价专业委员会2012年学术年会论文选集》,2012年。

二、外文文献

(一)著作

1.Charles Darwin, *The Expression of the Emotions in Animals and Man*, London Macmillan, 1872.

2.Clarke-Stewart, Alison, *Social development*, J.Wiley & Sons, 2011.

3.Deasy, Richard J., Ed, *Critical Links: Learning in the Arts and Student Academic and Social Development*, Viking Press, 2002.

4.Eccles J.S., Wigfield A., Schiefele U, *Handbook of Child Psychology*, John Wiley & Sons, 2006.

5.Fredman S.J., Hirshfeld Becker D.R., Smoller J.W.et.al., *Childhood Antecedents of Adult Anxiety Disorders*, Anxiety Disorders, 2007.

6.Freud S., Brill A.A., *The basic writings of Sigmund Freud*, Modern Library, 1938.

7.Gary Peterson, James Sampson, Robert Reardon, *Career Development and Services: A Cognitive Approach*, Oxford University Press, 1991.

8.Howard Adelman, *J.G.Herder on Social and Political Culture*, edited and translated by F.M.Barnard, Cambridge University Press, 1969.

9.Jeffrey Jensen Arnett, *Emerging adulthood*, Oxford University Press, 2004.

10.Jones, R.A., Hendrick, C., Epstein, Y., *Introduction to social psychology*, Sunderland, MA: Sinauer, 1979.

11.Kesteven L., Ivan Pavlov, *Australian Quarterly*, Oxford University Press, 1936.

12.Leslie N.K.Lo, *Social Development of Youths and the Efficaey of School and Nonformal Edueation*, Viking Press, 2016.

13.Leslie, *Social Development of Youths and the Efficacy of School and Nonformal Education*, New York, 2006.

14.Maslow A.H., *The farther reaches of human nature*, Viking Press, 1971.

15.Maslow A., *Motivation and personality*, China Social Sciences, 1999.

16.N.Bernice, H.Robert, *Extending the human life span*, Oxford University Press, 1977.

17.Rice F.P., *The adolescent: development, relationships, and cultureM Immigration and the economy of Hong Kong*, City University of Hong Kong Press, 2006.

18.Ruse M., *The Structure of Evolutionary Theory*, Belknap Press of Harvard, 2002.

19.Smart.B., *Facing modernity: Ambivalence, Reflexivity and morality*, Sage, 1999.

20.Walborn F., *Erik Erikson*, Religion in Personality Theory, 2014.

21.Watson J.B., *Psychology: From the Standpoint of a Behaviorist*, Lippincott Company, 1929.

(二)期刊文章

1.Allen R.D., Intellectual Development and the Understanding of Science: Applications of William Perry's Theory to Science Teaching, *Journal of College Science Teaching*, No.10(11), 1981, pp.94–97.

2.Andrea Linett, Jennifer Monforton, Meagan B.MacKenzie et.al., The Social Suspiciousness Scale: Development, Validation, and Implications for Understanding Social Anxiety Disorder, *Journal of Psychopathology and Behavioral Assessment*, No.41(2), 2019, pp.79–85.

3.Arnett J.J., The Developmental Context of Substance use in Emerging Adulthood, *Journal of Drug Issues*, No.35(2), 2016, pp.235–254.

4.Baltes P.B., Goulet L.R., CHAPTER 1–Status and Issues of a Life–Span Developmental Psychology, *Life–Span Developmental Psychology.Elsevier Inc*, No.3, 1970, p.21.

5.Baltes P.B., Theoretical Propositions of Life–Span Developmental Psy–

chology:On the Dynamics between Growth and Decline,*Developmental Psychology*, No.23(5),1987,pp.60–80.

6.Bandura A.,Self–efficacy:The exercise of control,*Journal of Cognitive Psychotherapy*,No.13(2),1997,pp.88–90.

7.Bandura A.,Self–efficacy:The exercise of control,*Journal of Cognitive Psychotherapy*,No.604(2),1997,pp.158–166.

8.Bandura A.,Self–regulation of motivation and action through internal standards and goal systems,*Goal Concepts in Personality & Social Psychology*, No.14(5),1989,pp.517–524.

9.Bandura A.,Social Learning Theory,*Scotts Valley*,*California*,*Recapp*,No.1 (1),1977,pp.33–52.

10.Bandura A.,Toward a Psychology of Human Agency,*Perspect Psychol Sci*,No.1(2),2006,pp.164–180.

11.Baumrind,D.,The influence of parenting style on adolescebt competence and substance use,*The Journal of Early Adolescence*,No.11(1),1991,p.56.

12.Bigelow B.J.,Children's Friendship Expectations:A Cognitive–Developmental Study,*Child Development*,No.48(1),1977,pp.246–253.

13.Bowlby J.,Attachment and Loss,*Journal of Animal Behavior*,No.10,1973, pp.19–29.

14.Bronfenbrenner U.,ecology of human development,*Harvard University*, No.9,1979,p.11.

15.Bulotsky–Shearer R.J.,Dominguez X.,Bell E.R.et.al.,Relations between Behavior Problems in Classroom Social and Learning Situations and Peer Social Competence in Head Start and Kindergarten,*Journal of Emotional & Behavioral Disorders*,No.63(18),2008,pp.195–210.

16.Carlyon W.D., Attribution Retraining: Implications for Its Integration into Prescriptive Social Skills Training, *School Psychology Review*, No.26 (1), 1997, pp.61–73.

17.Christopher R.Poirier, Robert S.Feldman, Promoting Active Learning Using Individual Response Technology in Large Introductory Psychology Classes, *Teaching of Psychology*, No.34, 2007, pp.194–196.

18.Clare Tyrer, Beyond social chit chat? Analysing the social practice of a mobile messaging service on a higher education teacher development course, *International Journal of Educational Technology in Higher Education*, No.16(2), 2019, pp.145–155.

19.Clawson, Adult Life and Career Stages.Balancing Your Life Executive Lessons for Work Family & Self, *Balancing Your Life*, 2009, pp.11–34.

20.Conry–Murray, C., Turiel, E., Jimmy's baby doll and Jenny's truck: young children's reasoning about gender norms, *Child Development*, No.83(1), 2012, pp.146–158.

21.Cvencek, D., Meltzoff, A.N., Green–wald, A.G., Math–gender stereotypes in elementary school children, *Child Development*, No.82(3), 2011, pp.766–779.

22.Damon W., Handbook of Child Psychology, *Child Development*, No.8, 2006, pp.35–37.

23.Donnellan, M.B., Robins, R.W., Resilient, overcontrolled, and undercontrolled personality types: Issues and controversies, *Social and Personality Psychology Compass*, No.4(11), 2010, pp.1070–1083.

24.Donnellan, M.B., Robins, R.W., Resilient, overcontrolled, and undercontrolled personality types: Issues and controversies, *Social and Personality Psychology Compass*, No.4(11), 2010, pp.1070–1083.

25.E.N., Principles of Behavior.An Introduction to Behavior Theory, *Journal of Cognitive Psychotherapy*, No.4, 1943, pp.39–45.

26.Frazier A.M., Insight and Responsibility: Lectures on the Ethical Implications of Psycho–Analytic Insight, by Erik H.Erikson, *Social Service Review*, No. 76(2), 1966, p.860.

27.Fred Tugas, Applying the Social Change Model of Leadership Development to the Practice of Student Employment, *New Directions for Student Leadership*, No.19(1), 2019, pp.188–192.

28.F.Requena, Welfare Systems, Support Networks and Subjective Well–Being Among Retired Persons, *Social Indicators Reaserch*, No.99(3), 2010, pp. 511–529.

29.F.Requena, Welfare Systems, Support Networks and Subjective Well–Being Among Retired Persons, *Social Indicators Research*, No.99(3), 2010, pp. 511–529.

30.Hamilton Cravens, John C.Burnham, Psychology and Evolutionary Naturalism in American Thought, 1890–1940, *American Quarterly*, No.23(5), 1972, pp.44–47.

31.H.Mehlhorn.Androgyny, Living Reference Work Entry Encyclopedia of Parasitology, *Journal of Personality & Social Psychology*, No.1, 2016, pp.33–38.

32.Holzman L., Lev Vygotsky Classic Edition: Revolutionary Scientist, *Psychology Pr*, No.3, 2013, pp.12–15.

33.Jason Grotuss, David F.Bjorklund, Adriana Csinady, Evolutionary Developmental Psychology: Developing Human Nature, *Journal of Psychology*, No.39 (3), 2007, pp.439–453.

34.John Broadus Watson, Psychology as the Behaviorist Views It, *Psycho–*

logical Review, No.20, 1913, pp.158–177.

35.Kim O.J., The development of I.P.Pavlov's conditioned reflex theory, *Journal of Drug Issues*, No.1(1), 1992, p.19.

36.Kohlberg L.Resolving, moral conflicts within the just community, *Philosophy*, No.1, 1985, pp.34–36.

37.Kuhn P., Footnotes in the History of British Psychoanalysis: Observing Ernest Jones Discerning the Works of Sigmund Freud, 1905–1908, *Psychoanalysis & History*, No.16(1), 2014, pp.5–54.

38.Lashley K.S., Watson J.B., Notes on the development of a young monkey, *Journal of Animal Behavior*, No.3, 1913, pp.114–139.

39.Lee Mei-Yin, Wang Huei-Shyong, Chen Chen-Jung, Development and validation of the social adjustment scale for adolescents with Tourette syndrome in Taiwan, *Journal of pediatric nursing*, No.14(4), 2019, pp.235–241.

40.Levinson D.J., Seasons of a man's life, *Journal of College Science Teaching*, No.9, 1978, pp.33–38.

41.Lim Megan S.C., Cooper Spring, Lewis Larissa et.al., Prospective mixed methods study of online and offline social networks and the development of sexual agency in adolescence: the Social Networks and Agency Project (SNAP) protocol, *BMJ open*, No.9(4), 2019, pp.77–80.

42.Lori Simons, Beverly Cleary, The Influence of Service Learning on Students' Personal and Social Development, *College Teaching*, No.54(4), 2006, pp. 307–319.

43.Lori Simons, Beverly Cleary, The Influence of Service Learning on Students' Personal and Social Development, *College Teaching*, No.54(4), 2006, pp. 307–319.

44.Makros, J., McCabe, M., Relationships between identity and self-representations during adolescencep, *Journal of Youth and Adolescence*, No.30(5), 2001, pp.623-639.

45.Margot J.Hutchins, Justin S.Richter, Marisa L.Henry et al, Development of indicators for the social dimension of sustainability in a U.S.business context, *Journal of Cleaner Production*, No.44(3), 2018, pp.75-80.

46.Piaget J., Jean Piaget, *Revista Latinoamericana De Psicología*, No.24(1-2), 1952, pp.311-327.

47.Plomin R., Defries J.C., Craig I.W.et.al., Behavioral genetics, *Res Publ Assoc Res Nerv Ment Dis*, No.177(10), 2000, pp.165-180.

48.Schofield, T.J., Conger, R.D., Donnellan, M.B.et.al., Parent personality and positive parenting as predictors of positive adolescent personality development over time, *Merrill Palmer Quarterly*.No.58(2), 2012, pp.255-283.

49.Seal C.R., Naumann S.E., Scott A.N.et.al., Social emotional development: a new model of student learning in higher education, *Educational Leadership*, No. 10, 2011, pp.38-40.

50.Selva, Dusek, Sex role orientation and resolution of Eriksonian crises during the late adolescent years, *Journal of Personality & Social Psychology*, No. 47(1), 1984, pp.204-212.

51.Serpell, Z.N., Mashburn, A.J., Family-School Connectedness and Children's Early Social Development, *Review of Social Development*.No.21(1), 2012, pp. 21-46.

52.Siegler M., Epstein R.A., Organizers' Introduction, *Perspectives in Biology and Medicine*, No.48(1), 2005, pp.67-71.

53.Skinner B.F., The operational analysis of psychological terms, *Behavioral*

& Brain Sciences, No.7(4), 1984, pp.547–553.

54.T.Chin, M.Phillips, Social Reproduction and Child–Rearing Practices: Social Class, Children's Agency, and the Summer Activity Gap, *Sociology of Education*, No.77(3), 2004, pp.185–221.

55.Tugas Fred, Applying the Social Change Model of Leadership Development to the Practice of Student Employment, *New directions for student leadership*, No.1, 2019, pp.162–166.

56.Vaillant G.E., Adaptation to Life, *Oikos*, No.86(2), 1977, pp.185–194.

57.Wubblels, T., Levy, J., Brekelmans, M., Paying attention to relationships, *Educational Leadership*, No.54(2), 1997, pp.82–86.

58.Xu L., Lev S., Vygotsky's Sociocultural Theory and Chinese Language Teaching, *Nucb Journal of Language Culture & Communication*, No.11, 2009, pp.53–58.

59.You S., Furlong M., Felix E.et.al., Validation of the Social and Emotional Health Surver for Five Sociocultural Groups: Multigroup Invariance and Latent Mean Analyses, *Psychology in the Schools*, No.4, 2015, pp.349–362.

60.Zachary Pietrantoni, Dorea Glance, Multicultural Competency Training of School Counselor Trainees: Development of the Social Class and Classism Training Questionnaire, *Journal of Multicultural Counseling and Development*, No.47(1), 2019, pp.254–256.

61.Zimmerman B.J., Schunk D.H., Albert Bandura: The scholar and his contributions to educational psychology, *Life–Span Developmental Psychology*, No.12, 2003, pp.91–101.

后　记

如果说2003年本科毕业时，我选择成为辅导员还有些年轻人的冲动，那么硕士毕业时，在体会了辅导员工作的酸甜苦辣后，再次坚定地选择了继续从事辅导员工作，则是对这个职业充满发自内心的认同和热爱。光阴荏苒，我已经在这个我钟爱的岗位上奋斗了19个年头。从一线辅导员，逐渐成长为学院党委副书记。工作的变化不仅没有降低我对大学生思想政治教育工作的热情，反而让我越来越深刻地意识到辅导员工作绝不仅仅是一般的事务性工作。随着对思想政治教育工作理论认识和实践体会的逐渐加深，我越来越觉得这是一个系统性、科学性极强的科学领域，在尊重已经成为成年人的大学生的发展自主性和独立性的前提下，教育工作者可以用一定的思想观念、政治观点、道德规范，对大学生进行有目的、有计划的影响，使他们形成符合社会发展要求的思想素养、道德品质和综合素质，毕业后能够更好地发挥自身才华和优势，投身祖国建设。基于此，我开展相关研究的愿望越来越迫切。《思想政治教育视阈下大学生社会性发展研究》一书也正是在这种情况下开始酝酿和探索的。

大学生社会性发展是大学生通过自身努力和外界环境的辅助，在人际交往和社会互动中掌握社会规范、形成社会技能、学习社会角色、控制自身行为、协调人际关系、适应社会现实和发展要求、形成符合社会发展方向的价值观、传承主流文化的复杂过程。在日常工作中,我注意到,若大学生社会性发展受阻,必然会出现社会认知偏差,社会交往能力差,以及社会价值观认同障碍、社会融入度低等问题,影响其才能的发挥,甚至导致才能的滥用。本书正是从思想政治教育视阈出发，把促进大学生社会性发展作为加强和改进大学生思想政治教育的内容加以阐释，是探索如何将思想政治教育与社会性发展紧密结合的有益尝试。

在本书撰写的过程中,得到了我的导师杨连生教授的悉心指导。感谢大连理工大学王寒松教授、洪晓楠教授、郑保章教授、魏晓文教授、刘志礼教授等多位老师在我研究过程中提供的帮助和支持，使我对诸多问题有了更进一步的思考。感谢大连理工大学的有关领导、同事以及亲爱的家人们在我废寝忘食的撰写过程中给予我的包容和鼓励，这是我坚持研究探索的有力保障。感谢我的每一位学生以及每一位读者朋友,这是我在大学生思想政治教育一线工作中的不竭动力。

感谢每一位为这本书的出版付出辛勤劳动的朋友。本书在写作过程中参考了国内外多位专家学者的研究成果，在此一并表示感谢。由于我的经验、水平有限,不足之处在所难免,对于本书的不当之处,恳请各位领导、专家、同仁和读者给予批评指正。

巴雪冰

2022 年 2 月